北京市社会科学基金项目重大课题系列成果
中共北京市委党校 北京行政学院学术文库系列丛书

北京市委党校 社会学教研部
北京行政学院
北京市人口研究所
北京人口与社会发展研究中心

流动浪潮下的
人口有序管理

尹德挺　著

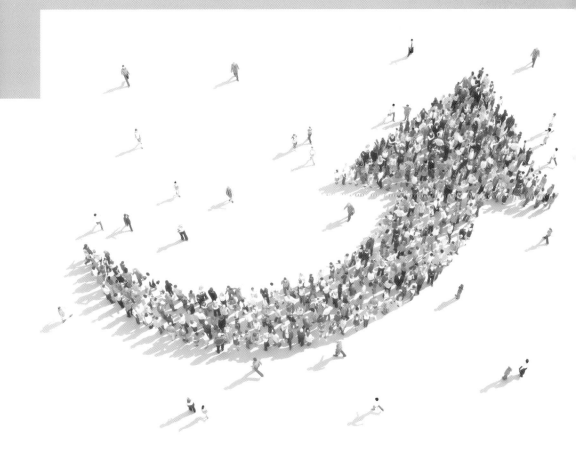

中国社会科学出版社

图书在版编目(CIP)数据

流动浪潮下的人口有序管理/尹德挺著. —北京：中国社会
科学出版社，2016.6
ISBN 978 - 7 - 5161 - 7846 - 1

Ⅰ.①流⋯ Ⅱ.①尹⋯ Ⅲ.①人口—管理—研究—中国
Ⅳ.①D631.42

中国版本图书馆 CIP 数据核字(2016)第 063209 号

出 版 人　赵剑英
责任编辑　田　文
特约编辑　陈　琳
责任校对　张爱华
责任印制　王　超

出　　　版　中国社会科学出版社
社　　　址　北京鼓楼西大街甲 158 号
邮　　　编　100720
网　　　址　http://www.csspw.cn
发 行 部　010 - 84083685
门 市 部　010 - 84029450
经　　　销　新华书店及其他书店

印刷装订　北京君升印刷有限公司
版　　　次　2016 年 6 月第 1 版
印　　　次　2016 年 6 月第 1 次印刷

开　　　本　710×1000　1/16
印　　　张　19.5
插　　　页　2
字　　　数　326 千字
定　　　价　99.00 元

目　　录

第三篇 理论解释

第四篇　以史明智与它山之石

第五篇　改革进行时

导　论

　　21 世纪初，诺贝尔经济学奖获得者斯蒂格里茨曾断言：21 世纪影响人类进程的有两件大事：中国的城镇化和以美国为代表的新技术革命。新中国成立以后，我国城镇化过程坎坷，但近二十年以来的发展速度却很惊人。据亚洲开发银行统计，从全球来看，城市人口比例从 10% 上升到 50% 所花费的时间，拉丁美洲是 210 年，欧洲是 150 年，北美是 105 年，而中国仅用了 61 年。在此阶段，值得特别指出的是，自 1996 年城镇化率进入到 30% 的水平之后，我国从 30% 增至 40% 仅用时 7 年，而发达国家则花了 30 年的时间。此后，中国仅耗时 8 年便又实现了城镇化率由 40% 至 50% 的提升。可见，中国城镇化发展之快堪称"中国速度"，世界罕见。

　　然而，在人口城镇化快速发展的同时，我们需要清醒地看到，当前我国城镇化的水平和质量仍然存在着很大的提升空间：一是我国城镇化突破 50% 的年份（2011 年）晚于世界平均水平（2008 年）①，且依然明显低于发达国家 70%—90% 的水平，我国仍有相当规模的农村剩余劳动力亟待向城镇迁移和流动；二是我国城镇化依然明显滞后于我国工业化的发展水平，就业结构亟待在人口流动中加以优化；三是我国城镇人口过半的内涵不能完全等同于国际上约定俗成的城市化标准口径，我国人口城镇化统计中包含着大量的"流动人口"、"不流动的流动人口"，这一群体的市民化率依然明显低于我国城镇化率 15—20 个百分点，流动人口亟待享有与同城户籍人口同等的市民化待遇。以上若干系列问题都是未来我国城镇化进程中难以回避又必须解决的难题，而且与人口流动密切相关。

　　在工业化、城镇化的过程中，人口伴随着产业聚集和城市发展而流动

---

① 数据来源于世界银行 WDI 数据库。

汇集，并作为经济社会发展的要素与产业布局、城市功能相匹配——这是一个必然的过程。迄今为止，没有任何一个国家能在排斥城镇化的情况下实现现代化①。发达国家的经历表明：工业化是城镇化的动力，而人口迁移流动则是城镇化不可或缺的手段和结果。

在我国，所谓"人口流动"，通常是指人们因就业、求学、退休、婚姻等原因而离开原居住地到另一地居住、但未改变户籍登记地的行为；对于"流动人口"一词，目前通常特指离开户籍所在地、外出务工的人口；对于"流动人口"的统计，尚未有相对统一的口径，目前主要以两类口径为主：一类是"实有流动人口"的口径。比如，流管办对流动人口的登记口径是在流入地居住 1 天及以上；公安部门对暂住人口的登记口径是在流入地居住 3 天以上；另一类则是"常住流动人口"的口径。比如，政府统计部门对流动人口的登记口径为离开户口登记地半年以上的外来非本地户籍人员，而"常住流动人口"加上"常住户籍人口"便得到了"常住人口"的总量。本书中提及的"常住流动人口"都使用的是这一口径。

当前的中国，正迎来一个人口流动的时代。随着社会经济的发展，我国流动人口总量由 1982 年的约 700 万迅速提升到 2014 年的 2.53 亿，增加了 36 倍，即当前每六个中国人之中至少有一人是流动人口。更值得说明的是，在我国城镇化率迈过 30% 的水平之后，城镇化对我国流动人口总量的带动作用仍在加速：在 1995—2005 年期间，城镇化率每提高一个百分点所创造出的流动人口数量约为 545 万人，而在 2005—2014 年期间，城镇化率每提高一个百分点所创造出的流动人口数量攀升至约 900 万人，相当于目前欧洲瑞典、保加利亚、奥地利等国一个国家的人口规模。在可预见的未来，这种流动浪潮将会伴随我国城镇化的发展而持续相当长一段时间。

放眼全球，人口迁移与流动是人类文明发展史上的常态，是社会变迁的重要推动力量。人口流动的自由性和活跃性是一个国家经济发展、社会进步的标志之一。有学者研究表明，从改革开放至 2012 年三十余年的时间里，我国 GDP 年均增速之所以能够长期保持在 9.6% 左右的高位运行，

———————————

① 城市化是与工业化相联系的一种社会组织形态，它不仅是现代化大生产方式的要求，也是社会结构变迁的重要环节，是现代化的必然过程和表现形式。

导 论 3

相当程度上得益于在此期间人口流动与生产要素等方面的充分结合,流动人口因素对我国 GDP 的贡献率在 23% 左右①。可见,流动人口对我国经济发展的拉动效果和乘数效应是十分显著的。此外,人口流动浪潮和流动人口群体还有利于培育开放、竞争和创新的社会氛围,有利于推动政府部门体制机制变革,有利于加快城市建设步伐,保障城市正常运转,改善城市人口结构以及提升城市活力。就目前情况来看,我国各地的经济社会发展速度与城镇化速度、人口流向高度相关,这说明人口流动规模扩大是件好事。

不过,这并非说人口只要流动就必然是好事。目前,从全国范围来看,有两大突出的人口问题一直与人口流动浪潮共生共存,这不禁让人们对于我国人口的潮汐流动喜忧参半:

第一类突出问题是流动人口流动无序且福利缺失。一方面,我国人口流动无序的现象普遍,人口分布与经济社会发展的要求、与资源环境承载的能力不相协调。学界一直在呼吁、国家政策②也正在倡导通过政策、管理和服务来引导人口有序流动,进而形成合理的人口分布③。然而,现实的人口流动过程却依然表现出"各类要素不匹配、资源利用不充分、管理调节低效率"的尴尬局面;另一方面,与同城的户籍人口相比,以农民工为主体的流动人口在学有所教、劳有所得、病有所医、老有所养、住有所居等基本民生需求方面,依然存在着显而易见的困难和障碍,流动人口明显表现出流动乱、组织弱、就业差、融合低、管理难的特点。因此,优化流动人口的管理和服务,促进人口有序流动,让庞大的流动人口群体享有平等权利并共享改革发展成果,确属当前改革之要务。

第二类突出问题则是政府部门人口管理无序且规则缺失。目前,从政府部门来看,人口管理主体不清、机制不顺、管理不细、信息不明及服务

---

① 记者邱玥,通讯员瞿思杰:《人口流动:揭示城镇化新趋势》,《光明日报》2015 年 5 月 21 日。

② 例如,主体功能区划。

③ 我们可以从"协调"、"同步"、"定向"三方面来概括人口合理分布中"合理"的"理"是什么:①协调,即人口、资源、环境要与经济社会发展的协调;②同步,即经济社会发展与人口生活质量的提高相关且同步,经济社会发展的成果能充分、及时地为最广大人民群众在日常生活中分享;③定向,即人口流动方向的确定:空间上,由农村向城镇的转移;产业上,由农业向工业和服务业的转移。只要符合这三点,就可谓当前中国现阶段合理的流动人口服务管理。

不足等问题明显存在，相关管理体制机制没有跟上管理理念的变化，以至于涉及多个部门、多个方面的流动人口服务管理没能形成"统筹协调、服务为先"的局面。人口管理规则体系的相对缺失，进一步加剧了人口流动的无序、人口分布的不合理以及流动人口福利享有的不充分。此乃人口管理无序之根源。

显然，流动时代中的流动人口本身并不是问题，其核心本质是流动人口服务管理的问题，流动人口只会因服务管理不到位而成为经济社会发展的问题。在人口流动浪潮难以阻挡的今天，如果处理不好流动人口的服务管理问题，特别是其社会融合问题，那么一波又一波的人口流动巨浪将会对我国的政府管理和社会治理产生重大冲击，也会对我国的社会稳定造成严重影响。由此可见，在未来相当长的时间内，"人口有序管理"问题事关我国人口分布重塑的大局，关乎基本公共服务均等化战略的实现，属于民生大计，是一项影响未来中国经济持续发展、社会和谐稳定的重要问题①。

正如以上所述，也许是因为受到众多的人口规模、复杂多元的社会结构以及惯性思维等因素的影响，我国政府部门一直徘徊于人口有序管理的状态之外。然而，更为遗憾的是，学术界对于这一问题的研究现状也并没有让人感到十分满意。虽然学术界对于人口有序管理的研究不乏兴趣和见解，但翔实可靠和广泛深入的分析却是凤毛麟角。从目前学界的已有研究来看，对于"人口有序管理"的概念界定依然模糊，对于"人口有序管理"的研究方法和研究视角仍然单一，对于"人口有序管理"的理论研究相对缺乏。

从概念上来看，"有序"是一种有规则的状态，是指客观事物或系统构成要素之间有规则的联系、运动和转化。因此，本书把"人口有序管理"视作在人口流动浪潮冲击下，人口流动、人口管理、人口服务以及合作效率四大内部要素之间有规则的相互作用，并进一步推动社会各个层面改革的转变过程。在中国，影响人口有序管理的内外部因素，不管是本

---

① 统筹解决人口有序管理问题主要围绕以下三方面的工作而展开——"统筹人口发展规划和政策，协调各部门促进人口有序流动"、"人口综合信息管理"、"人口服务管理的统筹协调"。随着科学发展观的提出，我国人口管理的理念已发生根本性巨变，国家在流动人口服务管理上的目标是显然的：促进人口合理分布、有序流动；强调统筹协调、优化服务；改革体制、提高效率。

土的客观环境，还是业已推行的各项政策，都不是其他任何地方种种因素一模一样的复制，这些因素只适合一种与众不同的社会背景，即特殊的中国社会。本书的目标就是要厘清中国社会中哪些因素有助于人口有序管理，哪些因素阻碍着人口有序管理，并对人口管理改革的进程和模式予以评估。纵观全书，本书将一再论及那些与人口有序管理有关的社会变革因素，它们包括：财税制度中财力与事权的平衡、绩效考核导向的调整、信息数据的采集和整合、诚信管理的完善、基层治理的深入以及社会融合的推进等。此处所列的因素还能够大大增加。究竟有多少因素应该被涵盖进去，究竟各类指标的相对比率应当设定在什么水平，对此尚无一致的认识。但是，从长远来看，我们不应该停留在未加确证的直觉上，而是要努力前行，证实要因。

"人口有序管理"需要在系统思维的方式下，树立和谐管理理念，与时俱进地不断完善各项人口服务管理制度和管理活动。因此，本书希望跳出"人口"看"人口有序管理"，采取跨学科和多角度的方法，试图将"人口有序管理"问题放在学科交融的视野下加以思考和探索，即将经济学、社会学以及公共管理学等学科的理论思维和研究成果植入其中，并以整合的方式考察影响人口有序管理的各种因素，以便于有效探寻到这一问题的本质。

在这样的目标下，本书将着力围绕"人口有序管理"这一研究主题而开展研究：在第一篇里，本书将利用连续的历史统计数据，剖析我国人口分布、人口城镇化和人口流动的历史演变及其显著的时代特征；在第二篇里，本书将重点围绕目前人口管理无序的状况开展探讨，提炼出人口流动无序、人口服务管理被动、人口无序流动的负面后果三大问题，以便于明确"人口有序管理"的时代要求和当前价值；在第三篇里，本书将对"人口有序管理"进行理论界定，即一方面提出"人口有序管理"的概念及其四大要素，另一方面指出实现"人口有序管理"的四大机制保障，并在循环积累理论的基础上，提出确保四大机制实现的系列制度改革，如财税制度、绩效考核制度、土地管理制度、诚信制度、信息整合、基层治理及社会融合等；在第四篇里，本书聚焦我国历史情景，聚焦我国城市改革实践，聚焦国际发展趋势，为实现我国"人口有序管理"提供有价值的经验和教训；在第五篇里，基于国际经验和国内实践，本书将从管理理念、管理手段、管理体制、管理机制、服务配套、空间分布以及管理目标几个方面，探讨未来我国"人口有序管理"的发展方向和改革路径，以便服务于未来的政府决策。

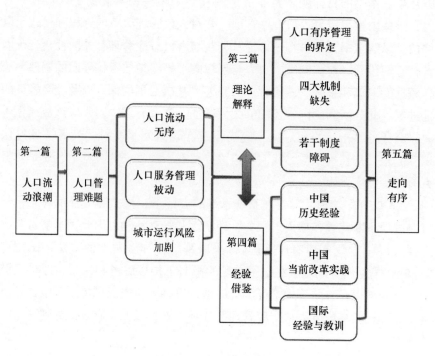

图 0-1　全书脉络框架

第一篇　流动之势

第一章　我国人口分布的历史踪迹

在历史的长河中，一波又一波的人口流动浪潮影响着人口的空间分布，而人口空间分布的历史演进又及时呈现出人口流动的瞬时结果。长期以来，我国东部人口多，西部人口少；平原、盆地人口多，山地、高原人口少；温湿地区人口多，干寒地区人口少。这种现实状况也致使关于我国人口分布的研究一直备受关注。

早在 1935 年，中国地理学家胡焕庸教授就根据我国东西两侧的人口密度差异及人口地理分布特点，率先提出了中国人口分布的重要规律，即著名的"瑷珲—腾冲线"，学界也将此称为"胡焕庸线"。此线被认为是20 世纪中国地理学界最重要的发现之一：自黑龙江瑷珲至云南腾冲画一条直线（约为 45°），线东南半壁 36% 的土地供养了全国 96% 的人口；西北半壁 64% 的土地仅供养 4% 的人口，二者平均人口密度比为 42.6∶1[1]。

然而，几十年过后，通过对我国第三、第四、第五和第六次人口普查数据的分析，有文献研究显示，2000 年我国东南侧面积占全国的总面积为 43.8%[2]，西北侧面积所占比例为 56.2%[3]，但我国东南部地区吸纳的人口占全国人口的比例几乎没有太大变化，即 1982 年为 94.4%，1990 年为 94.2%[4]，2000 年为 94.1%[5]，2010 年为 94.0%[6]；2000 年东西两侧

---

① 胡焕庸：《中国人口之分布——附统计表与密度图》，《地理学报》1935 年第 2 期。

② 葛美玲、封志明：《基于 GIS 的中国 2000 年人口之分布格局研究》，《人口研究》2008 年第 1 期。

③ 注：此处东西两侧面积所占比例的历史变化与 1945 年领土面积的变化有关联。

④ 陈波：《中国人口分布与地区自然条件、经济发展的关系研究》，《经济研究导刊》2011 年第 22 期。

⑤ 葛美玲、封志明：《基于 GIS 的中国 2000 年人口之分布格局研究》，《人口研究》2008 年第 1 期。

⑥ 中国人口分布适宜度研究课题组：《中国人口适宜度报告》，科学出版社 2014 年版。

二者平均人口密度之比①为 20.4∶1②，2010 年为 20.1∶1③，可谓我国人口分布的基本格局几十年未变。除此之外，中科院国情小组根据 2000 年第五次人口普查的资料统计分析发现，我国东南侧还聚集了 95.7% 的 GDP④，压倒性地显示出高密度的经济和社会功能。

我国人口分布的影响因素众多。长期以来，历史、文化、自然条件、社会环境以及生产力发展水平等诸多因素都对我国人口分布产生了实质性的影响。我国目前人口分布不均衡的现状是这些因素共同作用的结果，而在这些因素中，经济发展水平不均衡则是其中重要的主导因素之一。

当前，人口分布不均衡、人口过度集中在我国东部片区已经明显引发了诸多问题。比如说，在我国东部地区大城市"城市病"的集中爆发。交通拥堵、环境污染、人口膨胀、住房紧张、就业困难等很多现实难题已经让这些大城市不堪重负，举步维艰，"健康城市"、"宜居城市"、"和谐城市"建设亟待加强；另外，我国广大的西部地区、农村地区由于长期的人口净流失，已经导致农村现代化、农民现代化的发展空间受限，文化多元体的维护受阻。

2014 年，国务院总理李克强在国家博物馆参观人居科学研究展时，特别提出"胡焕庸线"如何破的问题，即"我国 94% 的人口居住在东部 43% 的土地上，但中西部一样也需要城镇化。我们是多民族、广疆域的国家，我们要研究如何打破这个规律，统筹规划、协调发展，让中西部老百姓在家门口也能分享现代化"。

可见，未来若要突破"胡焕庸线"，需要在人口城镇化上下功夫，即在城镇化的进程中，孵化结构合理的城市群，带动人口的有序流动，促进人口的合理分布。

---

① 注：此处东西两侧人口密度的历史变化与 1945 年领土面积的变化有关联。
② 葛美玲、封志明：《基于 GIS 的中国 2000 年人口之分布格局研究》，《人口研究》2008 年第 1 期中提到，2000 年，东南侧人口平均密度为 285 人/平方公里，西南侧人口平均密度为 14 人/平方公里。
③ 中国人口分布适宜度研究课题组：《中国人口适宜度报告》，科学出版社 2014 年版。
④ 滕艳等：《重读"胡焕庸线"》，《中国国土资源报》2012 年 6 月 27 日。

表 1 - 1 - 1　　　　　　　　中国人口分布的历史变化

年份	1935	1982	1990	2000	2010
东南侧人口比例（%）	96	94.4	94.2	94.1	94.0
西北侧人口比例（%）	4	5.6	5.8	5.9	6.0
东西两侧密度之比	42.6∶1	—	—	20.4∶1	20.1∶1

数据来源：1935 年数据来源于胡焕庸《中国人口之分布——附统计表与密度图》，《地理学报》1935 年第 2 期；1982 年、1990 年数据来源于陈波《中国人口分布与地区自然条件、经济发展的关系研究》，《经济研究导刊》2011 年第 22 期；2000 年数据来源于葛美玲、封志明《基于 GIS 的中国 2000 年人口之分布格局研究》，《人口研究》2008 年第 1 期；2010 年数据来源于中国人口分布适宜度研究课题组，《中国人口适宜度报告》，科学出版社 2014 年版。

注："—"表明数据缺失。

第二章 我国城镇化演进的历史轨迹

一 城镇化的四个发展阶段

人口分布的重塑离不开城镇化的推进，而城镇化的加速进一步推动了人口流动浪潮的兴起。"人口城镇化"从概念上来看，是指农村人口向城镇不断涌动的一种地理流动现象和过程。在此期间，城镇人口比重不断上升，人口由分散的农村向城镇集中，城镇规模随之增加。

在过去的几十年时间里，城镇化浪潮席卷全球，而且在 2008 年，全球城市地区的居住人口比例历史上首次突破 50%。据联合国预测，到 2050 年全球该比例还将进一步提升至 70%[①]。可见，城镇化浪潮正席卷全球，并仍处于快速推进的过程之中，远未停止。

新中国成立以后，我国城镇化的过程虽然曲折，但速度却惊人。据亚洲开发银行统计，从全球来看，城市人口比例从 10% 上升到 50% 所花费的时间，拉丁美洲是 210 年，欧洲是 150 年，北美是 105 年，越南是 90 年，印尼是 65 年，而中国只用了 61 年的时间[②]。那么，在这六十余年的时间里，我国城镇化到底是沿着怎样的历史轨迹一路走来，并对人口流动产生潮汐性的影响呢？接下来，本章将依托于这段历史，把新中国成立以后的城镇化过程大体分成四个时期，从中观察我国城镇化与人口流动的关联性。

1. 恢复发展期（1949—1957 年）

在这一时期的前半段，我国人口流动的规模尚小，而在此时期的后半

---

① 巴曙松等：《城镇化大转型的金融视角》，厦门大学出版社 2013 年版。
② 同上。

段，人口则以相对较高的速度向城镇流动和聚集。此时期前后两个阶段表现出如下特点：

1949—1952 年间，我国正处于新中国成立初期，百业待兴，我国的人口城镇化在摸索中艰难起步。新中国成立初期，我国人口城镇化不仅水平低，而且起步晚。当时，中国大陆只设城市 69 座，县城建制镇大约为 2000 个，城市人口 5765 万人，占全国总人口的 10.64%①；1950 年，我国人口城镇化水平仅为 11.18%，而当时全世界人口城镇化的平均水平已经达到了 28.4%，非洲的平均水平为 14.4%，亚洲的平均水平为 15.7%②。由于当时国家的首要任务是实现政权更替，恢复经济发展，而相关人口流动管理思路和政策体系尚未成型，所以小规模、自发性的人口城镇化仅仅只作为一种社会现象而悄然存在。

自 1953—1957 年我国第一个五年计划实施以后，我国人口城镇化进入第一次提速发展的黄金时期。当时，全国重点建设 156 项工程，扩建一批重点城市，私人工商业发展，老集镇逐步复兴，新集镇不断涌现。由于这一阶段市场规律在某些方面得到较好的尊重，因此，社会经济和人口城镇化发展以极高的效率向前推进③。到 1957 年，全国城市增加到 183 个，城市人口增加到 9949 万人，占全国人口的比重上升到 15.39%。这一阶段人口城镇化的正常增长来源于大规模和平建设时期城市经济建设和各项社会事业发展的内在需要，因而表现为"城市拉动型"的城镇化④。

2. 震荡起伏期（1958—1977 年）

在 1958—1977 年的二十年时间里，我国发生了众多的历史事件。自上而下的政治性推动以及国家计划经济和特定意识形态相联系的政府垄断管理，对我国人口城镇化进程产生了重大影响，城镇化在曲折和剧烈跌宕中向前匍匐推进。

1958—1960 年期间，我国城镇化发展处于"大跳跃"时期。由于各种运动的影响，农业人口大量涌入城市大办钢铁搞工业建设，城市人口

---

① 王保奋、罗正齐：《中国城市化的道路及其发展趋势》，学苑出版社 1993 年版。
② 高佩义：《中外城市化比较研究》，南开大学出版社 1991 年版。
③ 王茂林：《新中国城市经济 50 年》，经济管理出版社 2000 年版。
④ 陈颐：《中国城市化和城市现代化》，南京出版社 1998 年版。

处于失控状态，由 1958 年的 10721 万人急剧上升到 1960 年的 13073 万人，城市人口比重也由 16.25% 猛增到 19.75%，出现了人口城镇化的戏剧性"跳跃"[1]。1958 年，第一届全国人大通过具有法律效应的《中华人民共和国户口登记条例》，其第 10 条第 2 款规定："公民由农村迁往城市，必须持有城市劳动部门的录用证明，学校的录取证明，或者城市户口登记机关的准予迁入的证明，向常住地户口登记机关申请办理迁出手续。"这标志着中国以严格限制农村人口向城市流动为核心的户口迁移制度开始确立，并为二元社会管理体制的建立奠定了基础。同年 9 月，《关于执行户口登记条例的初步意见》及 1962 年《关于处理户口迁移的通知》、1964 年《关于户口迁移政策规定》等多份政府文件强调对农村迁往城市的户口要严格控制。在此期间，政府在人口统计中，根据是否拥有国家计划供应的商品粮，将户口划分为"农业户口"和"非农业户口"两类。

1961—1965 年是我国人口城镇化的"大回落"时期。自《中华人民共和国户口登记条例》正式实施以后，我国逐步形成了以户籍制度为依托的人口流动控制制度，基本阻滞了农民由农村向城镇的流动。在 1961—1963 年期间，为了贯彻中央提出的"调整、巩固、充实、提高"的方针，国家严格控制城镇人口，动员近 2000 万城镇人口回乡务农，人口城镇化率由 1961 年的 19.29% 迅速下降到 1963 年的 16.84%。三年自然灾害后的 1964 年和 1965 年，国家整个经济形势好转，城镇化率逐步恢复到 17.98% 的水平。

1966—1976 年是我国人口城镇化挫折的十年。十年"文化大革命"期间，全国的城镇经济成分公有制单一化发展，国民经济遭受破坏，全国约有 3000 多万城镇青年学生、干部和知识分子上山下乡，全国城镇化进程再次被干扰[2]。

总之，在 1958 年至 1977 年的二十年间，我国人口城镇化率仅从 16.25% 提高到 17.55%，上升的幅度只有 1 个多百分点，全国城镇化进程明显处于徘徊、缓慢发展的状况，而且从中不难看出，我国人口由农村

---

① 何念如：《中国当代城市化理论研究（1979—2005）》，复旦大学博士学位论文，2006 年。

② 叶连松、靳新彬：《新型工业化与城镇化》，中国经济出版社 2009 年版。

向城市突进、又由城市向农村回流的历史痕迹。

3. 稳步发展期（1978—1999 年）

改革开放是促进经济增长和人口城镇化的重要政策。随着社会经济制度的不断改革与创新，我国人口城镇化进程实现了根本性的突破。在这一时期里，我国人口城镇化伴随着我国多项制度的变革而发生了阶段性的变化。

首先是 1978—1984 年以农村经济体制改革为主要推动力[①]的新一轮城镇化启动阶段。这个阶段的城镇化带有恢复的性质，"先进城后建城"的特征比较明显：一是大约有 2000 万上山下乡的知识青年和下放干部返城并就业，高考的全面恢复和迅速发展也使得一批农村学生进入城镇；二是城乡集市贸易的开放和迅速发展，使得大量农民进入城市和小城镇，出现大量城镇暂住人口；三是在这个时期里开始崛起的乡镇企业也促进了小城镇的发展；四是国家进一步提高了城市维护和建设费并应用于城镇建设，结束了城镇建设多年徘徊的局面，城镇对人口的拉动作用开始显现[②]。人口城镇化率由 1978 年的 17.92% 提高到 1984 年的 23.01%，年均提高 0.85 个百分点，我国城镇化速度明显加快。

第二个阶段是 1985—1991 年以乡镇企业和城市经济体制改革为双重推动力的城镇化阶段[③]。在这一阶段，改革开放已经由农村发展到城镇，城镇的"保障就业和安置就业"制度开始受到冲击。1985 年公安部颁布了《关于城镇暂住人口管理的暂行规定》，对那些不能加入城镇户籍的农民实行暂住证制度，从法律上正式给予农民进城许可，意味着公民开始拥有在非户籍地居住的合法性。此时小小的城门开放，成为了促进人口城镇化的一个重要标志，它表明实行了三十年、限制城乡人口流动的就业管理制度开始松动。从城市发展来看，在此期间，城镇经济显示出生机和活力，乡镇企业大发展，沿海地区出现大批以新兴小城镇构成的"工业区"。人口城镇化率由 1985 年的 23.71% 提高到 1991 年的 26.94%，年均提高 0.54 个百分点，这一时期人口城镇化率继续稳

---

① 武力：《1978—2000 年中国城市化进程研究》，《中国经济史研究》2002 年第 3 期。

② 叶连松、靳新彬：《新型工业化与城镇化》，中国经济出版社 2009 年版。

③ 武力：《1978—2000 年中国城市化进程研究》，《中国经济史研究》2002 年第 3 期。

定增长。

第三个阶段是 1992—1999 年以经济开发区和大城市建设为主的城镇化全面推进阶段。20 世纪 90 年代邓小平南方谈话发表后，全国城镇化从沿海向内地全面展开，市场机制开始在社会资源配置上发挥基础性作用，大大加快了经济开发区和大城市建设的步伐[①]。从 1990 年到 1999 年，我国建制市的数量已经由 467 个[②]增加到 667 个[③]，建制镇则从 12000 个[④]增加到 19244 个[⑤]，城镇化水平从 1992 年的 27.46% 提高到 1999 年的34.78%，年均提高 0.47 个百分点。

回顾改革开放前二十余年，中国人口城镇化已经迈入到持续发展的状态，并以较快的速度向前健康发展。从 1978 年到 1999 年，我国城镇人口从 17245 万人增加到了 38892 万人，占全国总人口的比重由 17.92% 提高到 34.78%；设市数量由 193 个猛增到 667 个；建制镇数量由 2850 个增加到 19244 个[⑥]。

4. 持续提速期（2000 年至今）

随着工业化进程的加快，经济发展动力由农业进一步向工业和服务业转移，我国人口城镇化水平不断提高，进入到新中国成立以来历史上增长速度最快的加速增长阶段。为了推进小城镇健康发展，2000 年 6 月中共中央、国务院发布的《关于促进小城镇健康发展的若干意见》规定：从2000 年起，允许我国中小城镇对有合法固定住所、稳定职业或生活来源的农民给予城镇户口，并在子女入学、参军、就业等方面给予与城镇居民同等的待遇，不得实行歧视性政策，不得对在小城镇落户的农民收取城镇增容费或其他费用。此项文件标志着我国流动人口政策开始进入融合阶段，人口城镇化的政策壁垒正逐步被破除。

进入 21 世纪，我国人口城镇化进入到一个崭新的阶段，政府部门积

---

① 叶连松、靳新彬：《新型工业化与城镇化》，中国经济出版社 2009 年版。
② 陈锦华主编：《第八个五年计划期中国经济和社会发展报告》，中国物价出版社 1996 年版。
③ 陈潮、陈红玲：《中华人民共和国行政区划沿革地图集》，中国地图出版社 2003 年版。
④ 陈锦华主编：《第八个五年计划期中国经济和社会发展报告》，中国物价出版社 1996 年版。
⑤ 《中国建设年鉴》编委会编：《中国建设年鉴 2000》，中国城市出版社 2001 年版。
⑥ 汪洋：《"十五"城镇化发展规划研究》，中国计划出版社 2001 年版。

极破除制度性障碍，加强流动人口的社会融合，努力提高人口城镇化的内涵和质量。在以人为本、改善民生、加强社会建设等管理理念的指导之下，中央政府颁布了一系列政策法规，开始逐步清理和废止对流动人口带有歧视性的法规、规章和政策措施，为流动人口的社会融合扫清障碍，并逐步完善流动人口的就业、就医、子女就学、社会保障等公共服务，推进流动人口和户籍人口公平对待目标的实现，不断提高我国人口城镇化的质量。例如，2001 年 11 月，国家计委、财政部在《关于全面清理整顿外出或外来务工人员收费的通知》中明确指出，除证书工本费外，暂住费、暂住人口管理费、计划生育管理费、城市增容费、劳动力调节费、外地务工经商人员管理服务费、外地建筑（施工）企业管理费等行政事业性收费一律取消；2006 年发布的《关于解决农民工问题的若干意见》要求建立健全流动人口工伤保险、养老保险和医疗保险等社会保障，保障流动人口的民主权利和合法权益；2007 年中央综合治理委员会出台了《关于进一步加强流动人口服务和管理工作的意见》，提出"公平对待、搞好服务、合理引导、完善管理"的工作方针，明确要求逐步实行居住证制度，探索居住证制度改革等；2014 年，中共中央、国务院发布的《国家新型城镇化规划（2014—2020 年）》要求，推进人口管理制度改革，在加快改革户籍制度的同时，创新和完善人口服务和管理制度，逐步消除城乡区域间户籍壁垒，还原户籍的人口登记管理功能，促进人口有序流动、合理分布和社会融合。此外，还特别提出要建立并全面推行居住证制度。以居住证为载体，建立健全与居住年限等条件相挂钩的基本公共服务提供机制，并作为申请登记居住地常住户口的重要依据。

在国家一系列政策的作用下，2000 年至今，我国城镇化步伐明显加快，城镇化水平由 2000 年的 36.22% 提高到 2014 年的 54.77%，以年均增加近 1.3 个百分点的速度提速发展。2011 年我国人口城镇化率首次过半，达到 51.27%，标志着我国社会结构和人口流动进入到一个全新的发展阶段。

总体来看，在与国际社会的比较中，我国城镇化率提升之快堪称"中国速度"，世界罕见。从 10%—20%、20%—30%、30%—40%、40%—50%，我国分别大约只用了 32 年、15 年、7 年和 8 年的时间，而发达国家从30%提升到40%，花了大约30年①的时间（1921—1950年）。目前，我国人口城镇化与目前世界城镇化平均水平的差距已经明显缩小，未来中国的城市发展将朝着组团式城市群和城市经济带的方向继续延伸。

表1-2-1　　　　　1949年以来我国人口城镇化的历史变动

年份	全国总人口（万人）	市镇人口（万人）	人口城镇化率（%）
1949	54167	5765	10.64
1950	55196	6169	11.18
1960	66207	13073	19.75
1970	82992	14424	17.38
1980	98705	19140	19.39
1990	114333	30195	26.41
2000	126743	45906	36.22
2010	134091	66978	49.95
2014	136782	74916	54.77

数据来源：1949—2010年数据来源于《中国统计年鉴（2014）》；2014年数据来源于《2014年国民经济和社会发展统计公报》。

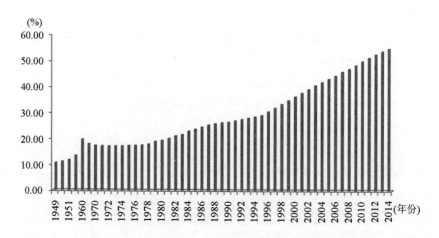

图1-2-1　1949—2014年我国人口城镇化率的变化

数据来源：1949—2013年数据来源于《中国统计年鉴（2014）》；2014年数据来源于《2014年国民经济和社会发展统计公报》。

---

① 巴曙松等：《城镇化大转型的金融视角》，厦门大学出版社2013年版。

表 1-2-2　　　新中国成立以后我国城镇化每提升十个百分点所需的时间

城镇化率	起点时大致年份	到达时大致年份	耗时（年）
10%—20%	1949	1981	约32
20%—30%	1981	1996	约15
30%—40%	1996	2003	约7
40%—50%	2003	2011	约8

数据来源：笔者根据《中国统计年鉴（2014）》整理而成。

此外，从城镇化率与流动人口数量的关联性来看，我国在城镇化率进入30%的水平以后，城镇化率每提高一个百分点所创造的流动人口数量依然在不断提高：在1995—2005年的时间段里，城镇化率每提高一个百分点所创造的流动人口数量约为545万人；而在2005—2014年的时间段里，城镇化率每提高一个百分点所创造的流动人口数量居然达到约900万人。由此可见，我国的城镇化正在创造一个巨大的人口流动浪潮。

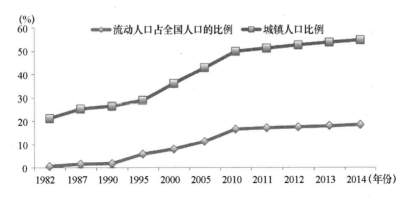

图 1-2-2　1982—2014年我国城镇化与人口流动的关联性

数据来源：

1. 城镇化数据：1982—2013年数据来源于《中国统计年鉴（2014）》；2014年数据来源于《2014年国民经济和社会发展统计公报》。

2. 流动人口总量数据：1982—2010年流动人口数据来源于郑真真等《中国人口流动现状及未来趋势》，《人民论坛》2013年第1期。这些数据是根据历次全国人口普查和全国1%人口抽样调查数据进行的估算。2011—2014年流动人口数据分别来源于历年《国民经济和社会发展统计公报》，其中，流动人口是指人户分离人口中扣除市辖区内人户分离的人口。市辖区内人户分离的人口是指一个直辖市或地级市所辖区域内和区与区之间，居住地和户口登记地不在同一乡镇街道的人口。

3. 全国总人口数据：1982—2013年的数据来源于《中国统计年鉴（2014）》；2014年数据来源于《2014年国民经济和社会发展统计公报》。

二　当前城镇化面临的主要问题

站在新的时代节点上，我们发现，虽然我国只用了三十余年的时间就已经走完了西方发达国家上百年才完成的城镇化历程，但目前我国的城镇化在人口流动方面依然存在着一些棘手问题，需要着力解决。概括起来，我国城镇化进程表现为"四个滞后"：

第一，人口城镇化滞后于工业化。2010 年，我国城镇化率依然低于与中国发展水平接近的牙买加（53.7%）、安哥拉（58.5%）、约旦（78.5%）[1]。与此同时，在 2010 年我国人均 GDP 达到 4682 美元、进入工业化中期后半阶段的时候，我国城镇化率（49.95%）却低于美国 1920 年人均 GDP 仅为 830 美元时的城镇化率（51.2%）。

第二，户籍身份的非农化滞后于居住的城镇化。2010 年全国第六次人口普查数据显示，我国非农户籍人口比重只占总人口的 30% 左右，比城镇化率低 20 个百分点左右，即被统计在城市中的常住人口仍有相当的比例持有农业户口，非农业户籍的身份蜕变滞后于居住空间的城市转变。

第三，福利待遇的市民化滞后于就业的城镇化。2010 年我国非农就业比重为 63.3%，既高于城镇化率，也高于非农人口比例。一方面，在城市里长期非农就业的流动人口，仍未充分享受城市的公共服务，流动人口城市归属感不强。另一方面，政府部门对流动人口的服务管理水平远未达到精细化的程度，流动人口的社会融合还有很长一段路要走。

第四，居住用地供给滞后于人口的城镇化。例如，2009 年北京和深圳居住用地占建成区面积分别为 28.3% 和 25.9%，不仅低于全国地级以上城市平均居住用地比重 30.3% 的水平，而且更低于其他国际大都市的水平。例如，总体上估算，东京都 23 区内居住用地比重占建成区面积的比重应在 40%—45% 左右[2]。目前，我国大城市商业和工业面积比重过高，居住用地供给相对不足，城市建设用地没有很好地考虑农村人口的转

---

①　陈佳贵等：《工业大国国情与工业强国战略》，社会科学文献出版社 2012 年版。

②　在东京都 23 区中（大致相当于中心城区建成区范围），距城市中心点 0.5—1.5 公里、2.5—4.5 公里、5.5—20 公里的范围内，居住用地占全部面积的比重分别约为 8%—9%、20%—30% 及 60% 左右。此段文字引自刘贤腾《解析东京都内部空间结构》，《世界地理研究》2006 年第 3 期。

移，从而容易引发若干社会问题。

总之，目前我国城镇化速度不足和质量不高的问题突出，而快速城镇化和深度城镇化必将成为未来发展的主旋律。历史发展到今天，我国的城镇化已经步入一个崭新的发展阶段。站在新的历史起点上，对于人口城镇化以及人口流动的认识，我们需要新视野、新思维和新策略，这也充分体现出新型城镇化的重大价值。

三 新型城镇化的战略任务

从国际上的一般规律来看，人口城镇化发展历程基本呈现出"S"形的发展曲线，即在工业化初期，工业发展主要以劳动密集型的轻工业化为主，城镇化率朝着30%的水平平缓上升；在工业化中期，工业发展以资金和资源密集型的重工业化和技术密集型的产业结构高度化为主要特征，城镇化率由30%加速提升至70%；在工业化后期，城镇化进入相对稳定的阶段，城镇化率的提升有赖于第三产业的发展，城市就业市场逐步饱和，城乡之间人口实现相对均衡。

2014年，我国人口城镇化率达到54.77%。可以预见，我国人口城镇化将步入加速发展的快车道。在这个关键的历史节点上，我国恰逢两件大事：一是2010年我国第一次超越"下中等收入"国家的水平，步入"上中等收入"国家的行列；二是2011年我国城镇人口第一次超越农村人口，城镇人口总量达到6.9亿人。这"两个超越"标志着中国已经开始由"乡村社会"向"城市社会"转型，我国城镇化进入一个崭新的发展阶段。

此时，党的十八大和中央经济工作会议提出，要"以人为本，推进以人为核心的城镇化"，并对我国的新型城镇化发展进行了顶层设计和总体规划，明确提出了提高城镇化质量的要求。因此，在国际社会经济格局发生重大调整，我国社会经济发展进入全新阶段、必须跨越"中等收入陷阱"的关键时期，如何确保我国人口城镇化率和城镇化质量的"双提升"，这将是未来中国发展需要给予高度重视的重大战略性问题。

《国家新型城镇化规划（2014—2020年）》中明确指出："以人的城镇化为核心，合理引导人口流动，有序推进农业转移人口市民化，稳步推进城镇基本公共服务常住人口全覆盖，不断提高人口素质，促进人的全面发展和社会公平正义，使全体居民共享现代化建设成果。"在此要求下，未来的新型城镇化战略对合理引导人口流动这一问题，提出了以下具体任务和要求：

第一，关于农业转移人口城镇落户规模的要求。《国家新型城镇化规划（2014—2020年）》指出："到2020年，常住人口城镇化率达到60%左右，户籍人口城镇化率达到45%左右，户籍人口城镇化率与常住人口城镇化率差距缩小两个百分点左右，努力实现1亿左右农业转移人口和其他常住人口在城镇落户。"这是新型城镇化不可回避、首当其冲的任务。

第二，关于人口城镇化发展方向的要求。《国家新型城镇化规划（2014—2020年）》指出："到2020年，基本形成'两横三纵'为主体的城镇化战略格局。有序推进重点区域开发，推进城市群、城镇化区域发展，形成新的增长极。同时，加快发展中小城市，发展一大批有特色的小城镇，使之成为区域发展的节点、城乡连接的纽带。从人口流动方向的引导上，以合法稳定就业和合法稳定住所（含租赁）等为前置条件，全面放开建制镇和小城市落户限制，有序放开城区人口50万—100万的城市落户限制，合理放开城区人口100万—300万的大城市落户限制，合理确定城区人口300万—500万的大城市落户条件，严格控制城区人口500万以上的特大城市人口规模。实施差别化落户政策，严格控制城区人口500万以上的特大城市人口规模。通过积分制的办法、阶梯式的通道来进行落户，来合理调控落户规模和节奏。"这是各个城市提高人口服务管理水平，加强人口有序管理的内在要求。

第三，关于人口流动质量的要求。《国家新型城镇化规划（2014—2020年）》指出："按照保障基本、循序渐进的原则，积极推进城镇基本公共服务由主要对本地户籍人口提供向对常住人口提供转变，逐步解决在城镇就业居住但未落户的农业转移人口享有城镇基本公共服务问题。"因此，从政府部门到学术界，对于农业转移人口的住房问题、迁移人口家庭化问题、参与当地公共事务权利问题以及流动人口社会融合问题等，我们需要在户籍、土地、财税、绩效考核、诚信、社会保障和社会管理、城镇建设政策性融资等方面寻求改革动力，加快制度创新，稳步推进城镇基本公共服务常住人口全覆盖。此外，还要努力提高农业转移人口的文化素质和职业技能，修复新型城镇化人口素质和供给结构存在的素质裂痕，提升农业转移人口的有效性和稳定性。

　　总之,《国家新型城镇化规划（2014—2020 年）》指出了我国未来城镇化的发展方向，将会对我国人口流动的流量、流向和质量产生实质性影响，并对我国的人口服务管理工作提出更高要求。

第三章　我国人口流动的走势

一　全国人口流动的三大特点

为了更好地推进我国新型城镇化建设,稳步落实中央针对城镇化而提出的几大任务和要求,我们需要了解我国人口流动的关键特点和发展趋势,从而做到顺势而为,乘势而上。总体来讲,我国人口流动表现出以下三大特点。

1. 人口流动巨浪加速

从改革开放以后三十多年的数据来看,我国人口流动的浪潮一浪高过一浪,势不可当。1982 年,我国流动人口的总量仅 700 万人左右,占全国人口的比重仅为 0.69%;2000 年第五次全国人口普查公报显示,全国流动人口总量为 1.02 亿,流动人口占总人口的比例为 8.05%;2010 年第六次全国人口普查公报显示,流动人口数为 2.21 亿,占总人口的比例为 16.48%;2014 年,我国流动人口总量已经达到 2.53 亿,占全国人口的比重增加到 18.49%,从 2000 年到 2014 年,流动人口占总人口的比例上升了 10.30 个百分点。我国流动人口的规模及其所占比例与改革开放之初相比已不可同日而语,人口的大规模流动对我国社会经济发展产生了深刻影响。

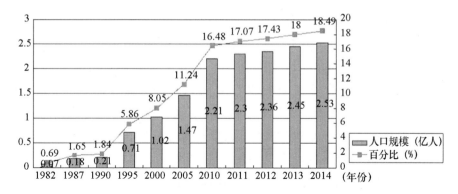

图1-3-1　1982—2014年我国流动人口规模及占全国人口的比例变化

数据来源：

1. 流动人口总量数据：1982—2010年流动人口数据来源于郑真真等《中国人口流动现状及未来趋势》，《人民论坛》2013年第1期。这些数据是根据历次全国人口普查和全国1%人口抽样调查数据进行的估算；2011—2014年流动人口数据分别来源于历年《国民经济和社会发展统计公报》，其中，流动人口是指人户分离人口中扣除市辖区内人户分离的人口。市辖区内人户分离的人口是指一个直辖市或地级市所辖区内和区与区之间，居住地和户口登记地不在同一乡镇街道的人口。

2. 总人口数据：1982—2014年总人口数据来源于《中国统计年鉴（2015）》。

注：国家统计局对2000年流动人口数也有一个估算，为1.21亿。引自《中国统计年鉴（2014）》。

2. 流动人口向东部沿海地区聚集

从改革开放后历次人口普查数据来看，我国人口流动的整体趋势是向东部沿海地区聚集。1982年全国第三次人口普查数据显示，当时我国的流动人口主要集中在东北老工业基地和传统的人口流动活跃地区，如黑龙江、河南、山东、广东、江苏、安徽、河北等，这7个省份吸纳的流动人口占全国流动人口的比重达40.18%，其中以黑龙江、河南、山东为最，此时广东流动人口仅占全国的5.23%；而到了1990年，第四次人口普查数据显示，流动人口开始向广东、上海、福建等地集聚，广东流动人口占全国的比重迅速提升到13.23%；到了2000年，第五次人口普查数据显示，黑龙江、河南、安徽、河北等传统人口活跃地区已经彻底退出主体地位，流动人口加速向广东、浙江和江苏等地聚集，特别是广东流动人口占全国流动人口的比重进一步提高到20.87%；到了2010年，广东、浙江、江苏、上海、福建等东南沿海地区已经当仁不让地成为我国首要的人口聚集区域，这五个省份流动人口占全国流动人口的比重合计已达43.51%。

从近三十多年的区域数据看，全国流动人口加速向长三角、珠三角和京津冀地区聚集。京津冀、长三角以及广东省流动人口占全国流动人口的比重稳步提升，由1982年的24.93%迅速上升到2010年的46.25%，接近全国流动人口的半数。在这三个区域里，2000年以前，人口流动主要向珠三角聚集，而到2000年以后，人口开始向长三角地区转移，长三角地区流动人口占全国流动人口的比重由1982年的11.27%稳步提升至2010年的21.67%，吸纳了我国超过1/5的流动人口。

表1-3-1   改革开放后我国各省份流动人口占全国流动
人口比重的前七位排名   （单位:%）

年份	省份排名						
	第1位	第2位	第3位	第4位	第5位	第6位	第7位
1982	黑龙江 (8.60)	河南 (6.31)	山东 (5.39)	广东 (5.23)	江苏 (5.06)	安徽 (4.85)	河北 (4.74)
1990	广东 (13.23)	黑龙江 (5.82)	安徽 (5.12)	上海 (5.06)	江苏 (4.97)	福建 (4.79)	四川 (4.75)
2000	广东 (20.87)	浙江 (6.37)	江苏 (6.36)	山东 (4.89)	四川 (4.20)	上海 (4.14)	福建 (3.93)
2010	广东 (17.13)	浙江 (9.52)	江苏 (7.24)	上海 (4.91)	福建 (4.71)	山东 (4.63)	四川 (4.50)

数据来源：此表格数据是根据段成荣等《我国流动人口的最新状况》，《西北人口》2013年第6期的研究成果整理而得。

表1-3-2   改革开放后我国主要区域流动人口占全国流动
人口的比重变化   （单位:%）

年份	长三角	京津冀	广东	三者合计
1982	11.27	8.43	5.23	24.93
1990	14.04	8.29	13.23	35.56
2000	16.87	6.64	20.87	44.38
2010	21.67	7.45	17.13	46.25

数据来源：此表格数据是根据段成荣等《我国流动人口的最新状况》，《西北人口》2013年第6期的研究成果整理而得。

3. 超大城市人口增长显著

20世纪90年代开始，中国城镇化进程迅速发展。到了2011年，中国城镇化水平超过50%。超大城市①是全国的中心城市，掌握着经济、政治、文化、科技等资源，吸纳着大量的流动人口，它的发展对于推进我国城镇化进程意义重大。目前，从全国人口流动的趋势来看，一方面在宏观层面，我国流动人口加速向东部沿海地区聚集；另一方面在微观层面，流动人口则表现出向特大城市②，甚至是超大城市聚集的明显态势。

第一，从常住人口指标来看，超大城市人口增长明显。例如，2000年以来，北京市、上海市、天津市、广州市、深圳市和重庆市六个超大城市常住人口总量激增。1990年，六个城市常住人口总量为4066.1万，2005年为6248.7万，2014年北京市、上海市、天津市、广州市、深圳市和重庆市常住人口总量分别为：2156.6万、2425.7万、1516.8万、1308.1万、1077.9万和2991.4万，总量达11476.5万，2005—2014年九年间人口净增2429.8万，年均增量303.7万。六个城市以全国1.2%的国土面积容纳了全国8.3%的人口，这说明随着我国城镇化速度的加快，流动人口进一步朝着经济社会发展较快的区域集聚，超大城市的人口聚集效应显现。

第二，从户籍人口指标来看，超大城市户籍人口总量稳步持续小幅上涨。例如，2000年北京市、上海市、天津市、广州市、深圳市和重庆市户籍人口数量分别为1107.5万、1321.6万、912.0万、694.0万、124.9万、3091.1万，总量为7251.1万，而2014年六个城市户籍人口分别是1333.4万、1429.3万、1016.7万、842.4万、332.2万和3375.2万，总量达到8329.2万。从统计数据来看，六个城市总量十四年间增长2808万，年均增量为77.0万，而北京市、上海市、天津市、广州市、深圳市和重庆市六个城市年均增量分别是16.1万、7.7万、7.5万、10.6万、14.8万、20.3万。

---

① 2014年11月，中国政府网公布《关于调整城市规模划分标准的通知》，以城区常住人口为统计口径，将城市划分为五类七档。根据新标准，北京、上海、天津、重庆、广州、深圳、重庆为超大城市（城区常住人口1000万以上）。

② 2014年11月，中国政府网公布《关于调整城市规模划分标准的通知》，以城区常住人口为统计口径，将城市划分为五类七档。根据新标准，杭州、成都、南京、香港等为特大城市（城区常住人口为500万至1000万）。

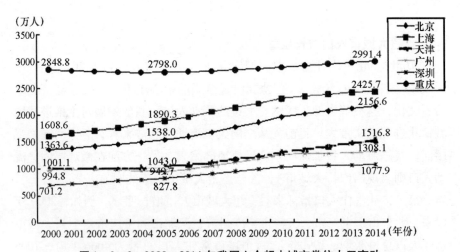

图 1 - 3 - 2　2000—2014 年我国六个超大城市常住人口变动
数据来源：2000—2013 年数据来源于《北京统计年鉴（2014）》、《上海统计年鉴（2014）》、《天津统计年鉴（2014）》、《广州统计年鉴（2014）》、《深圳统计年鉴（2014）》、《重庆统计年鉴（2014）》。2014 年数据来源于各城市的《2014 年国民经济和社会发展统计公报》。

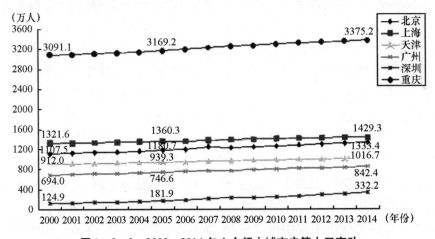

图 1 - 3 - 3　2000—2014 年六个超大城市户籍人口变动
数据来源：2000—2013 年数据来源于《北京统计年鉴（2014）》、《上海统计年鉴（2014）》、《天津统计年鉴（2014）》、《广州统计年鉴（2014）》、《深圳统计年鉴（2014）》、《重庆统计年鉴（2014）》；2014 年数据来源于各城市的《2014 年国民经济和社会发展统计公报》。

　　第三，从流动人口指标来看，流动人口膨胀是超大城市常住人口增长的主因。

　　首先，从超大城市吸纳流动人口的比重来看，北京、上海等超大城市吸纳来自全国的流动人口越来越多，比例越来越大。例如，1982 年、1990 年、2000 年、2010 年的历次人口普查数据显示，北京常住流动人口占全国流动人口的比例分别为 2.07%、2.28%、2.54% 以及 3.29%，而上海则分别为 3.07%、5.06%、4.14% 以及 4.91%[①]。

其次，近十余年来，六个超大城市常住流动人口年均增长约 140 万的总量。2000 年，北京市、上海市、天津市、广州市、深圳市和重庆市六个超大城市常住流动人口总量为 1555.4 万，2005 年达到 1900.0 万，到 2010 年总量突破 3000 万，到 2014 年北京市、上海市、天津市、广州市、深圳市、重庆市常住流动人口数量分别为 818.7 万、996.4 万、476.2 万、465.6 万、745.7 万和 146.3 万，六个城市常住流动人口总量达 3502.7 万人，2000—2014 年十四年间净增 1947.3 万，年均增量 139.1 万。具体从单个超大城市来看，北京常住流动人口规模由 1980 年的 18.6 万人激增到 2014 年的 818.7 万人，增加了约 44 倍；上海由 1980 年的 5.48 万人增加到 2014 年的 996.42 万人，增加了约 182 倍；深圳由 1980 年的 1.2 万人增加到 2014 年的 745.68 万人，增加了约 621 倍。

表 1-3-3　　　　改革开放后超大城市常住流动人口总量变化　　（单位：万人）

年份	北京	上海	天津	广州	深圳	重庆
1980	18.6	5.48	0	—	1.2	—
1990	53.8	50.65	17.78	—	99.13	—
2000	256.1	286.97	89.14	300.84	576.32	46.0
2010	704.7	890.34	314.44	464.82	786.17	104.9
2013	802.7	990.01	468.24	460.37	752.42	143.6
2014	818.7	996.42	476.18	465.63	745.68	146.3

数据来源：1980—2013 年的数据来源于《北京统计年鉴（2014）》、《上海统计年鉴（2014）》、《广州统计年鉴（2014）》、《深圳统计年鉴（2014）》、《天津统计年鉴（1983、2000、2005、2014）》、《2010 年、2013 年重庆市 1% 人口抽样调查主要数据公报》；2014 年数据来源于《北京市 2014 年国民经济和社会发展统计公报》、《上海市 2014 年国民经济和社会发展统计公报》、《天津市 2014 年国民经济和社会发展统计公报》、《深圳市 2014 年国民经济和社会发展统计公报》、《广州市 2014 年国民经济和社会发展统计公报》、《2014 年重庆市 1% 人口抽样调查主要数据公报》。

注：此处除重庆以外，其他五个城市的"常住流动人口"数据由"常住人口"数据减去"户籍人口"数据所得，只是大致反映常住流动人口的规模变动，与人口普查的数据略有差异。

① 引自段成荣等《我国流动人口的最新状况》，《西北人口》2013 年第 6 期。

此外，流入地的距离、流出地的人口规模以及剩余劳动力的状况是影响六个超大城市流动人口数量的重要原因。例如，从流动人口来源地看，2010年"六普"数据显示，北京市常住流动人口主要来源于河北、河南和山东三个省，比例分别达到22.13%、13.91%和8.49%，其次是安徽、黑龙江、湖北和四川；上海市常住流动人口主要来源于安徽、江苏和河南，比例分别为28.99%、16.75%和8.72%，其次是黑龙江、安徽、四川和湖北；广州市和深圳市常住流动人口主要来源都是湖南、湖北和广西三个省，所占流动人口比例都在11%以上，来自湖南的流动人口分别都超过两市流动人口总量的20%，其次，四川和重庆也是广州市和深圳市流动人口的重要来源地；重庆市一半以上的常住流动人口来源于四川省，所占比例达到53.74%，其次是贵州、湖北和云南，比例分别为7.61%、4.80%和3.31%。可见，流入地的距离、流出地的人口规模以及剩余劳动力的状况是影响六个特大城市流动人口数量的重要原因。

表1-3-4　　　2010年六个超大城市流动人口前三大来源地的
比例及其合计

	省份（直辖市）	占常住流动人口总量的比例（%）
北京市	河北	22.13
	河南	13.91
	山东	8.49
	小计	44.53
上海市	安徽	28.99
	江苏	16.75
	河南	8.72
	小计	54.46
天津市	河北	25.22
	山东	16.89
	河南	11.07
	小计	53.18
广州市	湖南	26.54
	广西	13.55
	湖北	11.76
	小计	51.85

续表

省份（直辖市）		占常住流动人口总量的比例（%）
深圳市	湖南	20.35
	湖北	14.01
	广西	11.47
	小计	45.83
重庆市	四川	53.74
	贵州	7.61
	湖北	4.80
	小计	66.15

数据来源：2010 年北京市、上海市、天津市、广东省和重庆市"六普"数据。

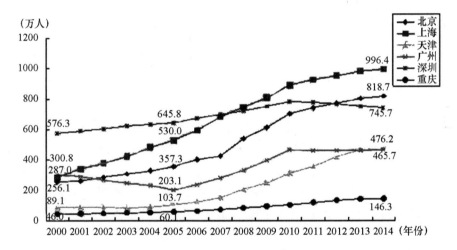

图 1-3-4　2000—2014 年六个超大城市常住流动人口总量变动

数据来源：2000—2013 年数据来源于《北京统计年鉴（2014）》、《上海统计年鉴（2014）》、《天津统计年鉴（2014）》、《广州统计年鉴（2014）》、《深圳统计年鉴（2014）》、《2000—2013 年重庆市 1% 人口抽样调查主要数据公报》；2014 年数据来源于《北京市 2014 年国民经济和社会发展统计公报》、《上海市 2014 年国民经济和社会发展统计公报》、《天津市 2014 年国民经济和社会发展统计公报》、《深圳市 2014 年国民经济和社会发展统计公报》、《广州市 2014 年国民经济和社会发展统计公报》、《2014 年重庆市 1% 人口抽样调查主要数据公报》。

注：常住人口指实际经常居住在某地区半年及半年以上的人口；除重庆以外，其他五个城市的常住流动人口 = 常住人口 - 常住户籍人口，这五个城市中只有广州市"户籍人口"为"常住户籍人口"，其他四个城市均为年末户籍总人口，此处流动人口 = 常住人口 - 户籍人口，并不是完全精确的数字。

最后，从流动人口占比来看，超大城市常住人口的四成由常住流动人口构成。例如，北京市、上海市、天津市、广州市、深圳市和重庆市六个超大城市常住流动人口占常住人口的总比重由2005年的31.6%提高到2014年的46.2%，即2005年在六个城市里每3个常住人口中约有1个是外地人，到2014年则是每5个常住人口中约有两个是外地人，外地人与本地人达到2∶3的比例。具体从每个超大城市来看，我国超大城市常住流动人口所占比例基本上都接近或超过了40%。例如，北京常住流动人口占比由1980年的2.06%增加到2014年的38.05%；上海由1980年的0.48%增加到2014年的41.08%，深圳由1980年的3.60%增加到2014年的69.20%。总之，流动人口的规模膨胀既与全国农村劳动力外出务工加速相关，也与超大城市经济发展的强劲拉动有关。

表1-3-5　　改革开放后我国超大城市常住流动人口占常住
人口的比重变化　　　　　　　　　（单位:%）

年份	北京	上海	天津	广州	深圳	重庆
1980	2.06	0.48	0.00	—	3.60	—
1990	4.95	3.80	2.01	—	59.08	—
2000	18.78	17.84	8.90	30.24	82.19	1.61
2010	35.92	38.67	24.20	36.57	75.80	3.64
2013	37.96	40.99	31.81	35.61	70.79	4.84
2014	38.05	41.08	31.39	35.60	69.20	4.89

　　数据来源：1980—2013年的数据来源于《北京统计年鉴（2014）》、《上海统计年鉴（2014）》、《广州统计年鉴（2014）》、《深圳统计年鉴（2014）》、《天津统计年鉴（1983、2000、2005、2014）》、《2010年、2013年重庆市1%人口抽样调查主要数据公报》；2014年数据来源于《北京市2014年国民经济和社会发展统计公报》、《上海市2014年国民经济和社会发展统计公报》、《天津市2014年国民经济和社会发展统计公报》、《深圳市2014年国民经济和社会发展统计公报》、《广州市2014年国民经济和社会发展统计公报》、《2014年重庆市1%人口抽样调查主要数据公报》。

　　注：此处除重庆以外，其他五个城市的"常住流动人口"数据由"常住人口"数据减去"户籍人口"数据所得，只是大致反映常住流动人口的比例变动，与人口普查的数据略有差异。

　　放眼全球，超大城市人口规模膨胀一直是一个世界性难题，中、日、英三国统计部门数据也显示了这一不争的事实。例如，2014年日本东京都和英国伦敦人口分别为1336万和853万，前者以0.6%的国土面积容纳

了全国 10.5% 的人口，人口比例较十年前增加 0.7 个百分点，后者以
0.6% 的国土面积容纳了全国 15.7% 的人口，人口比例较十年前增加 3.3
个百分点，而 2014 年中国北京人口为 2151.6 万，即以不足 0.2% 的国土
面积容纳了全国 1.6% 的人口，人口比例较十年前增加 0.4 个百分点。通
过国际比较，我们发现，我国超大城市人口规模激增是一个难以逾越的历
史阶段，而且我国人口基数巨大，流动人口规模众多，所以超大城市面临
的人口管理压力远比国外要大。例如，目前我国的首都北京，其人口约是
伦敦的 2.5 倍、东京都的 1.6 倍，并从近十年人口增量看，东京都和北京
每年每平方公里新增人口均约为 402 人左右，但若考虑两城市间的地形差
异，北京单位面积上的人口增速更快。

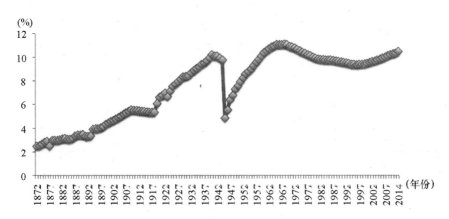

图 1 - 3 - 5　1872—2014 年东京都人口占日本总人口的比例变化

数据来源：

1. 1872—2010 年的数据来源于 http：//www. toukei. metro. tokyo. jp/tnenkan/2012/tn12q3i002.
htm。

2. 2014 年东京都数据来源于 http：//www. toukei. metro. tokyo. jp/jsuikei/js-index2. htm；2014
年日本人口数据来源于 http：//www. stat. go. jp/data/jinsui/2. htm。

表 1 - 3 - 6　1872—2014 年东京都人口及其占日本总人口的比例变化

年份	东京都人口（万人）	东京都人口占日本总人口的比例（%）
1872	85.93	2.47
1880	108.47	2.96
1890	138.57	3.47

续表

年份	东京都人口（万人）	东京都人口占日本总人口的比例（%）
1900	194.73	4.44
1910	270.68	5.50
1920	369.94	6.61
1930	540.87	8.39
1940	735.50	10.22（此后5年左右的时间在下降）
1945	348.83	4.83（此后10余年时间在上升）
1950	627.75	7.55
1960	968.38	10.37
1968	1125.18	11.10（此后近30年时间在下降）
1970	1140.81	10.90
1980	1161.83	9.93
1990	1185.56	9.59
1996	1178.98	9.37（此后近20年时间在上升）
2000	1206.41	9.50
2010	1315.94	10.28
2014	1339.01	10.50

数据来源：

1. 1872—2010年的数据来源于 http：//www. toukei. metro. tokyo. jp/tnenkan/2012/tn12q3i002. htm。

2. 2014年东京都数据来源于 http：//www. toukei. metro. tokyo. jp/jsuikei/js-index2. htm；2014年日本人口数据来源于：http：//www. stat. go. jp/data/jinsui/2. htm。

二　城市流动人口的三类特征：以北京为例

"城市流动人口"是指非城市常住户口而暂住或居留在城市的人口。在诸多大城市中，首都北京的人口流动规模及其管理难题具有明显的代表性，能够反映出同类城市的诸多共性。因此，聚焦首都北京流动人口的基本特点，有助于了解当前流动人口在超大城市中的微观表现。

首都的区位优势决定了北京必然成为流动人口的重要吸纳地。庞大的流动人口群体，既为北京的经济增长带来了活力，同时也给首都城市承载力、社会管理和公共服务带来了巨大压力和挑战。接下来，利用2010年

北京市第六次全国人口普查数据（以下简称"六普"）、2005 年北京市
1% 人口抽样调查数据（以下简称"2005 年抽样数据"）、2000 年北京市
第五次全国人口普查数据（以下简称"五普"）[1]，综合探讨北京市流动
人口群体特征及其迁移原因，力图为政府部门实现人口有序管理，完善人
性化服务提供参考信息。

1. 基本特征

（1）在京流动人口激增至常住人口的四成

本研究记录了 1949 年以来，每年从外省市来京流动人口总量波动的
情况。我们可以从中清晰地看到，流动人口变动规律受国家宏观政策、社
会经济发展因素影响的痕迹非常明显，北京市流动人口总量的波动大体经
历了"自然增长—严格控制—缓慢增长—飞速增长"的历程。

表 1 - 3 - 7（a）　　北京市 1949—2014 年流动人口总量变动一览表　（单位：万人）[2]

年份	总量	年份	总量	年份	总量
1949	6.08	1960	7.42	1971	14.85
1950	9.37	1961	8.17	1972	16.49
1951	13.44	1962	8.58	1973	20.19
1952	12.96	1963	10.54	1974	22.86

---

①　从流动人口的概念演变和数据来源来看，"流动人口"概念没有相对统一的统计口径，
不同渠道流动人口的统计口径存在较大差异。从流动人口在京居住时间看，1994 年、1997 年流
动（外来）人口调查的统计口径是 1 天及以上；公安局暂住人口登记是 3 天以上，1987 年、
1995 年、2005 年 1% 人口抽样调查以及 2000 年和 2010 年人口普查中，登记的流动人口口径是离
开常住户登记地半年及以上，而 1982 年和 1990 年人口普查统计口径为 1 年以上。本书"常住
流动人口"是指在北京市常住人口统计中，居住北京市、离开户口登记地半年以上的外来非北京
户籍人员。其中，本书使用的 2010 年"六普"数据来源于北京市第六次全国人口普查办公室提
供的汇总数据，在分析某些具体的结构特征时，使用的是长表抽样数据，即离开户口登记地半年
以上的外来非北京户籍人员；在 2005 年抽样数据中，我们提取的是"离开户籍登记地半年以上
的流动人口"，即包含居住本市半年以上或不满半年但离开户口登记地半年以上，且户口登记地
在"省外"的人口；在 2000 年"五普"长表数据中，我们提取的是"居住本乡、镇、街道半年
以上，户口在外乡、镇、街道"或者"在本乡、镇、街道居住不满半年，离开户口登记地半年
以上"，且户口登记地在"省外"的人口。

②　本表参考了侯亚非、尹德挺《北京市流动人口变化特征——2005 年北京 1% 人口抽样调
查数据分析》一文，载于戴建中主编《北京社会发展报告 2007—2008》，社会科学文献出版社
2008 年版。

年份	总量	年份	总量	年份	总量
1953	10. 45	1964	11. 31	1975	22. 09
1954	15. 46	1965	11. 18	1976	16. 53
1955	7. 92	1966	11. 89	1977	22. 44
1956	19. 24	1967	14. 43	1978	21. 85
1957	14. 29	1968	13. 06	1979	26. 49
1958	27. 0	1969	12. 08	1980	18. 62
1959	22. 8	1970	13. 03	1981	18. 33

表 1 - 3 - 7 （b）　　　北京市 1949—2014 年流动人口总量变动一览表 （单位：万人）

年份	总量	半年以上	年份	总量	半年以上	年份	总量	半年以上
1982	18	—	1993	—	60. 8	2004	—	329. 8
1983	20. 93	—	1994	329. 5	63. 2	2005	465	357. 3
1984	21. 4	—	1995	—	180. 8	2006	—	403. 4
1985	88	—	1996	—	181. 7	2007	—	462. 7
1986	—	56. 8	1997	229. 9	154. 5	2008	855	541. 1
1987	115	59. 0	1998	—	154. 1	2009	763. 8	614. 2
1988	131	59. 8	1999	215. 8	157. 4	2010	777. 6	704. 7
1989	—	53. 9	2000	308. 4	256. 1	2011	—	742. 2
1990	—	53. 8	2001	328. 1	262. 8	2012	—	773. 8
1991	—	54. 5	2002	386. 6	286. 9	2013	—	802. 7
1992	150	57. 1	2003	409. 5	307. 6	2014	—	818. 7

数据来源：《北京统计年鉴（2015）》，中国统计出版社 2015 年版。

1. 总量数据来源：1949—1984 年数据来源于北京市统计局，国家统计局北京调查总队（2006 年），第 73 页，《北京统计年鉴（2006）》，中国统计出版社 2006 年版。此数据为公安局登记的暂住人口数（3 天以上数据）。1985—1988 年数据来源于《跨世纪的北京人口（北京卷）》，第 188 页，中国统计出版社 1994 年版。1994 年为流动人口抽样调查数据；1997 年为流动人口普查数据；1999—2003 年为北京市统计局流动人口监测数据，统计口径为来京居住 1 天以上；2008—2010 年为北京市流动人口和出租房屋信息平台，口径为居住 1 个月；2008 年、2009 年、2010 年数据来源于《北京市流动人口问题研究》编委会，《北京市流动人口问题研究》（内部资料），2011 年版，第 8 页。

2. 半年以上数据来源：1986—2013 年数据来源于《北京市统计年鉴（2014）》；2014 年数据来源于《2014 北京市国民经济与社会发展统计公报》。

注："—"表示数据不可获得。

1949—1958 年为北京市流动人口自然增长阶段。由于当时人口流迁行为处于相对自由的状态，因此，流动人口开始自发性增长，且以谋生、投靠型流动为主。"大跃进"时期，大量农村劳动力进城"大办工业"[①]，推动了北京流动人口规模达到新中国成立后的第一次波峰，约 27 万左右。

1959—1965 年为严格控制人口社会流动阶段。1958 年《中华人民共和国户口登记条例》颁布后，北京市采取强化城市户籍管理、限制农村人口进京的政策，流动人口总量快速跌至 1960 年的约 7 万人，1965 年之前基本维持在 11 万人以下的低水平。

1966—1983 年为北京市流动人口总量缓慢增长阶段。"文化大革命"期间，暂住人口登记管理办法中断，外省市来京流动人口状况一度出现非常态变化，此阶段北京流动人口从 10 万左右发展到 20 余万规模。

1984 年以来为流动人口飞速增长阶段。伴随着改革开放和农村经济体制改革的发展，1984 年国务院颁布《关于农民进入集镇落户问题的通知》，1985 年北京市委市政府颁布《关于加速发展第三产业、解决人民生活"几难"的几点意见》、《关于外地企业和个人来京兴办第三产业的若干规定》等文件，为流动人口大量涌入北京提供了契机，1987 年流动人口总量突破 100 万。1992 年邓小平南方谈话以及中共十四大，确立了发展社会主义市场经济的框架，进一步推动了首都的经济发展，流动人口进入增长高峰期，1994 年突破 300 万。1995 年北京市政府对流动人口采取"控制总量、优化结构、加强管理、积极服务"十六字方针，流动人口总量回落到 200 余万。2000 年以来，随着首都经济社会发展"新三步"战略及奥运经济的拉动，北京市形成新一轮流动人口增长高峰，2000 年流动人口总量再次突破 300 万，2010 年超过 770 万。

从半年及以上的流动人口来看，在 1986—2014 年的二十余年间，在京居住半年以上的流动人口规模增长了 14.4 倍，仅在 2000—2014 年的十余年间就激增了 562.6 万，年均增加 40.2 万人。到 2014 年，在京常住流

---

① 冯晓英：《北京地区流动人口的演变及其特征》，《北京党史》1999 年第 1 期。

动人口已达到北京常住人口总量的 38.05% 。

表 1 - 3 - 8　1986—2014 年北京市常住流动人口占常住人口总量的比例变化

年份	比例（%）	年份	比例（%）	年份	比例（%）
1986	5.53	1996	14.43	2006	25.20
1987	5.64	1997	12.46	2007	27.61
1988	5.64	1998	12.37	2008	30.55
1989	5.01	1999	12.52	2009	33.02
1990	4.95	2000	18.78	2010	35.92
1991	4.98	2001	18.97	2011	36.77
1992	5.18	2002	20.16	2012	37.39
1993	5.47	2003	21.12	2013	37.96
1994	5.62	2004	22.09	2014	38.05
1995	14.45	2005	23.23		

数据来源：1986—2013 年数据根据《北京市统计年鉴（2014）》整理而来；2014 年数据根据《2014 年北京市国民经济与社会发展统计公报》整理而得。

（2）平均年龄 31 岁，青年人群职业竞争优势明显

从年龄构成上看，北京市常住流动人口依然以青年劳动力人口为主体人群，2000 年，北京常住流动人口的平均年龄为 26.91 岁，2005 年为 28.74 岁，2010 年提高到 31.14 岁。

近些年，劳动年龄段流动人口（16—64 岁，下同）占常住流动人口总数的比例大致保持在 85%—90% 左右，2005 年劳动年龄段常住流动人口总量为 308 万人，2010 年激增到 641 万人，占常住流动人口总数的 90.98% 。然而，与 2000 年"五普"数据相比，2010 年"六普"中 16—34 岁人口占常住流动人口总数的比例呈现稳中有略降的趋势，即由 2000 年的 66.93% 下降到 2010 年的 57.54% ，其中，16—19 岁人口所占比例由 2000 年的 12.98% 迅速下降到 2010 年的 6.07% ；20—24 岁人口所占比例由 2000 年的 21.03% 下降到 2010 年的 19.92% ；25—29 岁人口所占比例由 2000 年的 18.36% 下降到 2010 年的 18.04% ；30—34 岁人口所占比例由 2000 年的 14.56% 下降到 2010 年的 13.47% 。不过，16—34 岁人口依然是北京常住流动人口的主体人群，这说明青年打工人口在城市中具有较

强的职业竞争优势及长期滞留的生存能力。

　　与此同时，随着低龄劳动人口比例的减少，劳动年龄段常住流动人口的平均年龄不断提高，由 2000 年的 29.00 岁、2005 年的 30.91 岁，迅速提高到 2010 年的 32.30 岁，十年增幅超 3 岁多。

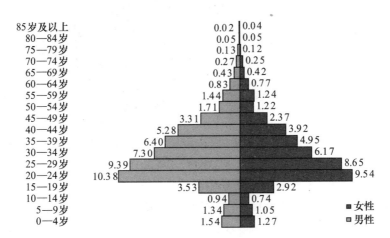

图 1-3-6　2010 年北京常住流动人口性别年龄结构（单位:%）

数据来源：2010 年北京市第六次全国人口普查数据。

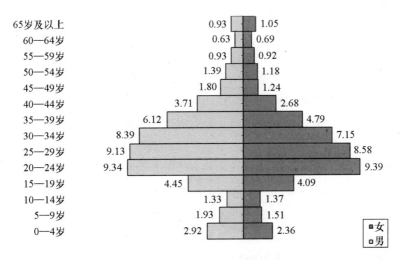

图 1-3-7　2005 年北京常住流动人口性别年龄结构（单位:%）

数据来源：2005 年北京市 1%人口抽样调查（抽样比 1.89%）。

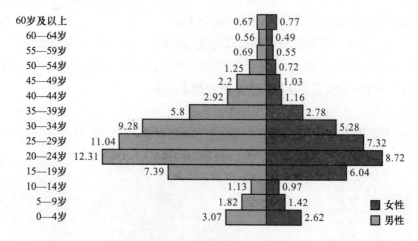

图 1 - 3 - 8   2000 年北京常住流动人口性别年龄结构（单位：%）

数据来源：2000 年北京市第五次全国人口普查数据。

（3）"男多女少"格局未变，家庭化趋势明显

从常住流动人口总性别比来看，"男多女少"的基本特征并没有发生根本性改变。2000 年男女性别比为 150.76：100，2005 年降至 113：100，但 2010 年又回升到 118.9：100，即男性占常住流动人口的 54.32%，女性占 45.68%。

然而，从"五普"到"六普"，各年龄段常住流动人口男女比例正逐步趋向平衡。"五普"时，各年龄段男性明显多于女性，例如，20—24 岁组男性占 12.31%，女性仅占 8.72%；而到了 2010 年，各年龄段男女之间的比例差距在不断缩小，例如，20—24 岁组男性占 10.38%，女性占 9.54%。此外，从户口性质来看，随着女性流动人口比例的提高，农业户口和非农业户口性别比均发生了一定程度的下降，农业户口性别比由 2000 年 155：100[1] 下降到 2010 年的 134：100，而非农业户口性别比则由 2000 年的 94：100[2] 进一步下降到 2010 年的 92.67：100，呈现出女性非农业户口略多于男性的发展态势；从地区分布来看，城市功能核心区中女性人口比例相对较高，例如，原崇文区和原宣武区性别比分别仅为 97.0：100 和 98.9：100，而城市发展新区及部分生态涵养区中男性人口比重相对

---

① 此数据由"五普"抽样数据计算得来。

② 同上。

较高，例如，大兴、昌平和怀柔性别比分别高达 135.5∶100、127.9∶100
和 139.2∶100。

　　常住流动人口中女性人口比例的增加，除与岗位需求等多种因素有关
以外，还与流动人口家庭化过程密切相联。从"六普"数据来看，已婚
者为常住流动人口主体人群，2010 年北京常住流动人口已婚比例为
63.8%，2005 年为 64.17%，2000 年为 58.9%①。其中，据"六普"长
表数据分析，女性已婚比例已经达到 64.9%，高于男性 62.8% 的比例。②
另据中国人民大学人口研究所进行的北京流动人口调查显示，在已婚流动
人口中，75.3% 的流动人口与配偶同时在京流动。可见，在京常住流动人
口中，过去男性"单打独斗"的"独闯"形式逐步演变为夫妻联手"拼
天下"的格局，夫妻二人同时在京流动或夫妇携子女在京流动已成为当
前北京市流动人口的主要特点，家庭化趋势日益明显。

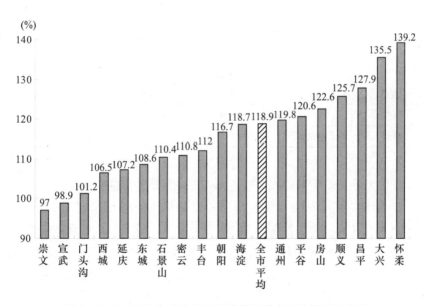

图 1 - 3 - 9　2010 年北京分区县常住流动人口的性别比状况

①　此数据由"五普"抽样数据计算得来。
②　此处由于"六普"家庭户数据的缺失，所以只能利用女性已婚的比例来间接反映流动人
口家庭化的趋势特点。

（4）农业户口占比超 2/3，"同公民同待遇"呼声强烈

2010 年，在京农业户口常住流动人口比例为 67.69%，与 2005 年 67.62% 的状况基本持平。由于城乡之间经济发展的不平衡，巨大的收入差距促使大量农村剩余劳动力来到北京寻找就业机会。然而，从我国目前的户籍制度来看，城乡二元管理导致针对农民和城镇居民的各种配套政策改革相对滞后，黏附于户籍制度上的各种社会差别政策依然明显，"同是公民，同等待遇"的呼声日益强烈。

在京常住流动人口大军中，非农业户口流动人口所占比例虽然没有太大变化，占常住流动人口总量的 32.3% 左右，但随着在京常住流动人口总量的激增，非农业户口流动人口的规模已经攀升到 227.64 万，比 2000 年增加 160 万人，成为来京常住流动人口的新生力量，反映了城际间城市人口流动加速的发展态势。

表 1-3-9　　　　　2010 年北京市常住流动人口分户口性质状况

	人数（万人）		比例（%）	
	农业	非农业	农业	非农业
合计	476.81	227.64	67.69	32.31
男性	273.14	109.49	71.38	28.62
女性	203.67	118.15	63.29	36.71

（5）大专及以上学历人口接近 1/4，学历分化明显

2010 年在京 6 岁以上常住流动人口的平均受教育程度为 10.87 年，而 2005 年为 10.18 年，2000 年 9.37 年。海淀、延庆和昌平常住流动人口的平均受教育程度分别达到 11.41 年、11.32 年和 11.23 年，位居全市前三位，其中，延庆和昌平流动人口平均受教育程度较高可能与两区县高校办学有关，而在 2005 年前三位分别是海淀区、西城区和昌平区。

从受教育程度的结构分布看，在 6 岁以上常住流动人口中，文盲、小学、初中教育程度人口比例都呈现稳步下降趋势，初中人口比例由 2000 年的 53.16% 下降到 2010 年的 45.92%；而高中、中专、大专及以上受教育程度人口比例则明显快速上升，三者合计由 2000 年的 26.73% 增长到 2010 年的 43.9%，增长超过 17 个百分点，特别是大专及以上人口比例由 2000 年的 9.88% 迅速提升到 2010 年的 24.35%，特别是在常住流动人口

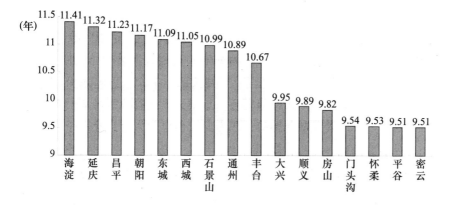

图 1 - 3 - 10　2010 年北京市各区县常住流动人口的平均受教育年限

注：在平均受教育年限的计算中，"未上学"、"小学"、"初中"、"高中及中专"、"大专"、"本科"、"研究生"的受教育年限分别赋值为 0、6、9、12、15、16、19 年。

就业大军中，大学专科以上的人数比例已经占到了就业总人数的 25.5%。相对高学历的流动人口向北京大量集中，折射出北京吸纳高层次就业人口的强大能力，这是北京区域经济发展、信息聚集、资源分布、产业结构、环境设施和发展机会等多方面综合影响的结果。

表 1 - 3 - 10　　6 岁以上在京常住流动人口受教育程度的结构变化　　（单位:%）

年份	不识字或很少	小学	初中	高中、中专	大专及以上	样本量（人）
2000	3.05	17.06	53.16	16.85	9.88	2399227
2005	2.5	14.9	44.0	19.4	19.2	61989
2010	0.8	9.38	45.92	19.55	24.35	6808673

从 2010 年"六普"数据提供的职业构成来看，我们还发现一个新的亮点，那就是在外来就业人口中，专业技术人员的规模和比例发生了大幅度的提高，其比例由 2000 年的 5.32% 上升到 2010 年的 13.1%。与此同时，在 6 岁以上常住流动人口专科以上学历的比例也有了质的飞跃，由 2000 年的 9.88% 迅速提升到 2010 年的 24.35%，特别是在常住流动人口就业大军中，大学专科以上人数占外来常住就业总人数的比例已经提高到 25.5%。国家把大量的科研、教育、文化艺术、卫生医疗等机构设在北京，特别是顶尖、一流的科教文卫机构大多建在北京，事业开拓空间大，

发展机遇多,这对流动人口中的高端人才具有很强的吸引力。

表 1 - 3 - 11　　　　　2010 年在京常住外来就业人口受教育程度状况　　　　（单位:%）

	未上学	小学	初中	高中	大学专科	大学本科	研究生	合计
人口比例	0.5	6.7	47.8	19.4	11.0	12.7	1.8	100.0

（6）职业结构提升,但仍聚集于传统服务业和制造业

一般来说,农业劳动者阶层具有高度稳定性,他们是经济条件最差、社会地位最低的社会阶层,呈现出少量输出而几乎不流入的社会流动模式[1]。向城市流动和接受较高的教育是他们向上流动到其他阶层的主要途径。通过向城市流动,这些农业劳动者的职业发生了巨大的变化,从社会地位最低的阶层流向了地位相对较高的其他阶层。流动人口在流动后实现了职业构成的"非农化"。

根据"五普"和"六普"数据,按照国家七大职业分类标准,在"专业技术人员"职业领域,北京外来从业人员的比例由 2000 年的 5.32% 上升到 2010 年的 13.1%,推动了北京流动人口职业层次的提升。在京外来从业人员的职业构成依然是以"商业、服务业人员"为最,此职业从业人员比例由 2000 年的 43.16% 上升到 2010 年的 48.1%;在生产、运输、设备操作的职业领域中,外来从业人员比例出现了明显的下降,由 2000 年的 37.58% 下降到 2010 年的 24.80%。

总体来看,2010 年,"商业、服务业人员"和"生产、运输设备操作人员及有关人员"两大职业领域集中了 326.74 万外来从业人员,占流动人口从业人员总数的 72.9%。

（7）第三产业从业人员超七成,批发零售业、制造业和建筑业稳居前三

从行业分布来讲,2010 年北京市常住流动人口在第一、二、三产业的人口分布比例分别为 1.5%、27.5% 和 71.0%。从小类看,常住流动人口主要分布在批发和零售业、制造业和建筑业,分别占 29.5%、17.7% 及 9.2%。

---

① 陆学艺:《当代中国社会流动》,社会科学文献出版社 2004 年版。

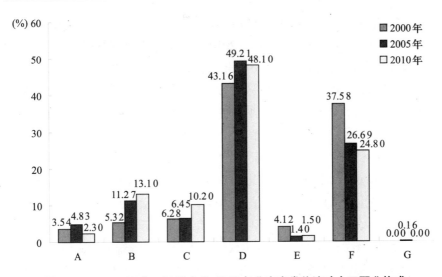

图 1 - 3 - 11 2000 年、2005 年和 2010 年北京市常住流动人口职业构成

注：A：国家机关、党群组织、企业、事业单位负责人；B：专业技术人员；C：办事人员和
有关人员；D：商业、服务业人员；E：农、林、牧、渔、水利业生产人员；F：生产、运输设备
操作人员及有关人员；G：其他人员。

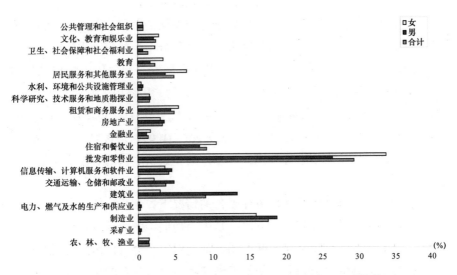

图 1 - 3 - 12 2010 年北京市常住流动人口分性别的行业分布状况

2. 分人群特征

（1）新生代比例过半，由"卖苦力"向"拼智力"转变

2000年，北京市1980年以后出生的流动人口占全部流动人口的29.37%，2005年上升到38.7%，2010年"六普"数据显示，这一比例上升至54.32%。据预测，到2015年，这一比例预计将上升到60%以上。从劳动年龄段来看，北京市16—30岁新生代常住流动人口数为331.7万人，占北京市常住流动人口的47.09%，占16—64岁劳动年龄段常住流动人口的51.75%。可见，劳动年龄段的新生代流动人口已经成为北京流动人口的主体，这一群体的特点和需求将会影响到北京城市管理的方方面面。从"六普"的数据来看，与31—64岁中老生代常住流动人口相比，16—30岁新生代常住流动人口表现出以下三大显著特点：

第一，大多来源于农村，但基本没有务农经历。

"六普"数据显示，与中老生代流动人口相比，新生代流动人口中具有农业户口的比例为67.61%，略高于中老生代67.37%的比例；新生代户口登记地在乡及镇的村（居）委会的比例为79.24%，高于中老生代77.24%的比例。然而，大多新生代流动人口完全脱离了农村劳动，基本没有务农经历，向往大城市的生活和工作。

第二，生活压力巨大，但打工价值观在转变。

由于新生代年龄尚小，事业仍处于起步发展的阶段，因此从整体上来讲，新生代在北京的生活压力是巨大的，大部分新生代流动人口的居住状况亟待改善。从"六普"长表部分抽样数据来看，新生代中购房的比例为16.56%，明显低于中老生代37.69%的比例；房屋内无厕所、无厨房、无管道自来水、无洗澡设施的比例，新生代分别为：36.5%、40.8%、28.2%及46.5%，而中老生代则分别为：31.6%、30.1%、22.9%及38.6%，新生代均高于中老生代。可见，大多数新生代的居住环境是相对恶劣的。

然而，即使是在生活条件更加艰苦的情况下，新生代依然在北京这样的大城市中奋斗并坚守着。一方面，是因为他们中的大部分根在农村，却对农村日益疏远，城市文化不断削弱着他们对家乡存有的情感认同和社会记忆，生活方式的巨大差异也使他们渐渐不再适应农村的生活方式；另一方面，他们希望通过进城务工经商，告别祖祖辈辈"面朝黄土背朝天"的生活，他们的"城市梦"也比他们的父辈更执着、更强烈，他们中的大多数人不愿意在结束若干年的打工生涯后再回乡务农。

第三，受教育程度高，职业期望值高，渴望公平发展机会。

"六普"数据显示,与中老生代流动人口相比,新生代流动人口受教育程度更高,能承担技术含量高的工作。

从教育程度来看,新生代高中(含中专)及以上学历的人口比例为57.45%,而中老生代仅为36.68%;新生代大专及以上学历的比例达到34.50%,而中老生代仅为19.68%。

从离开户口登记地原因来看,新生代来京目的表现出多元化的特点。除77.64%的人因务工经商来到北京以外,还有9.53%的新生代因学习培训来到北京,而中老生代学习培训的比例仅为0.98%。

从"六普"抽样数据显示的房租费用来看,虽从总体上讲,新生代与中老生代类似,承租房屋的价格区间主要是在200—1000元之间,占52.9%,但是新生代承租中高端出租屋的比例明显要高于中老生代。例如,2000元以上房屋新生代的承租比例为17.2%,而中老生代的比例仅为10.4%。可见,新生代中有一部分群体处于中高收入状况,能够承受价格相对较高的生活费用开支,并且在经济条件允许的情况下,追求相对较高的物质和精神享受。

从就业情况来看,新生代职业构成和行业构成正在逐步提升。从职业构成来看,新生代专业技术人员的比例为15.96%,明显高于中老生代的10.04%,而从事农林牧副渔业的比例很低,仅占0.65%,中老生代此比例为2.43%;从行业构成来看,新生代从事建筑业的比例较低,仅为5.77%,明显低于中老生代的12.79%;而新生代从事制造业的比例为19.83%,略高于中老生代15.52%的比例;从事住宿餐饮业的比例为11.63%,高于中老生代7.00%的比例。

由于新生代流动人口在文化程度、人格特征、打工的主要目的、城市认同感、生活方式、工作期望以及与农村家庭的经济联系等方面与中老生代迥然不同,因此,新生代流动人口利益诉求更多,维权意识更强,更加渴望公平的发展机会,期待实现由"城乡两栖"到"定居城市"的转变。

(2)1/4的流动儿童在京出生,卫生保健和教育需求巨大

据2010年"六普"数据,0—14岁在京常住流动儿童总数在48.44万人左右,占全部常住流动人口的6.88%。其中,学前儿童(0—5岁)和学龄儿童(6—14岁)数量分别为23.58万人和24.86万人左右。从区县分布来看,朝阳、丰台、海淀、昌平、大兴0—14岁常住流动儿童的规模非常巨大,分别达到9.26万人、6.84万人、6.64万人、5.56万人和

4.96 万人。在 76.72 万 18 岁及以下常住流动人口中，0—5 岁学前儿童比例很大，2010 年为 30.74%。

在 2010 年长表数据中，0—14 岁常住流动儿童在北京出生的比例已经高达 27.22%。这些在北京出生、在北京长大的流动儿童，已经与"老家"失去了联系，很多流动儿童已经完全不具备在"老家"生活所需要的各种文化、习俗和知识，甚至连语言都不通了。一方面，这些流动儿童与他们的父辈完全不同，他们是土生土长的准城市居民，基本上不可能回到户口所在地的乡村生活。另一方面，由于没有北京户口，这些流动儿童的很多权利无法得到充分保障，这对他们身心的健康成长必将产生深远的影响。因此，北京有关政府部门很有必要为流动人口的这种结构变动作出相应安排，包括为他们提供良好的卫生保健服务和接受教育机会，以保证其健康成长。

表 1 – 3 – 12　2010 年北京 0—18 岁常住流动人口规模和比例状况

	0—18 岁		
	合计	其中：	
		0—5 岁	0—14 岁
男性人数（人）	426629	129571	269247
女性人数（人）	340566	106289	215194
合计（人）	767195	235860	484441
所占比例（%）	100	30.74	63.14

（3）年出生人数近 7 万人，人口计生服务管理压力大

据 2010 年"六普"数据计算，有 84.31% 的在京常住外来女性处于 15—49 岁的育龄阶段，规模突破 271.3 万人，是 2005 年的两倍多。女性流动人口，特别是育龄妇女的不断增加是近些年北京流动人口变化的重要特征。生育旺盛期育龄妇女的迅速增多，无疑会给北京流动人口计划生育管理和服务工作带来挑战。

北京育龄妇女的总和生育率（以下简称"TFR"）经历了一个迅速的转变过程。20 世纪 50 年代 TFR 高达 5.1，60 年代降至 3.9，1975 年北京的 TFR 已降至更替水平之下的 1.4，呈现低生育水平状态；1987 年

1%人口抽样调查显示，北京的总和生育率已在 1.47 超低生育率水平；1995 年后，更降至 1 以下，呈现极低的总和生育率水平。2010 年，北京常住人口 TFR 为 0.69，常住流动人口的总和生育率为 0.75；常住人口一般生育率是 22.63‰，常住流动人口为 28.86‰，均处于低生育水平的状况。从出生人口规模上来看，2010 年"六普"得到的上一年份常住流动人口生育规模约 6.9 万人，高于常住户籍人口生育的 6.2 万人。

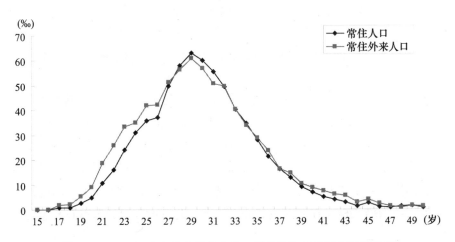

图 1 - 3 - 13　2010 年北京常住人口、常住流动人口年龄别生育率

3. 迁移流动特征

（1）户口登记地以冀鲁豫三省居多，河北独大

从 2010 年常住流动人口户口登记地来看，河北、河南及山东三省来京流动人口的比例最大，分别达到 22.13%、13.91% 及 8.49%，来京常住人口分别为 155.90 万人、97.97 万人和 59.77 万人；其次是安徽、黑龙江、湖北和四川。由此可见，来京距离、户口登记地的人口规模及剩余劳动力状况是影响北京人口流入量的重要因素之一。

（2）城市发展新区聚集趋势明显，朝阳、海淀占比依然最高

2005 年，《北京城市总体规划（2004—2020 年）》，提出了"两轴两带多中心"，实施多中心与新城发展战略，而《中共北京市委北京市人民政府关于区县功能定位及评价指标的指导意见》以及《北京市土地利用

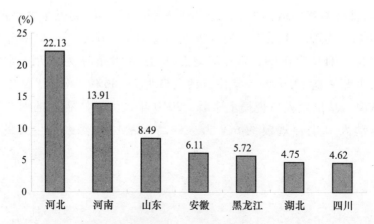

图1－3－14　2010年按来源地分的北京常住流动人口比例前七位排序状况

总体规划（2006—2020年）》则进一步依照此规划，遵循"优化城区、强化郊区"的原则，把全市从总体上划分为首都功能核心区、城市功能拓展区、城市发展新区和生态涵养发展区四类区域，其中，规划城市发展新区是北京疏散城市中心区产业与人口的重要区域，其主要任务是依托新城、国家级和市级开发区，增强生产制造、物流配送和人口承载功能，成为城市新的增长极。在此次规划的引导下，北京市人口分布重心开始有所转移。

与2000年普查数据比较，2010年常住流动人口区域分布呈现出由首都功能核心区和城市功能拓展区向城市发展新区扩散的态势。功能核心区人口比例由2000年的11.70%下降到2010年的7.76%；功能拓展区人口比例由2000年的62.42%下降到2010年的53.80%；生态涵养区人口比例由2000年的4.76%下降到2010年的4.37%，而城市发展新区人口比例则由2000年的21.12%上升到2010年的34.07%，增幅明显。

从2010年分区县的情况来看，朝阳、海淀、昌平、丰台四区流动人口所占比例位居前四位，均在10%以上，特别是朝阳和海淀区流动人口比重分别高达21.50%和17.83%，而处于生态涵养区中的五个区县，常住流动人口比例相对较低，基本控制在1.5%之下。

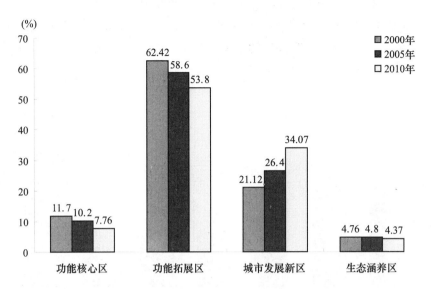

图 1 - 3 - 15 2000—2010 年北京市常住流动人口的区域分布

注：功能核心区包括原东城、原西城、原崇文、原宣武四个区；功能拓展区包括朝阳、海淀、丰台、石景山四个区；城市发展新区包括通州、顺义、大兴、昌平、房山五个区；生态涵养发展区包括门头沟、平谷、怀柔、密云、延庆五个区县。

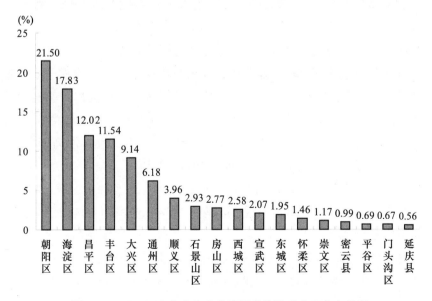

图 1 - 3 - 16 2010 年北京市分区县常住流动人口分布状况

（3）离开户口登记地时间趋长，近三成超五年

2010 年"六普"数据显示，离开户籍登记地六年以上的流动人口比例最大，占 24.85%，近 30% 的常住流动人口离开户籍登记地时间在五年以上，这一部分人离开北京的可能性在逐步减小。

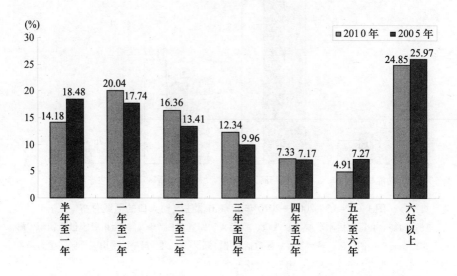

图 1－3－17　2010 年和 2005 年常住流动人口离开户籍登记地的时间分布

（4）务工经商比例超 70%，家属随迁比例居第二

1978 年改革开放以前，北京市流动人口以探亲访友、投靠子女、看病就医等"社会型"流动人口为主，1978 年以来，转变为以务工经商等经济型流动人口为主。与 2000 年常住流动人口中"务工经商"比例 67.6% 比较[1]，2010 年该比例进一步上升至 73.91%，且男性高于女性，成为常住流动人口所有离开户口登记地的最主要原因。

2010 年，常住流动人口离开户口登记地第二大类原因是家属随迁，占 8.03%，但女性高于男性，这可能是由于 20—59 岁中女性随迁比例明显高于男性所致。

离开户口登记地第三、四、五类原因分别是学习培训、投亲靠友、工作调动，所占比例比较接近，分别为 4.68%、4.5% 和 3.64%。

————————

[1]　此数据由"五普"抽样数据计算得来。

除此之外，婚姻嫁娶、拆迁搬家、寄挂户口等也是常住人口离开户口登记地的原因之一，但是几类所占比例合计仅为5.25%，并非主要原因。

表1-3-13　　　2010年北京市常住流动人口离开户口登记地的
原因分析　　　　　　　　（单位:%）

位次	原因	男女合计	男性	女性
第一位	务工经商	73.91	78.94	67.92
第二位	家属随迁	8.03	6.64	9.68
第三位	学习培训	4.68	4.38	5.05
第四位	投亲靠友	4.50	3.54	5.63
第五位	工作调动	3.64	3.60	3.68
第六位	婚姻嫁娶	2.92	0.83	5.41
第七位	其他	1.51	1.38	1.67
第八位	拆迁搬家	0.67	0.57	0.79
第九位	寄挂户口	0.15	0.13	0.16
合计		100.00	100.00	100.00

（5）务工经商人群受传统服务业和传统第二产业的就业机会拉动明显

从在京务工经商的常住流动人口中，其行业构成依然是以传统服务业和传统第二产业为主，批发零售业从业人员比例排第一位，占30.62%；制造业从业人员占18.22%，两项合计近50%；职业构成依然以体力劳动为主体，商业、服务业人员比例达到50.23%。这种现象与北京相关领域存在巨大的就业岗位需求以及大量的就业机会关系密切。

从全市务工经商的流动人口数量与GDP的相关关系看，一方面，务工经商流动人口的大量增加对于促进全市经济发展起到了重要的作用；另一方面，全市经济的发展也给务工经商的流动人口带来了更多的就业岗位和就业机会，吸纳着更多的流动人口来京工作，二者相辅相成并呈现正向相关关系。大量务工经商的流动人口集中于传统服务业和传统的第二产业领域，与首都北京的产业定位以及城市功能定位存在矛盾和冲突。

表 1 - 3 - 14　　　　2010 年北京市务工经商常住流动人口的行业和

职业分布状况

	行业/职业名称	比例（单位:%）
行业分布		
第一位	批发零售业	30.62
第二位	制造业	18.22
第三位	住宿和餐饮业	10.05
第四位	建筑业	9.78
职业分布		
第一位	商业、服务业人员	50.23
第二位	生产运输设备操作人员	26.81
第三位	专业技术人员	10.30
第四位	办事人员和有关人员	9.14

此外，从务工经商人员的户口性质来看，非农业人口的比例仅占 23.90%，农业人口的比例达到 76.10%；从离开户口登记地不同时间的务工经商群体比例来看，不管是在京半年的农业流动人口，还是在京六年以上的农业流动人口，其务工经商的比例始终保持在 80% 以上的比例，而不同离开户口登记地时间的非农业流动人口，其务工经商的比例基本控制在 50%—60% 之间，这也在一定程度上印证了务工经商的流动人口群体更多地是追逐经济利益目的来京的。

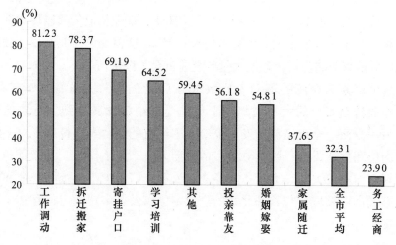

图 1 - 3 - 18　北京市常住流动人口按离开户口登记地原因分的非农人口比例

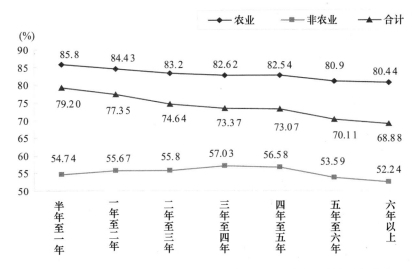

图1-3-19 不同离开户口登记时间中的务工经商人员所占比例分布

（6）随迁人员中少年儿童比例超六成，教育需求导向明显

值得特别注意的是，在随迁家属的人群中，15岁以下的少年儿童是其主体人群，占随迁人群总数的59.54%，其中，0—4岁、5—9岁、10—14岁人口分别占随迁家属总数的26.53%、20.50%和12.51%。这与近年来北京市小学教育人口中流动儿童迅猛增加的现象吻合，显然与国家关于流动儿童在流入地享受同等义务教育的政策实施有关。从2010年长表数据我们还发现，在随迁人员中，17.54%的人出生地就在北京，小学、初中在校生人数占随迁人口总数的38%，这些人群自然会对北京的教育等公共服务资源产生重要影响。

此外，在随迁的少年儿童比例中我们还发现，0—14岁女孩随迁人口总数约为15万人，占女性随迁的比例为48%，而0—14岁男孩随迁人口总数约为18.67万人，占男性随迁的比例为74%，女孩随迁规模及相应比例均明显低于男孩。根据2010年"六普"数据计算，常住外来15—50岁妇女上年份生育子女的性别比为117∶100，而同年0—14岁随迁人口中性别比达到了124∶100，且年龄组越低，性别比越高，因此，不排除流动人口更加愿意将男孩带在身边的可能。

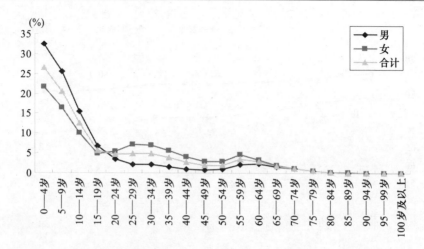

图 1 - 3 - 20　作为家属随迁来京的常住流动人口中分性别、分年龄比例分布

（7）投亲靠友人群中呈现少儿和老年双高峰，来京原因各异

投亲靠友人群中，女性比例明显高于男性，而且从年龄分布上看，出现了两个高峰：一个是在 0—14 岁，且男性比例明显高于女性。少年儿童投亲靠友目的较为明确，即为了享受北京优质的教育资源；另一个是 50—79 岁，且在 50—59 岁期间，女性比例明显高于男性。老年人口投亲靠友的目的较为多元，可能有家庭团聚的需求，享受优质资源的需求，也可能包含来京照顾孙辈等方面的目的。

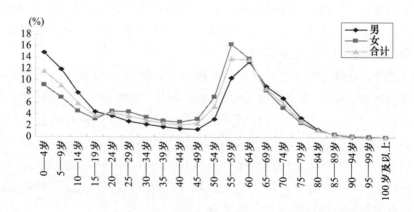

图 1 - 3 - 21　出于投亲靠友目的来京的常住流动人口中分性别、分年龄比例状况

（8）流动人口大量集聚于城乡接合部，源于居住成本和生活成本低廉

常住流动人口主要集中在朝阳、海淀、丰台、大兴等地。例如，朝阳、海淀基本集中了接近40%的常住流动人口，而这些地区的部分地带是北京典型的城乡接合部，因此，这些地方的居住成本和生活成本相对低廉。从统计数据看，在全市324个街乡镇中，流动人口达到万人以上的共有184个，占全市街乡镇总数的比例为56.8%；共容纳流动人口723.3万人，占全市流动人口总数的比例为93%。其中，有54个街乡镇成为人口比例倒挂地区，倒挂比例前三位的均位于朝阳区，依次为崔各庄乡（流动人口14.1万人，倒挂比例1：7.2）、十八里店乡（流动人口22.4万人，倒挂比例1：6.7）、王四营乡（流动人口8.4万人，倒挂比例1：5.5）①。从人口聚集的原因来看，主要可以归结为以下两个方面：

一是自循环、低层次生存圈的存在为流动人口降低了生活成本。这里所说的日常生活成本指的是流动人口的食品、穿衣、水电等日常生活支出。在很多流动人口集中的聚居区形成了为这一群体衣食住行服务的"自循环系统"，很多乡镇、街道有流动人口商业街，从菜摊、饭馆、洗衣店、家电维修、照相、发廊、裁缝店到小超市等一应俱全。这种生活方式，一方面极大地降低生活成本；另一方面，这一服务圈在产业价值链的最底端为流动人口自己创造了就业市场，进而解决了相当部分流动人口在京的就业、生计问题，形成流动人口低成本滞留北京的空间。

二是违法居住和群租现象普遍为流动人口降低了居住成本。据调查显示，很多流动人口在城里打工，但到城乡接合部地带甚至远郊租住月租几百元左右的民房居住。城市居民、城乡接合部失地农民发展"瓦片经济"，为外来人员提供了低价住宅。

4. 小结

北京市流动人口的基本特点可以概括为以下三个方面：

第一，以务工经商为主要目的的经济型流动人口依然为流动人口的主体人群，劳动适龄人口比例高，长期居留北京的时间长，以已婚、农业户

---

① 《北京市流动人口问题研究》编委会：《北京市流动人口问题研究》（内部资料），2011年。

口、初中学历为主。

第二，在京出生、在京上学的流动人口子女规模仍在继续扩大，基本公共服务需求持续增加。

第三，一批从事非传统产业的流动人口新兴力量正在逐步兴起，打工价值观发生重大转变。从受教育程度上来看，大专及以上学历的人口比例在迅速提高；从职业构成来看，专业技术人员的比例在不断提升。随着这一群体规模和比例的不断增加，北京市流动人口来京目的将变得更为多元化，由此产生的迁移流动行为自然也会变得更加复杂，更具不确定性。

三　全国人口流动的趋势判断

基于历年的人口普查数据，我们对中国流动人口的特点有了上述归纳。根据这些特点和经典的人口迁移推拉理论，我们对中国未来人口流动前景有以下几个基本判断。

判断1：社会经济发展将推动流动人口数量继续增长，预计到2020年达到3.6亿左右。

我国实现工业化、城镇化的过程，就是一个不断转移农村剩余劳动力的过程，也是一个不断引导人口有序流动、合理分布的过程。一方面，随着我国经济持续稳定增长，城市对劳动力的需求将持续旺盛，城市产业发展带来的劳动力需求暂时不会减弱。与之相呼应的是，我国的人口红利时期还将维持15年左右，未来农村劳动力供给总量还会进一步增加，越来越多的农村劳动力将逐步向非农产业转移，向发达地区、城市转移。另一方面，地区差异和城乡差异是我国人口流动的强推力和强拉力。我国东部和西部地区、城市和城乡接合部地区的经济发展水平、公共服务水平、工资水平等仍存在较大差异，这些差异还将持续相当长时间，由此会促使人口从农村向城市流动，从欠发达地区向发达地区流动。以我国政治、经济、社会大环境保持长期稳定为前提，充分考虑未来人口城镇化进程、农村劳动力转移等诸多因素，学界对未来5年，即到2020年全面建成小康社会时期的流动人口规模进行了推测：基于认可度较高的中国人口总量规模发展预测①，从我国人口城镇化角度预测流动人口规模，到2020年，

---

①　根据《中国人口发展战略研究》，中国人口总量到2020年左右达到峰值14.7亿左右。

我国流动人口数量将达到 3.6 亿左右。

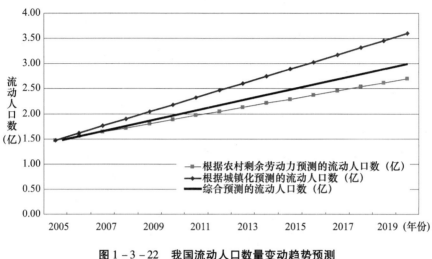

图 1 - 3 - 22　我国流动人口数量变动趋势预测

判断 2：流动人口的家庭化和长期定居化将迅速由量变发展为质变，其基本公共服务均等化诉求将更加强烈。

随着我国政府职能的转变，公共管理理念、方式及制度等变化，人口流动更加"有利"和"方便"。新一代的流动人口呈现出与上一辈流动人口明显不同的新特点：一是受教育程度普遍提高。新一代流动人口的行为模式、思想观念受城市影响更大，法律意识、维权意识普遍增强。二是基本脱离农业生产。"80 后"、"90 后"的农民工大都是从学校毕业后直接进入城镇就业，基本脱离了农业生产，而且相当数量的进城农民工因各种原因放弃了农村的土地承包权。三是需求多元化。新一代流动人口的愿望和利益诉求与传统农民工有很大的不同，其就业的主要动机已经不是单纯的挣钱，而是更多地关注自身的成长和发展，并向往城市生活，渴望成为城市居民，因此其对保障性住房、子女教育、医疗卫生等基本公共服务方面的需求更加强烈。新一代流动人口的主观愿望已普遍呈现为在城市的举家定居，这种"共识"使流动人口管理需要作出制度性变革。

判断 3：流动人口结构及其流向分布更加复杂。

由于流动人口存在家庭化和长期定居化的趋势，少年儿童、老年人口及已婚女性会继续增加，流动人口的年龄结构和性别结构会产生一定变化。而流动人口的身份构成将更加复杂。一方面，我国和谐社会建设的推进、城乡统筹的发展、惠农支农措施的贯彻落实、农村教育和生活条件的改善，对外流农民有一定回拉的力量；另一方面，由于人口迁移的自由度增加，由小城镇流向大城市人口、大小城市之间的流动人口以及大专院校毕业后滞留城市、就业不稳定的人口也会增加；另外，随着全球化的推进、中国经济实力的增强以及对外开放程度的加深，国际流动迁移人口也将增加。由于影响人口流向的变量较多，流动人口未来流向分布具有不确定性，不过总体上仍呈现出"向东南聚集，并辅以多方向分流"的局面。一方面，由于东南沿海地区在经济社会发展上的强势地位以及国家主体功能区建设的推进，人口流动将延续向东南沿海地区聚集的趋势；另一方面，随着国家西部大开发、振兴东北老工业基地、中部崛起战略的实施以及东部地区的产业升级、产业向中西部地区的梯度转移，中西部地区对劳动力的吸纳能力会有所增强，长距离跨省流动将有减弱的趋势。

四 城市人口发展趋势研判：以北京为例

前一部分，本书对全国性的人口流动趋势进行了宏观层面的判断，接下来我们将以首都北京为例，以典型城市为案例，对城市人口流动的趋势进行微观上的聚焦，从中我们能够更加清晰地预见人口流动巨浪对主要城市人口管理的持续冲击。

第一，人口"虹吸效应"短期内难以遏制。

2000—2013年北京常住人口年均增速达3.43%，增速居全国超大城市之首，全市常住人口占全国人口的比重由1978年的0.91%上升至2013年的1.55%。通过对东京、纽约、伦敦等发达国家首都人口增长规律的分析，结果发现，"全国人均GDP"及"城市化率"的提升、首都"大学"和"医院"数量的扩张是拉动首都人口增长的显著因素，而北京正处于这样的发展阶段。若北京市保持年均7.7%的GDP增速，"十三五"期间劳动力需求预计每年将在1300万—1400万左右。

第二，户籍人口老龄化对流动人口产生明显依赖。

北京市户籍人口的"超少子化"和"深度老龄化"将深刻影响未来

全市本地劳动力的补给规模。全市 0—14 岁户籍少儿人口所占比例由 1953 年的 30.1% 急降至 2013 年的 10.2%，低于国际上公认的"超少子化"标准（15%），甚至低于超低生育率的东京市（11.4%）；2013 年，北京市户籍人口 65 岁以上老年人口比例达到 14.9%，已高于国际上公认的"深度老龄化社会"标准（14%）。目前，北京常住人口家庭户均规模由 1982 年的平均 3.8 人/户骤降至 2010 年的 2.5 人/户，因此，少子老龄化、家庭核心化导致的养老问题将逐渐由隐性转为显性，并对生活类服务业流动人口产生巨大的刚性需求。

第三，户籍人户分离人口的"向心流动"难以短期内消除。

目前，在北京市，一方面户籍人口加速流向中心城（城六区），户籍人户分离人口（户籍在其他区县）在中心城所占的比例由 2000 年的 41.94% 增加到 2010 年的 64.06%；另一方面非经济活动人口中心城聚集程度严重。2010 年全市 62.5% 的非经济活动人口集中在中心城，首都功能核心区、城市功能拓展区的劳动参与率分别仅为 52.42% 和 59.80%，低于城市发展新区（63.01%）和生态涵养区（61.21%），其中，地处中心城的东城区劳动参与率仅为 46.34%，明显低于其他区县。未来，北京中心城的优质资源不疏解，城市精细化管理水平不提升，那么中心城人口密度将难以降低。

第四，流动人口基本公共服务需求持续增加。

目前，北京市 1980 年以后出生的新生代流动人口占流动人口总量的比例已过半，1/4 的流动儿童在京出生，因此，在网络时代及权利意识、公平诉求普遍觉醒的时代，人口调控的政策风险骤增。例如，义务教育阶段学生家长、高考生家长上访等事件时有发生。本研究预测，"十三五"期间，在北京市户籍人口子女义务教育需求将呈增长态势的同时，流动人口子女的义务教育需求也将远超"十二五"期间的水平，特别是在"十三五"末期，流动人口初中阶段就学人数将比 2013 年增加 80%—90% 左右。因此，如何有效满足流动人口的基本公共服务需求，此乃超大城市人口规模调控之难题。

第五，境外人口增长将成定势。

北京做大做强"国际交往中心"和"文化中心"，必将提升城市的国际化水平，而"境外人口规模"和"入境旅游人口规模"必将增加。1997 年，我国港澳台地区和外国人在京居住 3 天以上的仅为 8024 人，

2010 年在京居住 3 个月以上的境外人口就达 10.7 万人，年均增速在 17.6% 以上，高于常住人口增速。从城市对比来看，2010 年上海境外人口为 20.83 万，比北京多 1 倍；2008 年纽约外籍人口占比为 28.4%，而北京目前仅为 0.5%。此外，境外旅游人口的"大进大出"，也是未来的发展趋势。2008 年伦敦、纽约入境旅游人数分别是 1480 万和 950 万人次，而北京 2013 年仅为 450.1 万人次，分别不足前者的 1/3 和 1/2。

　　从以上全国和我国主要城市人口流动趋势的总体把握，我们发现：面对如此规模庞大的人口流动浪潮，我国流动人口服务管理工作也理应与时俱进地发生变化和调整。目前，我国流动人口服务管理主要针对以下三个方面展开工作——"人的信息"、"人的有关资格审查"和"人的相关公共服务"①。随着科学发展观的提出，我国流动人口管理理念与计划经济时代相比已经发生了巨变，国家开始逐步强调统筹协调、注重服务——调动各个部门的力量对流动人口实行属地化管理、市民化服务，流动人口服务管理工作在信息、管理和服务三方面也正在取得成效。国家在流动人口管理体制改革上的目标是明确的：促进人口合理分布、有序流动；强调统筹协调、优化服务；着手体制改革，提高效率。

　　然而，长期积存的诸多矛盾和问题并没有得到根本解决，特别是随着人口流动规模的加剧、结构的调整以及分布的变化，我国人口流动所引发的管理难题日益凸显，其中，人口流动的无序性、人口服务管理的被动性以及人口过度聚集的风险性都是当代中国社会难以回避且必须解决的客观现实。如果没有一个顺畅的人口管理体制作为支撑，没有一个良性的人口服务机制作为后盾，没有一个完整的市场机制做调节，那么不仅人口的服务管理是混乱的，而且整个国家的经济发展、社会治理以及资源环境的人口基础也是松动的。因为几亿人的无序流动恰似大海航行中的暗礁，稍不留神，则后果严重。

　　总之，在当前积极促进人口合理分布、推进新型城镇化建设的重要

---

　　① 目前，流动人口服务和管理的工作通常包括以下内容：建立城乡统一的人口登记制度，健全出生人口登记和生命统计制度，完善流动人口的信息采集和共享，实行流动人口居住证制度，将流动人口管理服务纳入地方经济社会发展规划，促进流动人口融入城市生活，协调有关部门解决流动人口在就业、就医、定居、社会保障、子女教育等公共服务方面的困难等。我们将这些内容概括为信息、管理、服务三方面，以表述简洁并与相关体制架构有对应性。

关口，我国亟须加强人口管理工作，优化人口服务水平，引导人口有序流动。在接下来的章节里，本研究将聚焦当前社会中主要的人口流动问题，就流动人口管理客体、管理主体以及管理风险三个方面展开深入探讨。

第二篇　困境透视

第一章　人口流动无序

从以上人口流动的基本特点来看，我国流动人口在面上向东南沿海地区聚集，而在点上则进一步向特大城市，甚至是超大城市汇聚，这是当前且在较长时期内难以改变的客观现实。在这样的流动浪潮下，我们迫切需要清晰地梳理出目前我国流动人口管理的客体，即庞大的流动人口群体所表现出来的流动无序性和公共服务需求的迫切性，以便于为下一步提升流动人口的城市认可度、社会融合度以及个人幸福感找到问题的症结所在。在这一章里，本研究将以我国的超大城市为例，重点探讨目前我国人口流动无序性的具体表现。

总体来看，流动人口群体存在流动乱、就业差、服务缺、组织弱、融合低等特点。流动人口中的大多数为就业而流动，即人逐"就业机会"而居。然而，从宏观层面来看，目前人口流动与就业岗位的分布、与城市的功能定位、与国家经济社会发展的总体布局之间的匹配程度不高，呈现一种无序流动的状态；从微观个体层面来看，流动人口的就业层次较低、收入较低，在住房、教育、卫生、社会保障等基本公共服务方面难以享受户籍人口待遇，普遍存在户籍迁移障碍，自发流动后能转化为当地城市户籍人口的比例很低。此外，由于流动人口的社会资本和社会网络薄弱，在劳动力市场上的处境艰难，从而造成流动人口缺乏对整个城市的认同感和归属感，社会融合度不高。加上人口流动频繁，基本信息不易掌握，相关社会管理困难，流动人口违法犯罪的比例与户籍人口相比也相对较高。

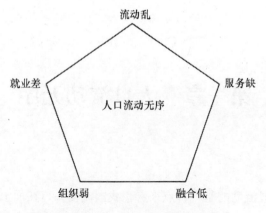

图 2 - 1 - 1　人口流动无序的五大表现

一　空间分布不尽合理

从全国范围内来看，特大城市，特别是超大城市由于受到人口无序流动的持续冲击，城市陆续出现了"人口流动滞胀"问题，城市总体规划中的人口发展目标屡被突破。

1. 超大城市"人口流动滞胀"问题凸显

目前，我国人口无序流动的第一个表现就是人口向局部地区过度集中。一边是超大城市人口迅速膨胀；另一边则是农村地区、贫困地区的"人口空洞"。鉴于本研究的主题所限，所以本书将更多的精力聚焦于城市，而非农村。目前，我国超大城市的典型代表——首都北京表现出明显的"人口流动滞胀"问题，主要特征有二。

一是"滞"，即人口流出停滞。从户籍人口来看，北京户籍人口流出几乎停滞。2013 年，外出半年以上的北京市户籍人口仅为 4.2 万人，占北京市户籍人口总数的 0.3%，而将户籍迁往市外的人口仅 8.9 万人，其中绝大部分为大中专毕业生分配迁出及复员转业迁出；从流动人口来看，流动人口"不流动"现象明显，可谓"只进不出"。1994 年在京滞留五年及以上的流动人口占流动人口（一天以上）总量的 9.03%，而 2010 年第六次人口普查中离开户口登记地五年以上的流动人口占流动人口（半年以上）总量的 29.76%，留京时间明显增长；流动人口中随迁家属的比例由 2005 年的 7.6% 上升到 2013 年的 11.2%，2006 年北京市人口研究所进行的流动人口家庭户调查显示，流动人口举家迁移的比例高达40%以上，家庭化趋势显现；常住流动人口学历分化明显，大专及以上人口比例由2000年的9.88%激增到2010年的24.35%，留京人员学历提升意味着离京可能性的降低。此外，北京人口流出相对停滞，严重抑制了京津冀地区城市群的发育。如，对于超大城市（城区人口超过1000万）与特大城市（城区人口超过500万）数量之比，长三角地区为1∶3（上海∶南京、杭州与苏州），珠三角地区为2∶2（广州与深圳∶佛山与东莞），而京津冀地区为2∶0（北京、天津"双城记"）。可见，北京人口的"虹吸"效应已经导致京津冀人口布局的畸形化。

二是"胀"，即流入人口规模膨胀。从2000年到2014年，北京市常住人口总量由1363.6万增加到2014年的2151.6万人，年均增长56.29万人，相当于每年增加一个我国县级市的人口规模。特别是2005年以后，北京人口膨胀加速。2000—2005年北京常住人口、流动人口年均增速为2.4%和4.1%，而2005—2014年前者和后者的年均增速进一步提升至3.80%和9.65%。常住流动人口占常住人口的比重由2000年的18.8%提高到2014年的38.05%；值得注意的是，在北京人口膨胀的同时，北京周边地区则表现出明显的人口流出态势，即常住人口远小于户籍人口。以河北为例，"六普"数据显示，2010年河北籍在京常住流动人口155.9万人，占北京常住流动人口总量的22.1%，所占比例居全国各省之首，而在河北省，共有105个县（市、区）人口净流出，占全部172个县（市、区）的61.0%，其中，在邢台、张家口、承德、衡水四市中，其人口净流出的县（市、区）比例分别高达84.2%、76.5%、72.7%和72.7%；张家口市的康保县、沽源县、尚义县及张北县户籍人口流出率甚至能达到25%以上。环首都贫困带及贫困人口的大量存在，是北京人口加速增长的重要因素。

表2-1-1　　　　2012年一部分环首都国家级贫困县农民人均纯收入状况

	所属的市	2012年农民人均纯收入（元）
阜平县	保定	3262
涞源县	保定	3079
顺平县	保定	3283

续表

	所属的市	2012 年农民人均纯收入（元）
张北县	张家口	4814
康保县	张家口	4564
沽源县	张家口	4499
尚义县	张家口	4484
蔚县	张家口	4809
阳原县	张家口	4569
怀安县	张家口	5367
万全县	张家口	4922
赤城县	张家口	4711
崇礼县	张家口	5145
平泉县	张家口	6324
滦平县	张家口	4871
涿鹿县	张家口	6455
隆化县	承德	4552
丰宁县	承德	4021
围场县	承德	3887
全国平均水平		7917

数据来源：《河北统计年鉴（2013）》，中国统计出版社 2013 年版。

　　随着人口流动滞胀问题的加剧，首都北京不得不承受着三大愈发严重的社会后果：一是以牺牲生活质量为代价的"城市病"愈演愈烈，表现为交通拥堵、环境恶化、住房紧张等诸多方面。二是资源极度短缺。例如，从自然资源来看，水资源短缺已成为制约北京市经济社会发展最紧迫的第一瓶颈，城市正常运转的不确定性增加；从服务资源来看，"六普"数据显示，0—14 岁常住流动儿童总数已达到 48.4 万人，占全市该年龄段人口的 28.7%，教育和卫生保健的需求巨大，正逼近北京社会公共服务供给的极限。三是"一城独大"严重制约了京津冀城市群的发育。"六普"数据显示，河北省拥有 100 万以上以及 80 万—100 万常住人口的县（市、区）数量分别仅为 1 个和 6 个，两者合计占 172 个县（市、区）总数的 4.1%，其中还不乏国家扶贫开发工作的重点县。

2. 人口流动巨浪持续冲击城市人口规划

大规模的人口流动是政府部门事前尚未准确预料、事后又未有效应对的客观现实。历史资料已经证明，很多城市常住人口的实际规模屡次突破城市总体规划所设定的人口规划目标，这在很大程度上说明了我国人口流动在点上的过度聚集和无序流动问题。以下以北京为例加以说明。

在北京城市规划方案中，正式提出控制城市人口规模的是 1983 年中共中央、国务院原则同意的《北京城市建设总体规划方案》。这一方案强调要"严格控制城市人口规模，到 2000 年全市总人口控制在 1000 万左右，市区人口控制在 400 万左右"。然而，2000 年第五次全国人口普查数据公报中，北京市总人口已经达到 1381.9 万人，城八区（包括原崇文区、宣武区）的人口高达 850.3 万人。这一统计数据显示，2000 年北京市实际的总人口和城区人口均已超过 1983 年城市规划中所设定的人口目标，城市人口规划开始进入"历史欠账期"。

为了缓解北京城市人口的压力，1991 年编制的新一轮北京城市总体规划提出：在坚持"分散集团式"布局的前提下，兴建卫星城以分散中心城区人口与产业压力。《北京城市总体规划（1991—2010 年）》明确指出，"今后 20 年北京市的人口控制规模为：2000 年全市常住人口从 1990 年的 1032 万增至 1160 万左右，流动人口从 127 万增至 200 万左右；2010 年常住人口 1250 万左右，流动人口 250 万左右。全市的常住城市人口 2000 年从 1990 年的 640 万增至 750 万左右，其中，市区从 1990 年的 520 万控制到 600 万左右；2010 年全市为 850 万左右，其中，市区控制在 650 万左右"。然而，2000 年第五次全国人口普查数据显示，全市常住人口达到 1381.9 万，流动人口达到 256.1 万人；2010 年第六次全国人口普查数据则进一步显示，全市常住人口达到 1961.2 万人，与第五次人口普查数据相比，十年间共增长 604.3 万人，增幅高达 44.5%，其中，流动人口高达 704.7 万人，是第五次人口普查流动人口总量的 2.75 倍。历次人口普查数据表明，21 世纪前十年北京市人口规模又一次突破城市规划的上限，而且城市人口规划欠账持续加重。

2004 年的《北京城市总体规划（2004—2020 年）》指出："到 2020 年，北京市总人口规模规划控制在 1800 万人左右，其中户籍人口 1350 万人左右，居住半年以上流动人口 450 万人左右。考虑到其他因素，本次城市规划基础设施相关指标按照 2000 万人预留。"① 根据北京市统计局数据显示：2014 年北京市常住人口达到 2151.6 万人，常住流动人口 818.7 万人，显然人口规模已经远远超过 2004 年的规划方案，甚至相关基础设施已经超过预留人口数量的上限。城市人口规划欠账越积越深，并且带来资源、环境、交通、住房、医疗、教育等资源的严重不足，进一步加重"大城市病"。

表 2 – 1 – 2　　　北京市历次城市规划的人口目标和现实情况对比

	1983 年规划	1991 年规划	2004 年规划
目标	2000 年总人口 1000 万	2010 年总人口 1250 万	2020 年总人口 1800 万
实际	2000 年"五普"1381.9 万	2010 年"六普"1961.2 万	2014 年 2151.6 万

注：1."五普"、"六普"是指全国第五次和第六次人口普查。

2. 1983 年规划全称为：中共中央、国务院原则同意的《北京城市建设总体规划方案》。

3. 1991 年规划全称为：《北京城市总体规划（1991—2010 年)》。

4. 2004 年规划全称为：《北京城市总体规划（2004—2020 年)》。

二　就业内卷化特征明显

"内卷化"一词最早是由美国人类学家戈登威泽提出来的，是指在外部扩张及变化被锁定和约束的情况下，转向内部的精细化发展过程②。从人口就业结构上来看，目前人口流动的主要原因是以务工经商为主，而且流动人口就业的行业和职业分布相对比较单一，这种就业上的单一化、传统化、内卷化与流动人口就业信息依然以业缘、亲缘、地缘为主。政府在提供劳动力市场信息方面发挥的作用有限，这就造成了流动人口聚集的行职业与所在城市的功能定位存在显著差异。

内卷化更多地体现在非正规就业领域，是流动人口高度聚集的行业。这种内卷化特征容易形成流动人口在城市中的自我隔离，不利于社会融合，同时也是流动人口无序流入城市、城市管理难度加大的重要表现。

① 参见北京市规划委员会 http：//www.bjghw.gov.cn/web/static/articles/catalog_ 233/article _ 4629/4629.html。

② 刘世定、邱泽奇：《"内卷化"概念解析》，《社会学研究》2004 年第 5 期。

三 自我行为约束意识不强

人口无序流动的第三个特征就是因流动人口自身流动性较强、行为约束性不够所导致的信息登记难、行为欠规范等问题，这在很大程度上加大了政府服务管理的难度和压力。

1. 个人信息申报无动力

及时动态地掌握流动人口的基本情况，是做好流动人口服务、有序管理的基础性工作。然而，从现实的情况看，由于流动人口的流动速度较快、流动性较强，所以流动人口基础信息的采集、登记以及更新难度较大。从流动人口的角度来看，流动人口信息难以采集和更新的原因主要有两个：一是流动性太快；二是流动人口缺乏主动登记的动力。随着暂住证功能弱化，行政化管理手段的减弱，大多数流动人口感觉办暂住证"没有用，办不办对工作生活影响不大"，使得相当一部分流动人口对办理暂住证持无所谓甚至是不支持、不配合的态度。

这样一种信息采集的状况加剧了流动人口服务管理的难度和压力，诸如出租房屋管理、出租房屋征税、计划生育跟踪与服务等都受到了一定程度的影响。

2. 违规行为时有发生

流动人口由于流动性较强，所以其就业、居住、生活等诸多行为在一定程度上具有相对短视和不太诚信的特征，从而进一步加剧了管理上的难度。这些行为主要表现在以下几个方面：

第一，违法经营屡禁不止。以北京市为例，根据 2009 年的统计，全市共有违法经营者 30174 户，其中流动人口 26435 户，占违法经营总数的 87.6%；违法经营人员约为 30 万，其中，流动人口约占 2/3。从全市的情况看，流动人口违法经营主要集中在各种交通枢纽、居民生活小区周边、城乡接合部、河湖沿岸等地区，主要经营蔬菜类、餐饮类、服务类、日用杂品类等商品，部分商贩甚至经营盗版光盘、盗版书籍、假发票等。据调查，有 13.9% 的摊点严重影响环境卫生、12% 的摊点存在严重的食品安全隐患①。

第二，违法建设在城乡接合部地区表现明显。除了用于居住的违法建筑外，城市中的城乡接合部地区还有许多用于商业经营的违法建筑，多是沿街的铺面房，用来作饭馆、商店、美容、网吧等。很多违法建设都是因为流动人口仅仅从盈利的角度出发，对原有建筑进行改扩建，从而增加了城市安全的隐患。

第三，流动人口违法犯罪所占比例较户籍人口高。以北京市为例，据统计，北京市公安机关抓获的犯罪分子中，外地流动人口所占的比例从1995年的49.4%上升到2008年的72.3%。

表 2-1-3   2001—2008 年全市流动人口涉案和抓获情况

年份	所有案件中流动人口涉案的比例（%）	抓获总人数中流动人口的比例（%）
2001	71.4	61.6
2002	68.8	61.6
2003	77.7	63.2
2004	77.6	70.9
2005	86.9	69.8
2006	92.3	72.7
2007	89.4	72.3
2008	89.5	72.3

数据来源：《北京市流动人口问题研究》编委会，《北京市流动人口问题研究》（内部资料），2011 年。

第四，流动人口居住环境存在安全隐患。例如，长期以来，地下空间是流动人口聚集的重要场所。在地下空间中，由于空间面积狭小，其自身安全以及所在建筑物的整体安全令人担忧。再加上一些地下空间的经营者过分追求利益，擅自改变地下空间的结构用途，人均居住面积达不到要求的 4 平方米，还有一些居住者违规使用电器，火患频现，安全堪忧。这些都在很大程度上增加了流动人口自身的居住风险，城市对流动人口的管理难度也随之加大。

---

① 引自《北京市流动人口问题研究》编委会，《北京市流动人口问题研究》（内部资料）。

四 城市融入缺乏引导

从对北京流动人口特征的分析中，我们可以发现，目前城市中的流动人口表现出相对明显的长期居留性、举家迁移性、学历分化、群体差异性以及服务需求刚性等时代特点，再加上流动人口的快速流动性，所以一度让政府部门在提供基本公共服务方面显得较为被动，而且目前的制度安排缺乏明确的城市融入路径和规则，没能及时、完全地满足流动人口的基本公共服务需求，这在很大程度上影响了流动人口城市认同感的增强，也严重束缚了流动人口自身幸福感的提升。

随着时代的变迁，流动人口自身特点的变化正倒逼着城市管理者重新审视其管理理念和管理政策，促进其树立社会融合理念，推进相关改革。如果不改革，流动人口始终会像城市中的陌生人一样，难以融入城市。当在城市里出生、在城市里长大的新生代农民工增加到一定规模的时候，他们会使用自己的方式来表达利益诉求和服务诉求，这是政府需要正视的一个重要社会问题。

五 组织化程度明显偏弱

从全国来看，到目前为止，流动人口群体在组织发育上依然处于起步状况，难以形成具有一定组织力、凝聚力和影响力的社会组织，因此也尚未对流动人口的就业、生活等若干方面产生实质性影响。

1. 流动人口党组织建设相对滞后

目前，城市中的流动人口规模不断扩大，流动党员也越来越多。流动党员作为流动人口的重要组成部分，在流动人口的管理和服务中应当发挥骨干带头作用。然而，由于流动性强、非正规就业比例高以及组织观念薄弱等特点，流动人口较少参加居委会、村委会等基层组织，又远离户籍地的管辖，容易陷入"两头管不着"的境地，流动人口的党建工作困难重重。即使在我国部分地区以村党支部为单位，成立了流动人口党小组，但发挥实质性作用的并不多。

2. 流动人口社会组织孵化缓慢

从现实情况来看，目前已经成立的流动人口社会组织主要表现出自发性、地域性、松散性、网聚性以及非正式性的特点①，存在的问题主要表现为规模不大、自身发展能力不足、经费短缺、管理人才匮乏等问题，而且与户籍人口建立的社会组织相比，流动人口社会组织面临的困难更大，地位更边缘化，发展亦更为艰难。如此这般的流动人口社会组织发展现状，难以在短期内改变流动人口流动无序、服务享有不足等问题。

---

① 方秀云：《流动人口自组织的特征、意义、困境及其突破》，《行政管理改革》2013 年第 1 期。

第二章　人口服务管理被动

面对人口流动浪潮，我国人口服务管理的主体——政府部门，也存在着管理精细化不足等问题。概括起来，我国人口服务管理的特点表现为主体不清、体制机制不畅、管理不细、信息不明、服务不足：一是诸多公共服务的统筹协调处于缺位状态，政府有关部门难以找到一个改善流动人口公共服务的枢纽平台，即"主体不清"；二是诸多政府部门的流动人口服务管理机构之间缺乏交流，不能形成改善流动人口公共服务的合力，即"体制机制不畅"；三是城市管理不精细，城市管理缺乏应有的规则意识和制度体系，即"管理不细"；四是流动人口的基础信息一直处于"散、乱、旧"的状态，即"信息不明"：各地、各部门调查登记获得的信息不能实现交换和共享；有关流动人口的登记、统计口径十分混乱，使得不同信息源获得的数据没有可比性；流动人口信息陈旧，不能发挥应有的作用；五是流动人口服务滞后，服务队伍力量单薄，服务队伍配合不力，疏于相关的公共服务，即"服务不足"。

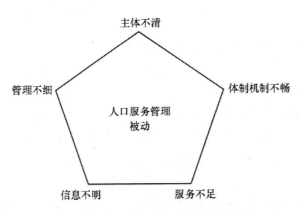

图 2 - 2 - 1　人口服务管理被动的五大表现

一 管理主体不清晰

目前，在人口服务管理上，政府部门依然存在着分散管理、多头管理的局面，在部分事务上甚至存在管理主体缺位的现象。表面上很多部门都在参与人口的服务管理工作，但真正出了问题，却缺乏一个主责部门的服务和管理，或者即使在某一项事情上由主责部门管理，但依然存在着政策矛盾、法律缺失以及服务不足等若干问题。这样一个主体不清的局面，造成了人口服务管理的被动性。概括起来，管理主体不清主要体现在以下几个方面。

1. 条块分割、多头管理

从户籍人口的城市审批来看，目前有多个部门参与其中的管理。以进京户口审批权限为例，目前共有中央、军队以及北京市属机构三大系统，涉及26个单位41个部门能够审批进京指标。在北京这样的城市，面对人口过度膨胀、人口迁移流动无序的客观现实，管理部门依然难以实现中央与地方之间、部门与部门之间的统筹协调。

从流动人口的服务管理来看，"条块分割"的现象更为严重。公安、人口计生、民政、卫生、工商、教育、统计、人力社保等多个部门各自都负责一部分的人口服务管理工作，但部门之间存在着明显的职责交叉、权责不清、各自为政以及政策冲突等问题，从而造成行政成本高，协调难度大，办事效率低。

2. 城乡统一劳动力市场建设主体缺位

城乡统一劳动力市场建设主体缺位，导致业缘、地缘、亲缘关系推动城市流动人口滚雪球式的无序增长。当城乡统一劳动力市场没有完全建立、尚未很好地发挥作用时，以亲戚、老乡、朋友、家人这一"社会流动链"为主体的民间社会网络会积极地替代各种正式关系，以非正式群体特有的方式来推动劳动力的社会流动，形成源源不断的移民潮、民工潮。

目前，在人口流动的劳动力市场中，发挥主导作用的不是政府提供的劳动力信息网络，而是民间的社会流动网络，它不仅引导着劳动力流动，而且为劳动力定居创造了条件。这种由"业缘"、"地缘"、"亲缘"关系引发的人口流动，自然具有一定程度的无序性。

二　体制机制不顺畅

从体制上来看，传统的管理体制、管理手段难以适应新时期流动人口的服务管理需求，流动人口就业、居住、教育培训、医疗卫生、文化娱乐等服务和权益保障难以到位，政府部门不同程度出现了"重管理、轻服务"或管理不到位、服务不充分的情况。

从目前全国的整体状况来看，主流的人口管理体制是"治安管理拓展型"的。本研究尝试性地通过"成员—规则—机制"这样的框架体系对这种管理类型进行特征描述，其中，"成员"是指流动人口管理体系的各组成部分；"规则"是指静态的管理体制构成，即成员（管理体系）按什么规则组织起来；"机制"是指制度运行时的动态规则，主要指工作机制（包括相关成员间的沟通协调机制）。

这种主流管理体制的"成员"包括管理者和执行者，主要涉及政法委、公安、人口计生和劳动保障等与流动人口安居乐业相关的单位。这种管理体制大多由综治委或政法委牵头，主要办事机构设在政法委或公安局，在对流动人口的管理上强调治安及配套的管理优先。

治安管理拓展型体制的"规则"主要体现在法律法规上。各地政府针对流动人口问题都出台了一些相关的管理法规。如北京的《北京市外地来京人员户籍管理规定》、昆明制定的《昆明市流动人口管理条例》等，通过这些管理条例和规则规范成员的各项行为。

至于"运行机制"，从纵向来看，由于这种管理体制是由综治委或政法委牵头，由此该管理体制采用的是一种"自上而下各部门自行协调"的运行机制。显然，这种体制仍然强调对流动人口的综合治理，采用的是对各部门命令式的围绕任务（综合治理）的综合协调，依靠各部门自行协调很难达到预期效果。

治安管理拓展型管理体制为我国绝大多数的省市采用[①]，可以以北京为例说明这种体制的一般构成：北京市将流动人口管理和出租房屋管理体

---

① 尽管在具体的管理手段上存在差异，但体制架构大同小异。

制合一，成立了市流动人口和出租房屋管理委员会①，作为本市负责流动人口和出租房屋指导协调和综合管理工作的议事协调机构，主任由市委、市政府主管领导兼任。管委会办公室为常设办事机构，与首都综治办合署办公。区（县）、街道（乡镇）均设管委会，其办公室与本级综治办合署办公。在社区和流动人口较多的村成立流动人口和出租房屋服务站并配备专职管理员。不管发达与否，东部的江苏、广东和西部的青海、西藏等多数省市区都以这种管理体制为主。

这种管理体制设立的初衷是为了治安管理。因此，目前的"治安管理拓展型"管理体制没有彻底摆脱把流动人口作为区域社会治安问题之隐患的思想束缚，依然主要把流动人口作为综合治理的对象而非服务对象，以至于涉及多个部门、多个方面的流动人口管理服务没有形成统筹协调、注重服务的局面，管理服务体系也依然具有管理优先的倾向。

三　人口信息不准确

在流动人口信息管理方面，目前政府部门依然存在着以下三个方面的问题。

第一，目前，流动人口的信息依然以被动采集为主，数据更新相对滞后，尚未完全形成以服务促管理、以需求抓信息的工作局面。现实生活中，公安、计生等部门重复上门，分别采集，既造成了行政资源的浪费，也容易使流动人口产生反感和抵触情绪。

第二，人口信息统筹力度不够。由于缺乏统一的综合管理平台，流动人口信息散布于各职能部门，信息难以共享，详细数据无法掌握；由于缺乏对信息资源的开发利用、信息化应用与服务等关键环节的研究，使得市级统筹和综合协调作用不强。

第三，人口信息化基础工作相对薄弱，人口预警机制缺失，信息化应用和服务水平不高，未能形成流动人口信息化管理的工作合力。

---

①　2012年北京市委办公会决定将市流管办的流动人口和出租房屋信息库移交市公安局、1.5万流管员队伍交公安派出所片警调配使用，但招聘工资待遇仍由区县街道管理。

四　城市管理不精细

城市管理不精细是影响人口有序管理的重要因素。如果城市管理者缺乏应有的精细化管理理念，整个城市缺乏必要的管理制度和政策规则，那么这座城市呈现出无序和混沌的状况就在所难免。

1. 政策合力不足形成"成本洼地"

在很多城市里，对于人口的服务管理工作没有形成政策合力，人口政策缺乏衔接，协调机制不够完善，不同部门之间、各项政策之间存在推诿打架的尴尬局面。甚至对于同一个问题的处理，不同部门出台的政策，其作用力可能是相反的。如此这般的管理状况，加速了"成本洼地"的形成，加剧了人口的无序流动和聚集。

一是违法居住和群租房治理的相关政策缺乏，导致流动人口居住成本明显低于市场预期。例如，在北京的调查显示，很多流动人口在城市里打工，但在城乡接合部居住，每个月的居住成本仅几百元。在北京很多人口聚居的城乡接合部地区，村委会、当地居民与流动人口已经形成了明显的利益链条，他们依赖"瓦片经济"而生存着，出租房屋是流动人口聚集区村集体和当地居民主要的经济来源。其中，68%的村集体以建设房屋出租收益为经济来源的主要形式，选择"房屋出租为最主要和稳定的集体经济收入"的行政村占到调查总数的70%；聚集区的本地居民中，平均有54%的本地居民是出租户。

二是隐形就业和非正规就业为流动人口提供了大量的就业机会。例如，在北京，由于劳动执法力量严重不足，企业违法用工有效监督不足，造成流动人口与用人单位签订劳动合同的比例不高，形成"低成本用工—牟取暴利—再投资低端产业—吸引更多的低端劳动力"的恶性循环；同时，土地供应门槛较低，各类批发市场和单一仓储设施的审批不严，为流动人口在京低端就业创造了大量机会。流动人口在北京能够找到就业机会并长期居留下来，长期不断地内卷式涌入，这与北京农村地区土地资源过多地投放于以交易市场和低端仓储物流为代表的传统服务业、中低端商业业态密切相关。

三是各个部门出台政策各自为政，缺乏统筹协调，导致城市居留成本较低。以北京为例，相比于国内其他城市，北京市公交政府补贴的低票价政策极大地降低了流动人口出行的货币和时间成本，进一步构成对流动人口来京的吸引。具体来讲，北京为了保证2008年奥运会期间的环境质量，环保部门出台了普惠性的公交车优惠政策：公交车刷卡4角钱起步，地铁2元钱坐全程（这项政策直到2014年年底才停止实施）。这项政策实施以后，很多市民并没有完全因为低票价而明显地选择公共交通出行（因为交通换乘不便捷），但是这项政策引发了明显的人口连带效应，即无形中削减了通勤成本，公权力干预了市场对人口的正常调节，而且还造成了财政资金在部门之间分配的不公平。

四是聚居区管理政策和制度的缺乏，加速了流动人口自循环、低层次生存圈的形成。以北京为例，在很多流动人口集中的聚居区形成了为这一群体衣食住行服务的"自循环系统"，在需求的推动下，自发形成了为流动人口自身服务的商业街，从菜摊、饭馆、洗衣店、家电维修、照相、发廊、裁缝店到小超市等一应俱全。这种生活方式，一方面极大地降低了生活成本；另一方面，这一服务圈在产业价值链的最底端为自己创造了就业市场，进而解决了相当部分流动人口在京的就业、生计问题，形成流动人口低成本滞留北京的空间。

从成本效益理论分析，流动人口在京比较收益相对较高。人口流动理性思考的根本就是依据相对充分信息而对流动所能获得的净收益进行评估和预测。流动成本包括由直接损失构成的显性成本以及由间接损失构成的隐性成本或机会成本。流动者支付流动成本是为了获得流动收益，只要流动收益大于流动成本，就会有流动行为发生，或者说只要预期收益大于预期成本，就存在现实或潜在的获利机会，人口就会流动。如果政府部门不能及时采取相应的办法提升城市管理的精细化水平，不能有效还原一个人在一个城市居留应有的市场成本，那么在市场这只手的调节下，城市就变成一个"成本洼地"，就会饱受人口无序流动的持续冲击。

2. 执法部门相关的人口管理法律法规缺乏

在流动人口管理方面，执法部门也缺乏相关政策法规，精细化不足。例如，目前，对地下空间的使用管理缺乏明确的法律法规规定，地下空间产权关系的复杂造成管理主体和执法主体不清，因此，对地下空间的管理与监督不到位，地下空间成为流动人口聚集的重要场所；再如，出租房屋管理制度建设相对滞后。目前,现有法律法规对流动人口居住场所管理,特别是治安、安全管理的规定较为滞后,出租房主履责不到位。例如,《北京市房屋租赁管理若干规定》(市政府令 194 号)对群租房未有规定;对违法建设并出租的房屋有禁令无罚则;出租房主偷税漏税普遍,监管处罚不足等问题。这些问题进一步加大了区域人口总量调控和城市管理的难度。

五 人口服务不充分

从人口服务的角度来看,政府部门在服务供给方面存在着不充分、不到位等诸多问题。归纳起来,主要有以下三个方面的表现:

第一,城市融合的政策体系缺失。从目前来讲,政府部门在促进流动人口城市融入、社会融入方面做得还相当不够,二元化的社会格局和管理体制长期影响着流动人口在城市里的身份认同和福利享有。目前,城市中流动人口社会融合的路径不清晰,规则不明确,在很大程度上造成了流动人口流动无序、行为短视、内卷化隔离等一系列问题的出现。这是未来加强人口有序管理需要重点突破的难点问题。只有通过利益引导和福利引导,才有利于形成正向的诚信激励机制,有利于整个社会的和谐稳定。

第二,服务队伍人员配备不足、服务质量有待提高。服务的基础是有效的管理,管理的缺位直接影响到服务的精准。目前,很多城市由于财政收入的限制,对于基层管理的投入、基层管理人员的配备明显不足,很大程度上影响了人口服务的质量。例如,以北京为例,2011 年前后,全市共有流动人口管理员约 1.5 万人。从现实需要和实际工作看,1.5 万人的管理员队伍难以对当时 700 余万流动人口、近百万户出租房屋的基础信息做到及时采集、实时更新。如果按照流动人口 3‰—5‰的比例配齐管理员,全市共需配备流动人口管理员 2.3 万—3.9 万人,与目前的实际配备情况还有很大的差距。如果按照 2011 年全市最低工资标准计(每月 1160元,每人每年 1.4 万元),仅流动人口管理员工资一项,全市每年需投入3.2 亿—5.5 亿元。

此外,根据《北京市社区工作者管理办法(试行)》的规定,社区工作者一般工作人员每月仅 590 元、职务年限补贴 740 元起、奖金年均 3600元以及相应的年限补贴、职业水平补贴、社会保险、公积金等。此金额与劳动付出、岗位工作量相比，可谓收入不高。这在一定程度上影响了服务人员的服务质量和服务效率。

第三，人口服务没有形成部门合力。谈到人口服务工作，似乎很多部门都在参与，但在现实生活中，人口服务的部门之间沟通不充分，难以形成便民的合力，甚至影响到了公共服务的可及性。

第三章　人口无序管理加剧城市运行风险

从以上两章的分析中，本研究对人口流动的无序性以及政府服务管理被动且粗放两个问题进行了相对详细的阐述。在接下来的这一章里，我们将继续以超大城市为例，着重探讨人口激增对城市管理带来的重大挑战和风险。

概括起来，人口管理无序对城市运行的影响主要表现在五个方面：人口激增挑战城市承载能力，流动人口传统的就业结构束缚城市产业转型升级以及城市功能的实现，人口快速流动考验城市服务供给能力，人口无序聚居加剧社会安全风险，人口底数不清制约城市安全预警。

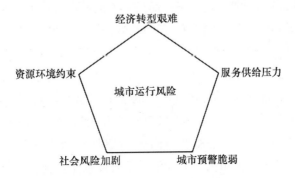

图 2 - 3 - 1　人口无序管理造成的城市运行风险

一　人口过度聚集挑战城市承载极限

目前，城市人口增长与资源、环境承载能力之间的矛盾更加尖锐，城市人口资源环境的硬约束进一步强化，通过改革创新破解城市生态超载难题的压力日益紧迫。

　　首先，人口骤增加剧水资源短缺，城市正常运转的不确定性增加。在水资源方面，我国诸多城市已经感觉到因人口增加而造成的水资源短缺压力。以北京为例，可见一斑。在首都北京，水资源短缺成为制约北京市经济社会发展最紧迫的第一瓶颈。虽然北京市水资源总量由2001年的19.2亿立方米提高到2013年的24.8亿立方米，但人均水资源量由2001年的139.7立方米下降到2013年的118.6立方米，并明显低于500立方米国际极度缺水的人均水资源量标准，仅约为全国平均水平的1/10，纽约、巴黎、东京的1/20，甚至比不上中东、北非一些沙漠国家的水资源人均占有量；从生活用水总量来看，北京市由2001年的12亿立方米攀升到2013年的16.2亿立方米，比2012年增长1.3%，生活用水量占全年用水量的比例也由2001年的30.8%上升到2013年的44.5%，达到近十余年来的较高值。与此同时，人均生活用水量却因人口规模激增而不断下降，即由2001年的86.64立方米下降到2013年的76.60立方米。如果人口持续膨胀，未来南水北调的水量将被快速的人口增长所吞噬。人口膨胀和生活用水结构变化导致的用水刚性需求居高不下，已经对北京市的供水安全产生严重威胁。

　　一方面城市水资源愈发紧张；而另一方面城市水质也在因为人口的增加而出现下降趋势。从全国来看，2013年，全国废水排放量695.4亿吨，比2012年增加1.5%；城镇生活污水排放量485.1亿吨，比2012年增加4.8%，占废水排放总量的69.8%[①]，这与城市人口增长关系密切。同样以北京为例，也能看到超大城市水质问题的严重性。北京市《2014年环境状况公报》统计，2013年，北京市水资源短缺和城市下游河道水污染严重的状况并未改善，地表水断面高锰酸盐指数为8.05毫克/升，比2012年上升了2%；全市大部分湖泊处于轻度甚至重度富营养状态。水环境的污染也造成了水资源的短缺。人口规模的增加使人均生活用水量下降，生活污水排放量增加。如果不能使用科学手段对污水进行处理，直接流入河流和地下，会对工业生产和居民生活用水安全带来不利影响。

　　其次，生活类污染成为大城市环境污染的主导因素，环境污染带来的居民健康风险增加。以北京为例来说明这一问题。北京市环保局发布

---

　　① 中华人民共和国环境保护部发布的《2013年环境统计年报》，http：//zls. mep. gov. cn/hjtj/nb/2013tjnb/。

《2012 年北京市环境状况公报》称，目前全市污染排放总量居高不下，每年污染减排速度都是艰难"跑赢"污染排放增量，全市污染物排放量大致相当于在 2011 年全市污染排放总量的基础上增加一个小型到中型城市的排放量。污染物排放量虽有所下降，但仍远超环境承载力。从空气污染物来看，2012 年臭氧逐渐替代 PM2.5，成为首要空气污染物，而臭氧源于人类活动，汽车、燃料、石化等是臭氧的重要污染源。目前，北京市每百户城镇居民家用汽车拥有量由 2001 年的 3 辆增加到 2013 年的 43 辆，每百户农民家用汽车拥有量由 2001 年的 5 辆增加到 2013 年的 34 辆，从而带动汽油的人均生活用量迅速提升，即由 2001 的 31.4 升提高到 2012 年的 174.4 升[1]。此外，本地机动车排放导致的 PM2.5 也超过了工业污染排放，北京市目前的污染物排放更多来自生活而非生产；从能源污染来看，生活消费的能源量占能源消费总量的比例由 2001 年的 13.3% 上升到 2013 年的 19.4%；2013 年北京市全社会用电量比 2012 年增长 4.4%，这说明人口增加带来了生活能源消耗和污染排放的进一步增加；从生活垃圾来看，人口快速膨胀导致生活垃圾大增。2013 年全市生活垃圾产生量671.7 万吨，日产生量 1.84 万吨，但全市垃圾处理能力仅 1.3 万吨/日左右，缺口很大。

由于生活方式的改变而造成城市空气质量的下降，不仅会影响工农业生产，也对居民生活质量提高和健康状态的改善造成严重威胁。例如，在首都北京，2007 年以前居民死亡首因大多都是心脑血管疾病，而在 2007 年以后至今，恶性肿瘤已稳居死因的第一位。在上海，每十万死亡人口中约有 79 人死于呼吸系统疾病[2]。这些疾病发病率的增高，与城市人口骤增、人口生活方式的改变密切相关。

表 2-3-1　　　　　　　1949—2014 年北京居民死亡首因的变化　　　　　（单位:%）

年份	第一位	
	死亡疾病	构成
1949	传染病	29.9
1964	心脏病	15.1

---

① 2013 年此指标在《北京统计年鉴（2014）》中缺失。

② 数据来源于《北京统计年鉴（2013）》、《上海统计年鉴（2013）》。

续表

年份	第一位	
	死亡疾病	构成
1974	心脏病	26.0
1984	心脏病	28.44
1991	脑血管病	27.78
2003	心脏病	22.91
2004	脑血管病	24.93
2005	心脏病	24.62
2006	脑血管病	23.52
2007	恶性肿瘤	24.55
2009	恶性肿瘤	25.72
2010	恶性肿瘤	25.56
2014	恶性肿瘤	27.10

数据来源：马小红、胡玉萍、尹德挺：《当代北京人口》，中国人民大学出版社2014年版。

二　传统领域就业束缚经济转型升级

目前，我国很多城市都正处于经济转型的关键时期，人口发展与经济增长之间互动关系亟待改善，主要表现在以下两个方面：

一是传统行业劳动力依然密集，城市功能定位难以实现。目前，我国很多城市劳动密集型产业过多，无法形成对本城市区域功能的培育和引导，阻碍了城市品位的提升、城市功能的塑造以及城市经济的转型升级。由于人口的膨胀，很多城市以主城区为中心"摊大饼"似的向周边扩展，城市面积一直延伸，大量土地资源被配置于劳动密集型产业，极大地阻碍了产业结构的升级和城市功能的凸显。

二是劳动力市场依然表现出对劳动密集型行业的强烈需求。在很多超大城市里，一方面，流动人口主动聚集于传统领域；另一方面，劳动力市场反馈的信息显示，劳动力的需求竟然也是以传统领域为主体，这也在很大程度上影响了城市功能定位的加强和发挥。以北京为例，从北京劳动力市场的供求状况来看，改革开放以来，随着经济的持续发展，北京劳动力市场在很长一段时间内处于供大于求的状况。供求关系发生变化是在

2004 年第一季度。此时，北京劳动力市场需求人数第一次超过了供给人数，此后，供不应求的状况一直保持至今。进入 2014 年第三季度，需求人数更是迅速增加，需求人数超过了求职人数的近四倍，达到 225002 人，供需缺口达到 170417 人。2014 年第三季度北京人力资源市场需求大于供给缺口最大的十个职业分别是推销和展销人员、简单体力劳动人员、营业人员、餐厅服务员和厨工、电信业务人员和话务员、治安保卫人员、计算机工程技术人员、其他商业和服务业人员、饭店服务人员、清洁工。可见，北京劳动力市场需求大于供给的职业主要集中的职业类别为商业服务业和生产运输设备操作工，这也是流动人口主要从事的职业。

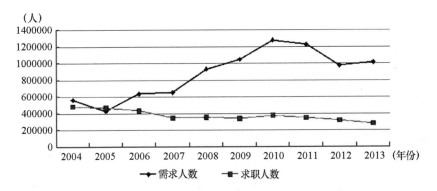

图 2 - 3 - 2　2004—2013 年北京市劳动力供求状况图

数据来源：北京市人力资源和社会保障局。

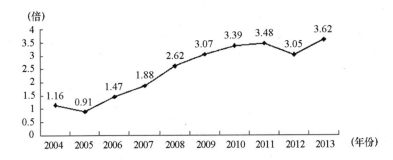

图 2 - 3 - 3　2004—2013 年北京市人力资源市场求人倍率状况图

数据来源：北京市人力资源和社会保障局。

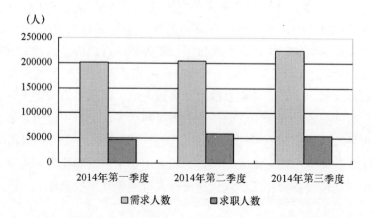

图 2 - 3 - 4　2014 年前三个季度北京市劳动力供求状况图

数据来源：北京市人力资源和社会保障局。

表 2 - 3 - 2　　2014 年第三季度人力资源市场需求大于供给
缺口最大的十个职业

招聘岗位	招聘人数	求职人数	招聘—求职	求人倍率
推销、展销人员	22928	1016	21912	22.57
简单体力劳动人员	21462	8819	12643	2.43
营业人员	12733	2824	9909	4.51
餐厅服务员、厨工	8802	1129	7673	7.8
电信业务人员、话务员	8253	1002	7251	8.24
治安保卫人员	8585	1521	7064	5.64
计算机工程技术人员	8210	1805	6405	4.55
其他商业、服务业人员	6690	1232	5458	5.43
饭店服务人员	5897	455	5442	12.96
清洁工	6609	1950	4659	3.39

数据来源：北京市人力资源和社会保障局。

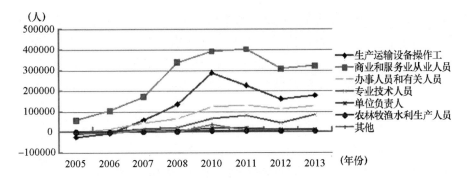

图2-3-5 2005—2013年北京市劳动力市场各职业类别缺口人数图

数据来源：北京市人力资源和社会保障局。

注：2014年数据不全，难以计算全年；2009年数据缺失。

三 人口快速流动考验服务供给能力

同样以北京市为例，我们可以看到流动人口基本公共服务均等化推进艰难之后，所导致的社会融合风险。主要有如下表现：

第一，流动人口社保参保率明显低于本市居民。2012年北京市先后出台相关政策，规定农民工按照1%比例参加医疗保险的参保人员，自2012年4月起，全市已统一按照城镇职工缴费标准参加医疗保险，并将外地农民工的生育费用纳入基本医疗保险报销范围。然而，目前流动人口参保率仍旧低于本市居民，一方面是由于用工单位为了控制用工成本，不规范办理外来务工人员的各项保险；另一方面是由于存在政策真空，部分劳动者无法被纳入到以个人、企业和政府三方共同担责的社会保障体系中，从而限制了流动人口的社会保险参保率。

第二，流动人口基本公共服务需求明显受限。以随迁子女基础教育和升学机会为例。2012年北京市教委出台了《北京市教育委员会关于2012年义务教育阶段入学工作的意见》（京教基二〔2012〕10号）。此意见指出，除了往年需要的居住证明、户口簿外，还需要由其父母或其他法定监护人持本人在京暂住证、在京实际住所居住证明、在京务工就业证明等五种证件或证明，到居住地所在区县教委确定的学校联系就读。此政策的出台，在规范和强化管理方面的确有一定的积极作用，但客观上加大了非京籍随迁子女义务教育阶段入学难度，造成部分学龄儿童不得不选择一些办学条件简陋、缺少合法办学资质的打工子弟学校学习。随迁子女在基础教育阶段公立学校就读难的同时，高考等升学机会也面临很大挑战。2012年12月北京市出台的《北京市随迁子女升学考试工作方案》对学生教育年限、随迁子女家长社保和职业年限进行了详细规定。面对户籍制度、高考招生体制、招生计划等体制限制以及区域发展不平衡的客观影响，如何有效平衡京籍学生和非京籍学生的升学利益，难度很大。

四　人口无序聚居加剧社会安全风险

城中村逐渐向外扩散，利益共生加大拆迁改造难度。以北京市为例来说明这一问题。2012年北京市城乡接合部发生的最引人注目的事件是完成了50个重点村的旧村拆除。随着北京市五环内行政村城市化改造进程的加快，流动人口聚居区外移现象明显，已经由朝阳、海淀、丰台、石景山四个近郊区向与之接壤的大兴、通州、顺义、昌平和房山的环城地区推进。从以往的治理可以看出，人口聚集是北京市城市内生性风险的一个重要源头。在这些聚居区里，违章建筑林立、犯罪行为高发、消防隐患众多，社会矛盾频发；聚居于此的人们往往是城市中的困难群体，他们缺乏安全防范的常识和能力，但却承担着更多的城市风险，一旦发生冲突或灾害，局面难以控制；同时，由于城乡接合部地区二元社会管理体制的存在，"村居并存"的局面普遍存在，加之城中村的原住民和流动人口在一定程度上形成了自我供给、自我服务、相对封闭的次生经济圈和低层次生活链，因此，拆除改造的难度和成本逐步加大。

城市的地下空间和"群租房"造成局部人口密度大，为应急管理埋下隐患。以北京市为例，可以看到此问题的严重性。除了城乡接合部以外，北京核心城区的地下空间也成为了人口聚集、风险聚集的重要场所。据2011年北京市地下空间普查登记数据，北京市地下空间居住着35.4万人，相当于一座中等城市的市区人口规模，其中97.2%居住在中心城区的地下空间里，人口密度较大，一些地区达到了每平方公里近2000人。这些地下空间的住所长期占据人防工程、停车场等公共空间，居住环境恶劣，在潜藏危险的同时为城市应急埋下隐患。

五　人口底数不清制约城市安全预警

目前，城市中的人口基础信息底数不清、情况不明，难以构建有效的人口预警机制。现有人口预警机制主要考虑了经济发展效率、资源环境承载力、社会风险和公共服务供给压力四大类预警指数，但在具体的指标选择上对社会风险的考虑并不全面，缺少具体有效的人口密度、人口动态分布等指标，在一定程度上忽视了人口对城市安全的潜在影响，科学、灵敏、有效的人口与城市安全预警机制亟待建立。

第三篇　理论解释

第一章　何谓"人口有序管理"

一　"无序"与"有序"

通过以上第二篇的论述，我们明确了现实中国社会人口无序管理的主要表现。至此，我们锁定了现实的问题，明确了改革的方向。在接下来的这一篇里，我们将继续沿着这样的逻辑探索下去，深入探寻造成人口无序管理的症结所在。

未来，如果我们想要扭转人口无序管理的状况，从"无序"走向"有序"，我们首先需要从"无序"和"有序"之间的关系说起。"无序"和"有序"是紧密相连的一对概念。一般来说，"无序"是指事物不按照规则的要求运动，呈现出一种混乱的状态；而"有序"则是一种有规则的状态，是指客观事物或系统构成要素之间有规则的联系、运动和转化。所谓"有序性"，通常是指不变性、稳定性、规律性、重复性、规定性、约束性、因果性和必然性，即现象服从规律。人类创造的文明就是在不断消除无序、创造有序的过程中建立起来的。因此，无序是管理之源，管理是消除无序和创造有序的手段，这样的管理叫作"有序管理"。

在此基础之上，我们构建了人口管理的"无序模式"和"有序模式"。从两种运行模式的对比中，我们可以看到：在无序模式中，人口流动的无序和服务管理的失序，两个因素叠加在一起，加剧了城市人口管理的风险，人口与社会经济以及资源环境的可持续性也受到严重冲击；而人口有序模式则反之，即人口流动有序，服务管理有序，城市风险可控。

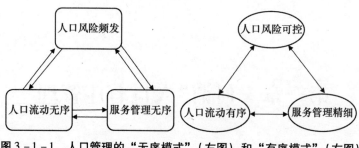

图3-1-1   人口管理的"无序模式"（左图）和"有序模式"（右图）

人口管理的"无序模式"存在于人口管理精细化不足、人口服务供给水平不均等的社会之中，它是建立在政府管控性、个人需求自我调节性基础之上的一种运行状态。它的主要特征是政府对人口的管理以行政控制为主，对于人口形势变化及其带来的风险和挑战被动地适应；而人口流动中的个体，其需求在碎片化的人口管理政策中寻求满足，且人口流动的盲目性特征明显，个人流动的方向性主要受到初级关系的影响很大。初级关系是建立于感情基础之上的社会关系，反映人们之间直接的交往，如夫妻关系、朋友关系等。

人口管理的"有序模式"存在于人口管理精细化、人口服务供给均等化的社会之中，它是建立在政府服务性、个人需求规则导向性基础之上的一种运行状态。它的主要特征是政府彰显服务型执政理念，保障和改善民生；政府积极制定政策和规则，以引导人口有序的流动以及福利有规则的享有；对于人口形势变化及其带来的风险和挑战积极应对并提前预警；而人口流动中的个体，其需求可以在体系化、规则化的人口服务管理政策中得以满足，且人口流动的自觉性特征明显，个人流动的方向性主要受到次级关系的影响较大。次级关系是以事缘为基础的社会关系，如同行关系、上下级关系等。

表3-1-1   人口管理两种模式的特征比较

人口管理的 模式	政府 执政理念	政府 人口风险的应对	个体 需求的满足	个体 流动的方向	个体 社会关系的依赖
无序模式	管控型	被动适应	自我调节性	盲目性	初级关系
有序模式	服务型	主动引导	规则导向性	自觉性	次级关系

二　"人口有序管理"的概念界定

基于以上人口管理无序和有序的两种模式，本研究试图对"人口有序管理"的概念做如下界定：人口有序管理是指以"政府主导、市场调节、社会协同"为组织架构，以一系列制度安排为运行规则，以"人口有序流动"为核心宗旨、以"服务"、"管理"、"合作"为改革动力，形成的一种与社会经济发展相适应、与资源环境相协调的人口管理良性循环状态。在这个过程中，政府领域运用政策手段、市场领域运用成本手段、社会领域运用合作治理手段对人口有序管理产生影响，而人口有序管理实现之后所营造的治理氛围又进一步促进政府、市场、社会三者之间的良性互动。

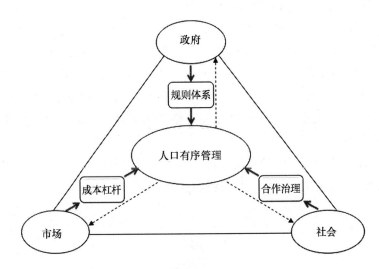

图 3-1-2　　"人口有序管理"的概念界定

三　"人口有序管理"的四要素

明确了"人口有序管理"的概念界定之后，我们进一步试图对我国当前人口管理状况进行改进，使其进入一种不断优化的运行状态。结合以上本研究提出来的"无序"和"有序"两种模式的各自特征，本研究探索性地提出"人口有序管理"的四要素，即"管理精细"、"服务可及"、"合作高效"、"流动有序"。其中，"人口有序管理"四要素的结构关系表现为："管理精细、服务可及"是基础，"合作高效"是保障，"流动有序"是核心。

除此之外，本研究还认为，为了保证"人口有序管理"四要素的良性互动，需要满足四个方面的功能性前置条件：

第一，系统自我调适性。整个人口管理系统能够主动适应新的形势和环境变化，以确保群体所需福利资源得以公平、有效的分配。也就是说，建立人口管理的有序模式，需要有相对充足的公共服务资源作为引导，政府部门能够在不断变化的国内、国际环境中确保人民福利的供给。这是人口有序管理系统得以维持的基础性条件。

第二，目标性。围绕制定的人口有序流动目标，政府部门能够调动政府、市场、社会等各类资源，协调行政、规划、法律、经济、科技、社会化等多种手段，以引导社会成员去实现这一目标。

第三，整合性。政府部门要确保系统内各要素整合为一个起作用的整体，各司其职，各自发挥各自的功能，即"管理"的功能是建立规则，确保资源充足；"服务"的功能是依据规则，在资格审查之后进行资源的合理配置；"合作"的功能是营造政府和个体之间的互信关系和运行流程；而"人口流动"的功能则是促进整个区域社会经济的发展以及个人生活水平的提高。

第四，规则维系。政府要维持人口有序管理系统中社会共同价值观的基本模式，并使其在系统内保持制度化。

图3-1-3 "人口有序管理"的四要素

四 "人口有序管理"良性循环的运行过程

明确了"人口有序管理"的概念及其四要素之后，本研究进一步认为，"人口有序管理"在管理目标上，要做到"人口总量平稳适度，人口流动自由有序，人口结构不断优化，人口分布均衡合理"；在管理理念上，做到"人口管理与经济发展、社会福利、城市定位、区域规划及人性关怀相统筹"；在管理内容上，做到"人口信息动态登记，资格审查严格到位，相关公共服务有序供给"；在管理手段上，做到制度化、市场化、社会化的综合运用，"以服务促管理，以管理保服务"；在管理主体上，做到"责任明，效率高"；在管理客体上，做到"有序流，融合好"；在管理效果上，做到"底数清、情况明"。

按照此思路，我们可以构建出人口有序管理良性循环的运行过程：人口信息真实且动态更新，取得人口信息后进行严格的资格审查，然后根据审查过的相关资质，有条件地有序供给相关公共服务，而公共服务供给又进一步引导人口主动登记，最终实现人口总量、人口流动、人口结构与分布不断优化的管理目标。

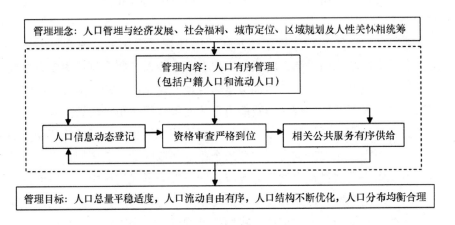

图 3 - 1 - 4 "人口有序管理"良性循环的运行过程

五　现实问题的破解：从"无序"走向"有序"

以上，我们提出了人口管理的"无序模式"与"有序模式"、"人口有序管理"的概念、四要素以及人口有序管理良性循环的运行过程。在这样理论界定的指导下，我们需要回到现实中，对于现实难题一一作出回应。

阅读至此，大家可能有一系列的问题想要进一步追问：尽管我国流动人口管理政策随着改革的推进而不断修正完善，但就全国目前的情况来看，为何人口流动依然无序？流动人口管理为何依然距离社会融合的目标存在一定差距？为何人口服务管理中的问题依然不少？如何破解这些问题，以推动人口管理从无序走向有序呢？这些问题都需要从理论和制度上找成因，需要跳出"人口"看"人口"，跳出人口系统来看待人口系统自身出现的这些问题。

人口流动的动因大体可以分成三类：经济动力、公共服务以及发展机会。就目前我国所处的发展阶段而言，我们依然绕不开人口流动与经济利益之间千丝万缕的联系，特别是在主观管理理念已经发生变化的情况下，仍需要探究作为经济社会发展重要生产要素的人口究竟在现实中应该怎么被看待？

诺贝尔经济学奖得主缪尔达尔在"循环积累因果关系理论"中分析道：在一个区域内引进新产业或扩大原有产业规模，将会创造更多直接或间接的就业机会，而人口的增加又意味着地方财富的增加，地方政府税收的增加又扩大了政府的现实消费能力，从而可以提供更好的公共服务，这也将促进第三产业的发展。另一方面，产业的发展也增加了熟练劳动力的储备，进而吸引相关劳动力指向型的企业进驻该区域，该区域成为重要的增长极。作为发展过程中的衍生效应，增长极的形成过程中还可以促进技术创新和发明创造，这些又进一步带动相关产业的发展，从而形成良性循环。从循环积累因果关系理论中我们可以看到，一个国家人口与经济的良性循环一旦建立起来，那么这个国家的经济发展将会加速；相反地，如果一个国家人口和经济的循环体系出现了断裂，那么这个国家的经济发展和社会建设都会受到一定程度的影响。由此可见，人口发展与经济发展密不可分。

长期以来，我国在流动人口管理领域很难取得突破性进展的一个重要原因，就是没有跳出人口内部管理的框架，更高地从人口与经济发展的循环体系中寻找答案。因此，探究人口有序管理问题需要把人口流动与经济社会发展关联起来分析。

与国外区域经济聚集和人口聚集的良性循环形成过程相比，中国目前采取的是绕开人口系统福利"抄近路"的发展方式。也就是说，经济的增长没有引发人口福利的增加，人口的增加也没有带动当地经济的增长，因此，地方政府在吸纳人口上的动力明显不足。结合现阶段的实际情况，我国在人口与经济的循环体系上存在四种"过程断裂"，从而造成了流动人口的社会融合严重受阻以及人口流动的无序。

第一，地方财力与事权之间存在断裂，地方政府吸纳人口的动力不足。我国"财权向上、事权向下"型的制度安排，必然造成地方政府对流动人口的本能排斥，流动人口社会融合受阻，城市归属感缺失。国外很多国家采取的是"消费偏好型发展模式"，对消费环节征税，人口增加意味着政府财源的增加，对地方政府吸引人口迁入该区形成了良好的正向激励，而我国采用的是"生产偏好型发展模式"，征税以生产环节为主，因此，人口增加对地方政府而言，通常意味着公共服务供给和财政压力增大，地方政府对于流动人口具有一种"本能"的排斥力。此外，国外通常保证各级政府，特别是基层政府的征税权，形成权利和义务的统一，对地方政府提供流入人口的基本公共服务形成良好的正向激励。例如，美国最基层的学区仍具有征收财产税的权力，以履行学区内义务教育和治安维护之责任。

第二，政府绩效考核与人口合理分布之间存在断裂，经济聚集和人口聚集难以同步。唯GDP的绩效考核观，导致地方政府更多关注当地的经济发展，走的是一条绕开人口系统、任由经济系统自循环的"抄近路"发展之路。例如，对我国发达地区而言，引入的产业和企业通常属于资本密集型，从而造成在产业发展与吸引人口方面存在一定程度的断裂，人口流动不能完全受市场力量支配，人口流动与产业布局、产业升级不相适应，也就是说，在经济聚集的同时不能形成很好的人口聚集。

第三，举家迁移环节存在断裂，人口自由有序流动受阻，社会福利分配体系有待完善。一方面，由于户籍制度以及非一体化社会保障体系的客观现实，人口自由有序流动受到很大限制；另一方面，劳动力通常以个体而非家庭的形式迁移，而且即使是举家迁移流动，也很难真正融入迁入地，所以新增劳动力对住房及其他服务的需求往往无法得到有效且充分释放，既不能拉动当地的消费，提升地方政府吸纳流动人口的积极性，又使得流动人口的社会融合受阻，城市归属感缺失。相比之下，欧盟在推进移民的社会融合进程中，既注重个人福利，又注重家庭团聚；既满足个体流动愿望，又调动地方政府吸纳人口的动力。这样，人口有序管理格局更易形成。

第四，人口信息整合环节存在断裂，城市发展规划的数据基础不实。这种断裂引发两大后果：一是城市总体规划中人口目标屡被突破。人口信息管理主体不清、效率不高、信息不明等问题，严重制约了城市发展规划的科学性和权威性。二是人口服务管理对象不明确，流动人口服务受限、管理不足，人口服务管理的主体有待明确。目前，由于部门利益的阻力，长期以来我国人口，特别是流动人口信息不清，人口基础信息仍处于"散、乱、旧"的状态。从管理主体来看，尽管党委的政法部门在地方上是流动人口服务管理的牵头协调部门，但由于其工作重心在治安管理上，对诸多公共服务的统筹协调处于缺位状态，而政府序列的有关部门又难以找到一个改善流动人口公共服务的枢纽平台，这就从制度上形成了流动人口的服务障碍。

显然，目前我国人口管理的基本理念，仍是把人口作为一个经济发展和社会稳定的单一要素来进行单向控制，而非系统调控，再加上客观国情国力和政治经济体制约束性条件的存在，以致我国流动人口管理体制并没有严格按照人口要素有利于经济社会发展、有利于人民福祉的标准来构建。因此，如果我国不能及时弥补缪尔达尔循环体系中存在的四种"过程断裂"，那么我国就很难在人口流动中实现经济发展和社会融合的双赢局面。

在此循环积累理论的指导下，我们可以进一步梳理出现实社会中人口管理无序以及如何破解的逻辑脉络。也就是说，从直接原因来看是因为政府管理的缺位，即主体不清、机制不畅、信息不明、服务不足，然而，深入挖掘问题产生的深层次根源，我们则会进一步发现，政府部门利益协调机制、公平保障机制、行为约束机制的缺失以及社会领域社会监督机制的缺失，导致了政府部门对于解决人口无序流动问题动力不足或心有余而力不足。为了修复这些机制的缺失，我们需要从财税分配制度、绩效考核制

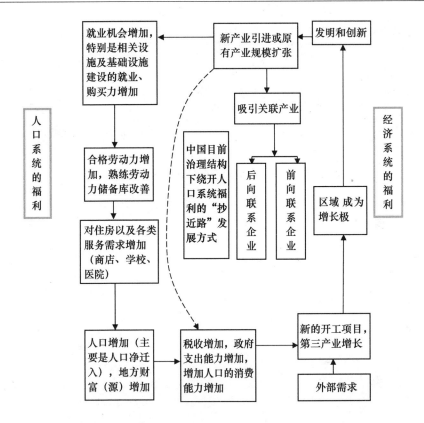

图3-1-5 缪尔达尔"循环积累因果关系理论"在中国人口流动领域中的应用①

注：图中虚线代表我国绕开人口系统福利的"抄近路"发展方式，而实线则代表发达国家人口与经济系统中的良性循环。

度、信息整合制度、诚信管理制度以及社会融合制度等具体的制度体系着手，解决好政府部门在人口服务管理方面动力不足、推诿扯皮的问题，解决好流动人口短期、短视行为的现实问题，从而最终实现人口有序管理四要素的协调统一：服务可及、管理精细、合作高效、流动有序。

按此逻辑，在以下的章节里，本研究将针对需要完善的各项主要制度进行分别研究，发现这些制度影响人口有序管理的问题症结，并找到改革的突破口，最终实现四大核心机制的确立和完善。

① 此部分参阅了 Gunnar Myrdal, Asian Drama: An Inquiry into the Poverty of Nations, New York, Pantheon Books, 1968。

图 3 - 1 - 6　人口有序管理的形成逻辑

第二章　财税制度

　　财税制度在宏观经济运行和社会治理过程中发挥着基础性、保障性的功能，体现着政府与市场、政府与社会，中央与地方的基本关系，深刻影响着政治、经济、社会、文化等若干领域的正常运转和改革创新。长期以来，我国财税制度设计对人口管理产生了根本性的影响，调节着人口流动的流量、流向以及质量。因此，在当前人口流动巨浪的背景下，财税制度的改革是未来我国实现人口有序管理的关键环节。厘清财税制度与人口有序管理之间的作用机制和互动关系，逐步建立"与国家治理体系和治理能力现代化相适应"的财税制度，这是新的形势和新的时代对我国财税制度提出的新要求。

一　现行财税制度安排下人口无序管理的表现

　　在第二篇里，本研究专门对人口流动的无序性以及人口管理的被动性进行了有针对性的系统阐述和归纳。那么，在这些现实困境和复杂表现中，到底有哪些人口流动和人口管理问题与我国财税系统里的制度安排有着根本性关联呢？本研究认为，与财税制度相关的人口流动及人口管理问题主要表现在以下几个方面。

　　第一，流动人口社会融合受阻。因地方政府财政资金的匮乏，导致公共服务资源的配置失衡，从而造成流动人口在住房、教育、卫生、社会保障等基本公共服务方面难以享受户籍人口待遇，且户籍迁移障碍明显。

　　第二，流动人口准确信息缺失。因财政支出压力，造成公共服务供给机制不健全，进而影响流动人口信息登记的主动性和积极性，最终形成人口信息不清、管理不力的被动局面。

　　第三，政府部门人口管理效率不高，人口服务动力不足。由于目前税制中财力和事权的不匹配，造成各级政府部门相关机构之间缺乏人口管理方面的充分交流和明确职责分工，地方政府缺乏人口服务的根本动力，难以形成人口管理和人口服务的合力。

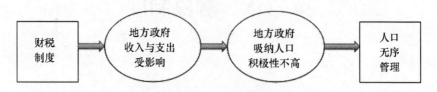

图 3 - 2 - 1　财税制度与人口无序管理之间作用关系简图

二　人口无序管理的财税原因

针对当前我国人口无序管理的现实情况，我们需要从财税制度这一根源上着手，分析影响人口有序管理的核心障碍，便于为下一步的改革提出明确方向和思路。总结起来，我们可以从财税收入、财政支出以及财力与事权的对比几个方面，探讨造成我国人口无序管理的财税原因。

1. 地方政府支出责任重，人口社会融合受阻

从人口无序管理的视角来分析，目前我国政府部门的财政支出主要面临如下三个方面的挑战：

第一，地方政府支出尚未完全按照常住人口口径进行规划和配置资源。

在地方政府的财政支出中，与流动人口密切相关的财政支出有以下几类：学前教育、义务教育、公立医院、计生服务、职业培训、就业补助、群众体育、社会福利中社会救助养老服务、城市社区卫生机构、交通运输中对特殊群体乘车补贴支出、治安管理、城管执法等。其中，对人口流动影响比较大的是义务教育、医疗卫生和社会保障。这些领域财政支出的规模在很大程度上影响到流动人口城市融入的速度和质量。以社会保障为例，社会保险和社保基金原则上由户籍地供给。异地支付社保、医保资金回流到户籍地，再上缴至国库统一管理，无论是代理征收机关或原户籍地征收机关，处置流动人口所缴保险的权力不大，流动人口个人自然也就难以完全享受与同城户籍人口同等的保障。

第二，地方政府财政支出捉襟见肘，事权偏大。

我国最近一次较为大规模的财税制度改革是 1994 年的分税制改革，这次分税制改革根据中央和地方政府的事权划分，确定各级财政的支出范围。中央财政支出包括一般公共服务、外交支出、国防支出、公共安全支出以及中央政府调整国民经济结构、协调地区发展、实施宏观调控的支出等，而地方财政支出包括一般公共服务、公共安全支出、地方统筹的各项社会事业支出等，地方财政支出范围并没有因为分税制而缩小。

从历史数据来看，在我国公共财政总支出中，中央财政支出所占比例由 1978 年的 47.42% 迅速下降到 2013 年的 14.60%；相反，地方政府财政支出所占比例却由 1978 年的 52.58% 迅速上升至 2013 年的 85.40%。由此可见，地方政府财政支出在我国整个公共财政支出中所占的份额越来越高，压力越来越大。

以义务教育支出为例，在 2013 年我国公共财政总支出中，中央政府仅支出 1106.65 亿元，而地方政府支出 20895.11 亿元，地方政府在义务教育上的财政支出占我国义务教育总支出的比例高达 94.97%。目前，中央和地方共同承担的教育、卫生、支农等多个事项的支出责任并未明确；少数明确支出责任的事项，上下级政府又交叉安排支出，很多问题需要进一步梳理、调整和改革。

表 3-2-1　　　　　1978—2013 年我国中央和地方公共财政支出占比

年份	地方财政支出占比（%）	中央财政支出占比（%）
1978	52.58	47.42
1980	45.74	54.26
1985	60.32	39.68
1990	67.43	32.57
1994	69.71	30.29
1995	70.76	29.24
2000	65.25	34.75
2005	74.14	25.86
2010	82.21	17.79
2013	85.40	14.60

资料来源：《中国统计年鉴（2014）》。

第三，财政支出结构不合理。

从目前我国的财政支出结构来看，行政性支出多，公共服务支出少；投资支出多，而民生性支出少。以教育为例，1996 年我国教育支出占财政支出的比例为 17.84%，而 2013 年这一比例进一步下降至 15.69%。此外，从 2013 年地方政府前七位的公共财政支出项目来看，教育、社会保障和就业、社区事务、医疗等民生性事务名列其中，但医疗等民生项目的支出相对偏低。当地方政府财政支出资金不足时，这些民生性的公共服务支出很有可能被压缩，而当民生性公共服务支出被压缩时，与流动人口相应的服务支出更有可能缩水，因为地方政府在现行制度安排下"要人手，不要人口"的社会排斥思想在一定范围内依然存在。

表 3-2-2　　　　2013 年地方政府前七大公共财政支出

	支出金额（亿元）	支出占比（%）
第一位：教育	20895.11	17.45
第二位：社会保障和就业	13849.72	11.57
第三位：农林水事务	12822.64	10.71
第四位：一般公共服务	12753.67	10.65
第五位：城乡社区事务	11146.51	9.31
第六位：交通运输	8625.83	7.20
第七位：医疗卫生和计生	8203.20	6.85
合计	88296.68	73.74

资料来源：《中国统计年鉴（2014）》。

2. 地方政府分税空间小，吸纳人口动力不足

从人口无序管理视角来分析，目前我国政府部门的财税收入主要面临如下三个方面的挑战：

第一，地方政府税收能力偏弱。

从我国目前的税制来看，税收分为流转税、所得税、资源税、财产税、行为税共五大类十八种，分别是：增值税、消费税、营业税、企业所得税、个人所得税、资源税、城市维护建设税、房产税、印花税、城镇土地使用税、土地增值税、车船税、船舶吨税、车辆购置税、关税、耕地占用税、契税、烟叶税等。在 1994 年分税制度的改革中，我国将税种统一

划分为中央税、地方税和中央地方共享税。其中，75% 的增值税、纳入共享范围的企业所得税与个人所得税的 60%、证券交易印花税的 97% 都归中央财政所有，占据税收的很大一块比重。

从地方税种来看，地方税种的管理权限高度集中在中央，地方的管理权限过小。而且除营业税、所得税以外，其他税种均为小额税种，县、乡级财政无稳定的税收来源，收入不稳定。在 2015 年"营改增"的财税改革后，大部分营业税被取消，地方政府的财政收入进一步受到深刻影响。特别值得一提的是，"营改增"之后在地方财政税收能力明显减弱的情况下，分税制改革基本没有改变中央和地方的事权划分格局。义务教育、社会保障、公共卫生等重要公共服务项目，地方政府所占比重依然很大，这对于财力严重匮乏的地方政府而言，必然会感觉到民生性基本公共服务支出的压力，从而对流动人口的社会融合产生实质性影响。

表 3 - 2 - 3 　　我国税种在中央和地方政府之间的大体分配情况

	税 名
中央税	关税、进口货物增值税和消费税、消费税，铁道部门、各银行总行、保险公司总公司等集中缴纳的营业税和城市维护建设税，未纳入共享范围的中央企业所得税，车辆购置税，船舶吨税，海洋石油资源税等
地方税	营业税（不含铁道部门、各银行总行、各保险公司总公司集中缴纳的营业税），城市维护建设税（不含铁道部门、各银行总行、各保险公司总公司集中缴纳的部分），房产税，城镇土地使用税，土地增值税，车船税，耕地占用税，契税，烟叶税，印花税，海洋石油资源税以外的其他资源税，筵席税（2008 年停征），农业税（已停征）等
中央地方共享税	增值税（中央 75%，地方 25%）；纳入共享范围的企业所得税与个税（中央 60%，地方 40%）；证券交易印花税（中央 97%，地方 3%）

总之，自 1994 年分税制实施以来，中央取得了很大的财源，在国家财政收入分配上获得主动权。1994 年以后，中央财政收入占公共财政总收入的比例在 1994 年当年就发生了显著变化，上升至 55.70%。近 20 年来，中央财政收入占比几乎都维持在 50% 左右，甚至更高。中央通过转移支付和税收返还的方式，对地方政府进行强有力的控制。相反，自 1994 年以后，地方政府的财政收入开始逐步减少，甚至走上"土地财政"之路。例如，在 1978 年，地方的财政收入占整个国家财政收入的比例为 84.48%，但到了 2013 年该比例已经降到 53.41%，并且在分税制实施后

的近 20 年时间内，地方政府财政收入占比基本上都维持在 50% 以下。

表 3 - 2 - 4　　　　　1978—2013 年我国中央和地方公共财政收入占比

年份	地方财政收入占比（%）	中央财政收入占比（%）
1978	84.48	15.52
1980	75.48	24.52
1985	61.61	38.89
1990	66.21	33.79
1994	44.30	55.70
1995	47.83	52.17
2000	47.82	52.18
2005	47.71	52.29
2010	48.87	51.13
2013	53.41	46.59

数据来源：《中国统计年鉴（2014）》。

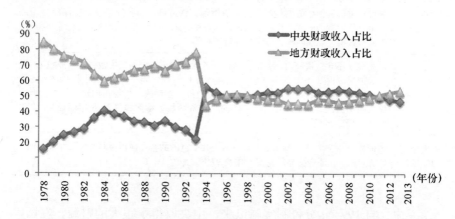

图 3 - 2 - 2　1978—2013 年我国财政收入中央和地方所占比例的变化
数据来源：《中国统计年鉴（2014）》。

第二，基层分税制度实施不彻底，进一步限制了人口向中小城市流动。

自从 1994 年分税制实施以来，这项制度在中央政府和省级政府之间实施得较为彻底，但在省以下地方政府基本未能落实，没有完全体现正面的意义。从体系上来看，我国政府财力分配至少分中央、省、市、县、乡镇五级，但目前市以下政府的财政收入主要从省政府的财政收入中包干切割出来，特别是县级财政没有独立的税种收入，财政收入无保障，这进一步限制了中小城市政府基本公共服务职能的发挥，从而在一定程度上造成了中小城市对流动人口的社会排斥，这也在相当程度上解释了为何截至目前我国难以形成合理的大、中、小城镇体系、难以培育多区域城市群的窘境之原因。从美国的税制来看，在最基层的学区依然有征税权，其税收所得主要用于学区的义务教育和治安维护，这也充分体现了美国财税体制中各级政府财力和事权相匹配的基本原则。这是未来我国财税制度改革若干方向之一。

第三，有利于地方政府增税的消费型税种偏少。

对于生产型税，企业是纳税人，在实现销售时转嫁于消费者；而消费型税，纳税人和纳税支付人都是消费者，在消费环节支付，这有利于人口就地消费后的地方政府创收。目前，我国消费税的征税对象相对严格，仅对奢侈品和特殊商品等征税，而且消费税属于中央税种，地方受益几无。然而，国外很多国家在税收体系上采取的是"消费偏好型发展模式"，对消费环节征税：不限于仅对几种特殊商品或奢侈品征收消费税，并将消费环节的征税所得与地方政府财政密切关联。这样，人口增加意味着政府财源的增加，对于地方政府吸纳人口形成了良好的正向激励。我国税制目前主要采用的是"生产偏好型发展模式"，以生产环节征税为主，因此，地方政府更加注重生产建设，注重 GDP 增长，而人口增加对地方政府而言，通常意味着公共服务供给和财政压力增大，地方政府的财政收入并无明显变化，因此，地方政府对于流动人口具有一种"本能"的排斥力。

此外，增值税、营业税这种以间接税为主的税收体系具有鼓励投资、扩大产能规模的激励作用，其带来的问题也日益突出，而以直接税为主，以所得税、财产税为主的税收体系，可以稳定地方财税收入，可以强化地方财政收入与人口聚集、居民住宅等方面的关联性。因此，未来我国可以尝试性地探索由以间接税为主向以直接税为主的税收体系改革之路。当然，这需要以总体上不大幅增加居民税负为改革的前提。

三　财税制度对人口管理的影响路径

正如以上所言，现行财政体系是在 1994 年分税制财政体制改革后逐步确立的。在确立之初是为了让中央财政尽快摆脱无钱可用的艰难状况，但二十余年过去了，中央和地方之间的财政收支格局已经发生了翻天覆地的变化。在 1978 年，地方政府财政支出与财政收入之比为 0.62∶1，而到了 2013 年，这一比例已经上升到 1.74∶1。也就是说，地方政府在财政每收入 6 元的情况下，财政支出却需要支出 10 元左右。可以说，当前地方政府用 53% 左右的预算财力承担着 75%—80% 左右的事务，财力与事权极不匹配。

在当前的制度安排下，地方政府除了税收、中央财政转移支付、税收返还等收入来源之外，还不得不依赖其他非税收入等渠道来弥补财政收支的缺口。这些渠道和手段，例如，地方性收费、土地财政、举债等，都会在很大程度上增加流动人口在一个城市中就业和居住等方面的成本，阻碍流动人口的城市融入。

表 3 - 2 - 5　　　　1978—2013 年我国地方政府公共财政收支状况

年份	财政支出（亿元）	财政收入（亿元）	财政支出∶财政收入
1978	589.97	956.49	0.62∶1
1980	562.02	875.48	0.64∶1
1985	1209.00	1235.19	0.98∶1
1990	2079.12	1944.68	1.07∶1
1994	4038.19	2311.60	1.75∶1
1995	4828.33	2985.58	1.62∶1
2000	10366.65	6406.06	1.62∶1
2005	25154.31	15100.76	1.67∶1
2010	73884.43	40613.04	1.82∶1
2013	119740.34	69011.16	1.74∶1

数据来源：《中国统计年鉴（2014）》，中国统计出版社 2014 年版。

1994 年沿袭至今的这种财政体制将城市维护和建设经费、地方文化、教育、卫生等各项事业费和行政管理费、价格补贴支出以及其他支出很大程度上都归入地方财政，也就是说，基本公共服务基本上由地方承担。因此，地方政府为了减少基本公共服务支出，往往将基本公共服务户籍化、地方化，由此造成了基本公共服务的"地方保护主义"，并造就了我国当前政府公共服务整体呈现出"总体水平偏低，发展不平衡，效率低水平趋同"的基本特征[①]。

基本公共服务的户籍化、地方化直接形成了人口流动障碍。由于我国经济发展极度不平衡，地区间财政能力差距日趋扩大，限制开发区和禁止开发区提供基本公共服务的财力明显不足，自有财力进一步下降。限制和禁止开发区既要承担生态环境保护的职责，而且还要不断提高当地的基本公共服务水平，地方政府财政压力十分巨大，而我国沿海的优化开发区和重点开发区虽然财力充足，但为流动人口提供充分的市民化待遇仍然感觉到了财力上的力不从心。因此，目前这种财税体制有待改善，需要按照国家宏观战略的要求，针对不同区域、不同层级的政府制定权责对等的财税制度，这样才能够有利于人口自由、有序、合理的流动。

从以上的分析我们可以看到，财税制度对人口管理的影响主要源于地方政府财力和事权之间不对等和不匹配。在 1978 年，地方政府是以 80% 左右的财力负责 50% 左右的事权，而到了 2013 年，地方政府已经变成以 50% 的财力负责 80% 左右的事权，几乎完全颠倒过来。由于地方政府财政收入来源明显不足，财政支出的压力又明显加大，所以地方政府只能通过土地财政、收费、举债以及向中央政府争取更多的转移支付、税收返还等形式来维持基本的平衡，而这些形式中的好几种办法都在很大程度上限制了外地人口的流入，阻碍着流动人口的社会融合。

---

① 国务院发展研究中心课题组：《主体功能区形成机制和分类管理政策研究》，2008 年 5 月。

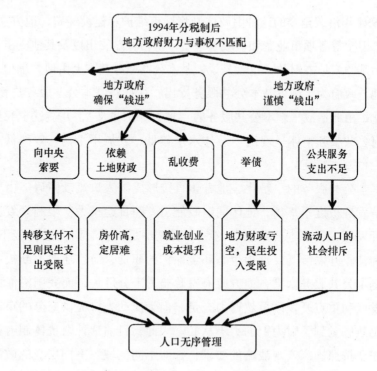

图 3 - 2 - 3　财力与事权不匹配对人口无序管理的作用路径

四　促进人口有序管理的财税制度改革思路

以促进人口有序管理为目的的财税制度改革，有着自己的改革目的和改革方向。总的来讲，围绕人口有序管理这一领域进行的财税制度改革，大体可以在以下几个方面寻求突破。

1. 优化财政资源的配置效率

处理好中央和地方财力和事权的分配问题，进一步深化分税制度的改革及其基层落实。进一步明确、调整中央和地方在事权方面的分工，然后根据分工确定公共财政收入在中央和地方政府的分配比例，减少地方政府吸纳人口的财政支出压力。

2. 深化地方政府财税收入与人口之间的关联

积极探索在消费环节征税的可行性，并提高地方留存比例，以促进地方政府吸纳人口的积极性。不过，在税种调整中，需要寻求税负的相对稳定，不能单纯地为了坐大地方政府收入，而加重居民纳税负担。

3. 强化民生领域的财政支出

推进民生财政建设，围绕民生问题调整财政支出结构，将是今后一个时期财政支出结构优化的总体要求，也是提升人口城镇化质量，加强人口社会融合的重要举措。教育、医疗卫生与计划生育、社会保障和就业、住房保障是重要的民生问题，加强在这几个领域里地方政府财政支出的比重，能够加快推进流动人口城市融入的步伐。

4. 细化财政转移支付制度下农业转移人口市民化成本分担机制

2015年国务院发布的《关于改革和完善中央对地方转移支付制度的意见》，是我国关于转移支付制度的一项重大改革。一方面，《意见》要求取消地方资金配套要求。除按照国务院规定应当由中央和地方共同承担的事项外，中央在安排专项转移支付时，不得要求地方政府承担配套资金。另一方面，《意见》要求建立财政转移支付同农业转移人口市民化挂钩机制，促进地区间基本公共服务均等化。规范老少边穷地区转移支付分配，促进区域协调发展。建立激励约束机制，采取适当奖惩等方式，引导地方将一般性转移支付资金投入到民生等中央确定的重点领域。

目前，在一般性转移支付中，对常住人口超过户籍人口的部分已经进行了一定比例的折算，在转移支付中逐步体现了常住人口的因素，而且在均衡性转移支付中，也开始考虑农业转移人口市民化的因素。但是，相关转移支付制度针对流动人口这一群体的考虑还不够充分，农业转移人口市民化成本分担机制有待进一步细化。

例如，中央政府在安排均衡性转移支付办法时，需要将外来人口的因素考虑到各地区标准财政支出的测算中，需要根据转移人口的流向和数量来细化转移支付力度；地方政府在承担常住人口公共服务需求时，对于社会性成本的测算要进一步细化。当然，地方债券的发行、政府和社会资本合作模式的探索等，都有利于农业转移人口市民化成本的分担；在此过程中，社会企业也需要分担农业转移人口的劳动保障、技能培训、住房补助等市民化成本。地方政府可以出台相应政策，以调动企业在此领域的积极性和能动性；对于农业转移人口个人而言，同样需要承担市民化的成本，如迁移及生活成本等。

　　只有通过一系列细化的规则和测算，进一步明确中央政府、地方政府、企业、个人等各行为主体之间在农业转移人口市民化中的责任和义务之后，才能更好地解决流动人口带来的迁入迁出地公共服务保障规模不相匹配的问题。

第三章　绩效考核制度

党的十八届三中全会通过的《中共中央关于全面深化改革若干重大问题的决定》首次提出要"推进国家治理能力和治理体系的现代化",而绩效管理则是治国理政的重要方法,是国家治理不可或缺的手段。因此,《决定》明确要求"完善发展成果考核评价体系,纠正单纯以经济增长速度评定政绩的偏向"。在这样的时代要求下,我国需要加快实现人口管理由重户籍轻流动、重管理轻服务、重经济轻民生向户籍与流动并行、服务与管理并重、民生与经济协同转变,构建有助于人口有序管理和深度社会融合的中国特色政府绩效考核体系,努力促进人口有序流动和合理分布。

基于以上宏观背景,本章从政府绩效考核视角入手,分析导致我国目前人口无序管理的绩效考核问题,尝试构建适合我国人口有序管理的绩效考核指标体系,提出促进人口有序管理的绩效考核改革思路。

一　人口无序管理的绩效考核原因

20世纪70年代末以来,伴随改革开放的蓬勃开展,以经济建设为中心的发展战略成为我国经济社会发展目标的基本价值导向,经济总量高低亦成为考核各级地方政府政绩的重要指标。因此,地方政府致力于提高数量化的经济总量,以经济总量指标论英雄。再加上受20世纪90年代分灶吃饭的"分税制"改革影响,全国范围内开启了一轮又一轮的经济竞赛,以弥补财政收支的缺口。然而,在这种绩效考核制度体系下,作为"理性经济人"的流动人口受经济利益的驱动,自发地、盲目地、无组织、大规模地向经济发达地区聚集,最终导致流入地人口管理的失序。

1. 唯 GDP 论的考核导向影响人口系统的福利提升

目前，我国政府部门绩效考核中存在着明显的"政府本位论"、"唯GDP论"。单一的 GDP 指标无法完全代表公民的实际收入、就业状况、居住状况、社会福利及医疗卫生状况，也无法准确衡量一个城市或地区的社会公平程度、资源利用、生态环境和可持续发展能力。一些地区为追赶经济发达地区的经济脚步，过度看重经济发展指标，对人口发展、人口管理和服务缺少长远规划，导致人口与经济、社会、资源环境发展失衡，反过来也影响了经济的可持续发展。

2. 人口聚集和经济集聚协同考核的指标体系缺乏

新中国成立以来，我国人口流动和管理经历了 1949—1977 年的政治性流动及控制阶段、1978—1983 年的严格控制阶段、1984—1988 年的允许流动阶段、1989—1999 年的控制人口盲目流动阶段以及 2000 年以来的社会融合起步阶段①。相比人口流动和管理的不同发展阶段而言，我国经济集聚的重心却一直集中在东部沿海地区等核心区域。人口的流量、流向和流速受到"治安防控型"人口管理模式的影响，再加上长期以来片面追求以经济建设为中心的发展导向，导致政府部门缺少人口与经济协同发展的绩效考核指标，从而造成经济集聚和人口空间分布的失调。

在衡量经济集聚和人口空间分布的协调性时，我们借用学者们在研究人口承载力和经济规模时所使用的"经济集聚—人口分布的协调性指标（GPR）"②（该指标又称为 K 信息量指数）以及"区域经济—人口分布协调偏离度指数（HD）"③，测算我国区域分布中人口与经济的协

---

① 尹德挺、苏杨：《建国六十年流动人口演进轨迹与若干政策建议》，《改革》2009 年第 9 期。

② $G = \sum_{i=1}^{n} ; P = \sum_{i=1}^{n} P_i; g_i = G_i/G; p_i = P_i/P; GPR = g_i/p_i; HD = \sqrt{\sum_{i=1}^{n} p_i (GPR_i - 1)^2}$。其中，$G_i$：第 i 个地区的国内生产总值；P_i：第 i 个地区的常住人口数量；g_i：第 i 个地区国内生产总值占全国国内生产总值的比重；p_i：第 i 个地区常住人口占全国人口的比重；GPR_i：第 i 个地区"经济—人口分布协调性指数"。

③ 指标设计参考了肖周燕、苏杨：《人口承载力视野的政策应用与调控区间》，《公共管理》2010 年第 11 期。

调程度①。

在这两个指标中，若 GPR > 1，表明区域经济集聚度高于人口分布集聚度，反之，经济集聚度低于人口分布集聚度；GPR 越接近 1，表明该地区经济—人口分布协调性越好。HD 越接近于 0，表明就全国而言，区域经济—人口分布协调性越好，反之越差。

从附表 1 中可以看出，从全国范围来看，伴随改革开放的逐步推进和市场经济的深入发展，我国经济集聚—人口空间分布协调偏离度指数呈现波动下降趋势，特别是进入 21 世纪以来，我国经济—人口分布协调偏离度指数呈加速下降趋势，人口聚集与经济聚集的协同性在增强（HD 指标的值越来越趋近于 0），但是与 2000 年以来的美国相比，我国经济—人口分布协调性仍然存在一定问题。

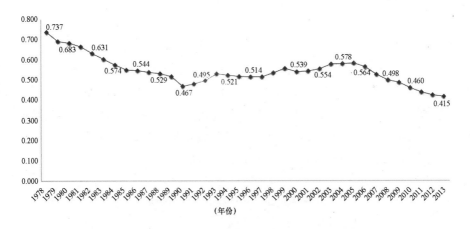

图 3 - 3 - 1　1978 年以来我国"经济—人口分布
协调偏离度指数（HD）"状况

数据来源：1978—1989 年人口数据来源于《中国常用人口数据集》（姚新武、尹华编）；1990—1999 年人口数据来源于《1990 年以来中国常用人口数据集》（庄亚儿、张丽萍编）；2000 年以后数据来源于历年《中国统计年鉴》。

---

① 陈波：《中国人口分布和地区自然条件、经济发展的关系研究》，《经济研究导刊》2011 年第 22 期。

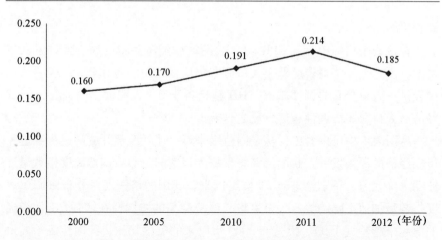

图 3 - 3 - 2　2000 年以来美国"经济—人口分布协调偏离度指数（HD）"状况

数据来源：《Statistical Abstract of the United States》（2011—2014 年）。

注：GDP 按现价美元计算。

从全国东、中、西部地区来看，我国东中西部地区的经济—人口分布协调性同样差异明显，东部地区经济—人口分布协调性最差（GPR 的值明显高于1），其次是中部地区和西部地区；从全国不同省（直辖市）来看，我国经济—人口分布协调性较差的地区主要集中在东部沿海，尤以北京、天津、上海、浙江、广东等沿海经济发达省份为甚，其中，北京和上海两个特大城市的经济—人口分布协调性最差。

图 3 - 3 - 3　2000—2013 年我国分地区"经济—人口分布协调性指数（GPR）"状况

数据来源：历年《中国统计年鉴》。

数据分析再次表明，我国经济集聚和人口聚集的协调性存在问题，部分地区人口与经济失调的问题较为严重，这是长期以来政府绩效考核以经济建设为中心，而忽视人口有序管理和人口发展长远规划设计的客观后果。

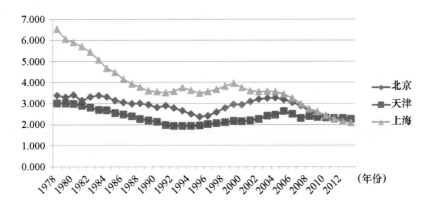

图 3 - 3 - 4 1978—2012 年北京、天津、上海"经济—人口分布协调性指数（GPR）"状况

数据来源：历年《中国统计年鉴》。

3. 人口分布与基本公共服务资源配置的协同考核指标不足

新中国成立以来，以经济发展为导向的地方政府绩效考核体系，导致地方政府对于提高公共服务水平等问题的重视程度不够，忽视了社会公众对政府提供公共产品和公共服务的满意程度，以以人为本为目标的政府绩效考核体系没有完全落实到位。

广义上的公共服务既包括就业、教育、医疗卫生、住房、社会保障、公共交通等基本公共服务，也包括人大事务、政协事务、政府办公厅及相关机构事务、发展与改革事务、统计信息事务、财政事务等一般性公共服务。本研究在此主要涉及基本公共服务。

人口的大规模、无序流动正日益考验流入地的基本公共服务能力。如何把人口管理和政府提供基本公共服务的能力相结合？本研究同样借用上文中 GPR 和 HD 类似的计算和衡量方法，把政府各项基本公共服务的财政支出总和（教育支出、医疗卫生支出和社会保障就业支出）与人口空间分布相结合，以考察基本公共服务资源配置—人口分布的协调性（BSPR）以及协调偏离度指数。

从全国范围来看，自 1998 年以来，我国基本公共服务资源配置—人口空间分布协调偏离度指数逐渐下降，这与基本公共服务资源配置的人口基数以及基本公共服务均等化战略等因素有关，但是离"0"这一最佳的协调状况依然存在一定距离，这说明目前我国在基本公共服务和人口分布之间还存在一定程度的不协调状况，需要进一步改善。

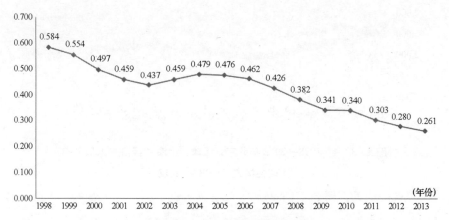

图 3 - 3 - 5　1998—2013 年我国"基本公共服务—人口分布
协调偏离度指数"状况

数据来源：历年《中国统计年鉴》。

注：本书所涉及的基本公共服务财政支出主要包括教育、医疗卫生、社会保障和就业支出。

从我国各省（直辖市）基本公共服务资源配置—人口分布协调度［附表 3（a）至附表 3（b）］与美国基本公共服务—人口分布协调度［附表 4（a）至附表 4（c）］对比来看，美国教育支出、健康和医疗支出、公共福利支出与人口空间分布的协调性好于中国，虽然美国东部和西部沿海人口分布比较集中，但其基本公共服务资源配置—人口空间分布的协调性较好。相比而言，我国教育、医疗卫生及社会保障和就业支出与人口空间分布协调性较差，东部沿海的北京和上海两个超大城市在教育、医疗卫生支出方面协调性最差，教育资源和医疗卫生资源配置明显高于人口空间分布聚集度（EPR、MPR 的值明显高于 1）。西藏、青海等人口较少且主要为人口流出的省份，其教育、医疗卫生、社会保障和就业资源配置也高于人口空间分布聚集度。

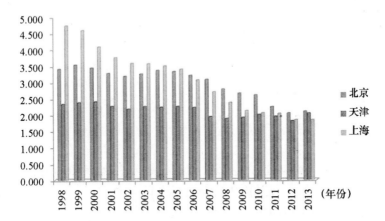

图 3 - 3 - 6　1998—2013 年北京、天津、上海"教育支出—人口协调性指数（EPR）"状况

数据来源：历年《中国统计年鉴》。

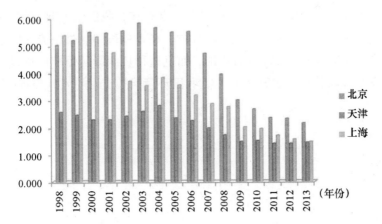

图 3 - 3 - 7　1998—2013 年北京、天津、上海"医疗支出—人口协调性指数（MPR）"状况

数据来源：历年《中国统计年鉴》。

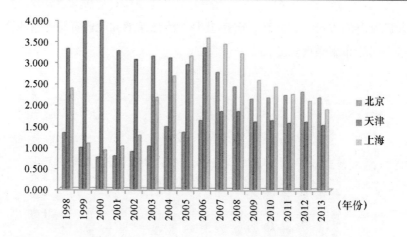

图3－3－8　1998—2013年北京、天津、上海"社会保障与就业支出—
人口协调性指数（SEPR）"状况

数据来源：历年《中国统计年鉴》。

4. 人口分布与环境保护的协同考核指标缺乏

通常来说，"指标"具有显性化特点，易于量化，而生态保护和环境发展指标属于隐性指标，且投入高，见效周期长，不易量化。改革开放以来，由于唯GDP型政府绩效考核机制长期存在，我国地方政府绩效考核指标过于注重经济发展而轻视环境保护，在人口过多、过快流入的地方，其资源消耗量过大，环境压力增加，而且这种负面影响短期内难以显现。从附表5可以看出，2007年以来，我国环境保护支出—人口分布协调性

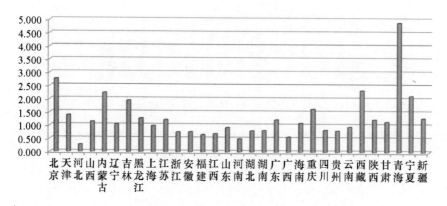

图3－3－9　2013年我国"环保支出—人口协调度指数（EPPR）"状况

整体呈现向好趋势，但偏离 1 的省份仍然较多，环保支出和人口空间分布的协调性指数（EPPR）仍然偏高。因此，在促进人口有序流动和合理分布过程中，要进一步协调可量化的经济指标和较难量化的非经济指标，特别是环保指标之间的关系，实现环境保护财政资源配置与人口有序流动和合理分布的协调。

二 人口有序管理与绩效考核之间的核心要素

通过对我国人口无序管理的主要表现及其绩效考核问题的深入分析，参考和借鉴国外发达国家的有效经验，本书认为，在绩效考核领域，导致当前我国人口无序管理的主要原因在于，我们尚未找到一条连接人口有序管理和政府绩效考核之间稳固而有效的中间"桥梁"，没有从人口有序管理的视角拓宽政府绩效考核的指标体系，也没有完全厘清在人口服务管理领域中，国家、市场和社会之间的"三角关系"。

因此，我国需要从经济社发展水平、产业结构调整力度、环境资源承载能力和公共财政供给能力的基本立场出发，深入分析人口有序管理和政府绩效考核之间的核心要素，将其具体化为考核政府人口有序管理的绩效指标，推动政府绩效考核指标体系向着更加全面、科学、均衡和可持续发展的方向迈进。

图 3 - 3 - 10 绩效考核制度与人口无序管理之间作用关系简图

本书把"人口有序管理综合考核指标"作为人口有序管理和政府绩效考核之间的核心要素，同时使用"基于政府财政支出及其效益"和"基于公民义务履行的公共服务供给制度建设"的"公民满意度"综合指标，来评价政府在人口有序管理绩效考核指标方面的执行情况和工作效果。

"人口有序管理的综合绩效考核指标"具有经济性、政治性、社会性、文化性、生态性等多视角、全方位、宽领域的系统化特征，符合实现国家治理能力和治理体系现代化的根本要求，是对创新人口管理和服务体制机制的实践探索。本书对"人口有序管理综合考核指标"的主要内容设定如下：

本书把"人口有序管理的综合绩效考核指标"分为经济、社会、文化、政治、生态和制度6个"主维度"及其相对应的20个"子维度"。在前文所述和分析的基础上，本书将6个"主维度"和20个"子维度"综合成为人口有序管理绩效考核基础的两个核心要素，即在加快户籍制度、财税制度改革的同时，以"居住证制度"为制度载体，构建"以教育、医疗卫生、社会保障和就业、住房等基本公共服务财政支出及其效益评价机制为基础的政府绩效考核机制"和"以'公共服务供给＋公民责权统一'的流动人口公共服务供给绩效考核机制"。为确保上述两个绩效考核要素落到实处，更好地促进人口的有序管理，我们提出，要将基于人口有序管理的"公民满意度综合评价指数"与政府内部的绩效考核制度一起，共同形成一种"内外双向监督和反馈的长效机制"，以期实现人口的有序流动、合理分布和社会融合。

三　促进人口有序管理的绩效考核改革思路

人口对地区经济社会发展具有基础性、先导性和全局性作用。未来我国流动人口将继续增加并向各类城市和东部沿海地区聚集，如何协调区域之间、地区之间、部门之间和不同行业之间的人口规模、结构和素质分布与发展，特别是如何减少区域、地区、行业以及各类城市内部人口发展的压力，更好地促进人口有序流动、合理分布和社会融合，是未来我国政府人口管理和服务所需面对的重大问题。基于前文分析，本研究尝试性地对实现我国人口有序管理的政府绩效考核基础提出以下改革思路。

总体思路：人口有序管理的最终落脚点不是管理而是服务，即寓管理于服务，服务与管理并重。根据中央政府对地方政府绩效考核的总体要

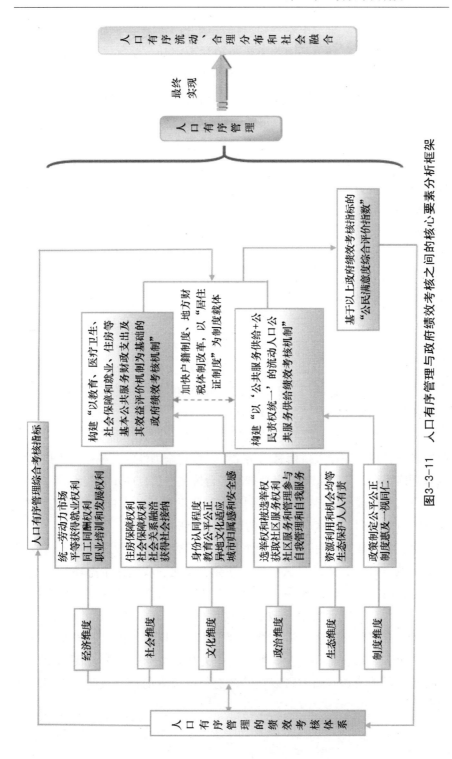

图3-3-11 人口有序管理与政府绩效考核之间的核心要素分析框架

求，根据党的十八届三中全会通过的《中共中央关于全面深化改革若干重大问题的决定》精神及中共中央组织部发出的《关于改进地方党政领导班子和领导干部政绩考核工作的通知》精神，根据地区或区域的人口与经济社会发展实际，科学制定符合本地区的政府绩效考核指标，超前规划本地区人口规模、结构和分布，做到有备无患。

因此，我国人口有序管理的绩效考核改革总体思路是：以构建"统一平台、尊重差异、分类考核、特色鲜明、科学长效"的人口有序管理绩效考核体系为改革思路，逐步形成"流动有序、分布合理、融合共生、包容和谐"的人口融合发展新格局。

据此，本书提出以下具体建议：

第一，改革中央政府对地方政府的绩效考核价值导向。改变长期以来以经济发展成就为主要考核指标的绩效考核价值导向，运用系统思维，把人口有序管理置于经济社会发展、生态环境保护、公民社会福利等方面的城市总体发展规划中。同时，把人口管理相关指标纳入政府绩效考核指标体系，明确人口有序管理的绩效考核改革利益相关者，按照"谁负责、考核谁"原则，科学设置经济部门（发改委）、公安部门、政法委、综治办、卫生计生、教育部门、民政部门、劳动和社会保障部门等部门对应的考核指标，加强指标考核的监督检查。

第二，加强人口有序管理的绩效考核信息化建设。加强对流动人口信息收集和管理，完善人口信息网络系统。搭建全国性的、统一的人口信息管理网络平台，实现人口有序管理的平台统一、信息同步、资源共享。逐步建立信息畅通、引导合理、机制健全、机动灵活的人口信息预警系统，实现人口的流向、流速、流量等的动态监控和有序管理。

第三，构建人口有序管理的绩效考核综合评价指数。参考本研究提出的绩效考核核心要素，从经济、社会、文化、政治、生态环境以及公共服务供给的制度建设入手，全面审视现行政府绩效考核制度体系的优缺点，把人口有序管理融入政府财政预算和财政支出绩效考核体系中，构建人口有序管理的绩效考核综合评价指数。同时，由政府自身或第三方机构牵头，对政府有关人口管理的相关绩效指标进行"公民满意度综合评价"的民意调查研究，以检验政府行政成本的社会效益，提高政府公信力。

附表1　　　1978 年以来我国"经济—人口分布协调性指数（GPR）"

省份 年份	北京	天津	河北	山西	内蒙古	辽宁	吉林	黑龙江	上海	江苏	浙江
1978	3.377	3.010	0.955	0.957	0.840	1.781	1.006	1.473	6.552	1.127	0.870
1979	3.306	3.018	0.955	1.043	0.830	1.707	1.000	1.417	6.068	1.215	0.998
1980	3.404	2.998	0.920	0.973	0.791	1.748	0.967	1.496	5.897	1.168	1.020
1981	3.155	2.902	0.865	0.991	0.836	1.668	1.018	1.440	5.765	1.190	1.081
1982	3.320	2.807	0.895	1.042	0.915	1.672	1.027	1.443	5.440	1.221	1.137
1983	3.383	2.710	0.901	1.039	0.926	1.729	1.140	1.456	5.079	1.130	1.118
1984	3.310	2.677	0.874	1.097	0.929	1.731	1.102	1.395	4.684	1.214	1.169
1985	3.143	2.557	0.837	0.976	0.952	1.647	1.021	1.255	4.491	1.228	1.247
1986	3.060	2.492	0.809	1.840	0.928	1.694	1.023	1.254	4.155	1.239	1.287
1987	2.987	2.398	0.819	0.000	0.928	1.719	1.150	1.220	3.941	1.312	1.330
1988	3.013	2.276	0.890	0.000	0.951	1.693	1.150	1.193	3.777	1.381	1.358
1989	2.945	2.194	0.923	0.000	0.910	1.708	1.078	1.208	3.600	1.334	1.331
1990	2.808	2.142	0.886	0.902	0.899	1.631	1.143	1.229	3.560	1.275	1.322
1991	2.896	1.994	0.912	0.842	0.871	1.591	0.977	1.217	3.528	1.238	1.371
1992	2.785	1.934	0.882	0.801	0.827	1.588	0.954	1.151	3.586	1.338	1.406
1993	2.659	1.938	0.891	0.754	0.804	1.660	0.938	1.098	3.757	1.436	1.506
1994	2.518	1.939	0.847	0.671	0.761	1.497	0.901	1.081	3.631	1.429	1.549
1995	2.388	1.960	0.877	0.693	0.744	1.353	0.869	1.066	3.500	1.446	1.632
1996	2.430	2.024	0.911	0.711	0.758	1.312	0.882	1.087	3.564	1.444	1.649
1997	2.607	2.065	0.943	0.731	0.772	1.347	0.867	1.107	3.673	1.455	1.645
1998	2.804	2.111	0.952	0.747	0.791	1.372	0.877	1.081	3.816	1.473	1.667
1999	2.972	2.183	0.952	0.726	0.814	1.395	0.878	1.054	3.963	1.488	1.697
2000	2.944	2.160	0.960	0.722	0.824	1.418	0.924	1.052	3.767	1.483	1.667
2001	3.099	2.212	0.953	0.718	0.833	1.389	0.912	1.030	3.615	1.487	1.688
2002	3.219	2.267	0.949	0.749	0.864	1.379	0.912	1.013	3.558	1.520	1.779
2003	3.254	2.413	0.968	0.815	0.947	1.349	0.932	1.006	3.587	1.579	1.891
2004	3.268	2.457	1.007	0.866	1.028	1.280	0.932	1.007	3.558	1.613	1.913
2005	3.187	2.634	1.028	0.887	1.143	1.341	0.938	1.015	3.442	1.724	1.891
2006	3.062	2.507	1.004	0.873	1.236	1.316	0.948	0.981	3.251	1.715	1.872
2007	2.896	2.322	0.966	0.875	1.304	1.281	0.954	0.916	2.984	1.661	1.793
2008	2.631	2.395	0.961	0.899	1.458	1.328	0.985	0.911	2.755	1.673	1.726
2009	2.523	2.365	0.946	0.829	1.530	1.353	1.026	0.867	2.629	1.703	1.682
2010	2.359	2.329	0.930	0.844	1.548	1.383	1.035	0.887	2.444	1.726	1.669
2011	2.240	2.322	0.942	0.870	1.610	1.411	1.070	0.913	2.276	1.730	1.646
2012	2.191	2.313	0.924	0.850	1.617	1.435	1.104	0.905	2.150	1.730	1.605
2013	2.166	2.270	0.898	0.807	1.567	1.434	1.097	0.872	2.091	1.742	1.589

省份 年份	安徽	福建	江西	山东	河南	湖北	湖南	广东	广西	海南	重庆
1978	0.638	0.714	0.721	0.830	0.608	0.870	0.750	0.968	0.588		
1979	0.636	0.714	0.773	0.834	0.634	0.975	0.817	0.976	0.585		
1980	0.624	0.750	0.737	0.868	0.682	0.923	0.787	1.035	0.597		
1981	0.703	0.844	0.750	0.957	0.690	0.947	0.418	1.114	0.642		
1982	0.711	0.862	0.763	1.006	0.667	0.959	0.813	1.197	0.668		
1983	0.739	0.834	0.734	1.048	0.741	0.936	0.806	1.157	0.622		
1984	0.752	0.847	0.714	1.100	0.691	0.972	0.746	1.188	0.570		
1985	0.752	0.865	0.704	1.035	0.374	0.941	0.729	1.195	0.547		
1986	0.765	0.844	0.686	0.995	0.657	0.924	0.685	1.213	0.543		
1987	0.756	0.900	0.667	1.022	0.676	0.925	0.733	1.311	0.543		
1988	0.748	0.990	0.659	1.026	0.662	0.895	0.726	1.433	0.563		
1989	0.743	1.046	0.672	1.043	0.661	0.905	0.703	1.512	0.609		
1990	0.735	1.047	0.685	1.084	0.658	0.923	0.740	1.496	0.642	0.941	
1991	0.609	1.065	0.656	1.118	0.631	0.877	0.710	1.555	0.634	0.946	
1992	1.594	1.090	0.633	1.104	0.625	0.844	0.682	1.624	0.639	1.167	
1993	0.897	1.180	0.608	1.069	0.619	0.782	0.658	1.752	0.655	1.239	
1994	0.548	1.278	0.584	1.097	0.607	0.736	0.642	1.708	0.660	1.155	
1995	0.597	1.282	0.570	1.127	0.651	0.724	0.661	1.712	0.653	0.994	
1996	0.590	1.303	0.587	1.151	0.678	0.734	0.676	1.679	0.633	0.908	
1997	0.596	1.361	0.602	1.158	0.680	0.757	0.686	1.716	0.610	0.861	0.772
1998	0.604	1.408	0.603	1.168	0.680	1.775	0.684	1.755	0.601	0.863	0.770
1999	0.607	1.436	0.611	1.177	0.671	0.758	0.686	1.775	0.583	0.872	0.754
2000	0.605	1.402	0.613	1.177	0.677	0.798	0.687	1.577	0.556	0.848	0.799
2001	0.613	1.368	0.602	1.177	0.670	0.794	0.672	1.596	0.551	0.842	0.809
2002	0.608	1.364	0.616	1.201	0.667	0.788	0.665	1.621	0.556	0.850	0.642
2003	0.602	1.347	0.624	1.253	0.672	0.792	0.662	1.673	0.550	0.833	0.863
2004	0.618	1.321	0.653	1.324	0.712	0.800	0.681	1.675	0.568	0.810	0.879
2005	0.615	1.296	0.662	1.397	0.794	0.812	0.733	1.726	0.601	0.780	0.872
2006	0.604	1.278	0.671	1.421	0.795	0.808	0.732	1.701	0.607	0.770	0.840
2007	0.593	1.262	0.655	1.357	0.791	0.807	0.732	1.622	0.602	0.732	0.819
2008	0.605	1.247	0.664	1.377	0.801	0.832	0.759	1.559	0.611	0.738	0.856
2009	0.634	1.289	0.667	1.382	0.793	0.875	0.787	1.505	0.617	0.739	0.882
2010	0.680	1.309	0.695	1.340	0.805	0.914	0.801	1.445	0.681	0.779	0.901
2011	0.714	1.314	0.726	1.310	0.798	0.949	0.830	1.410	0.702	0.801	0.955
2012	0.729	1.333	0.729	1.309	0.798	0.976	0.846	1.366	0.706	0.816	0.982
2013	0.738	1.341	0.737	1.313	0.791	0.989	0.852	1.358	0.709	0.822	0.996

续表

省份 年份	四川	贵州	云南	西藏	陕西	甘肃	青海	宁夏	新疆
1978	0.502	0.458	0.589	0.980	0.769	0.913	1.123	0.963	0.836
1979	0.505	0.485	0.588	0.957	0.807	0.855	1.029	0.946	0.871
1980	0.506	0.471	0.576	1.016	0.727	0.835	1.023	0.925	0.900
1981	0.499	0.491	0.597	1.142	0.728	0.746	0.935	0.000	0.932
1982	0.523	0.526	0.639	1.030	0.735	0.742	0.968	0.000	0.945
1983	0.532	0.519	0.621	0.919	0.726	0.794	0.985	0.000	1.016
1984	0.511	0.533	0.598	1.003	0.727	0.739	0.949	0.000	0.964
1985	0.484	0.489	0.565	1.045	0.705	0.708	0.950	0.854	0.966
1986	0.463	0.484	0.546	0.874	0.714	0.708	0.952	0.850	0.972
1987	0.458	0.490	0.585	0.769	0.716	0.685	0.915	0.823	0.954
1988	0.458	0.495	0.616	0.702	0.736	0.660	0.931	0.831	0.994
1989	0.459	0.488	0.656	0.667	0.739	0.659	0.905	0.860	0.986
1990	0.502	0.485	0.737	0.760	0.781	0.656	0.951	0.840	1.041
1991	0.493	0.472	0.724	0.715	0.737	0.628	0.845	0.791	1.143
1992	0.463	0.438	1.699	0.632	0.676	0.594	0.822	0.739	1.102
1993	0.446	0.409	0.673	0.538	0.657	0.530	0.784	0.704	1.029
1994	0.441	0.375	0.618	0.482	0.596	0.472	0.722	0.669	1.004
1995	0.427	0.359	0.607	0.463	0.585	0.453	0.691	0.677	0.972
1996	0.430	0.348	0.642	0.455	0.587	0.501	0.645	0.666	0.912
1997	0.598	0.348	0.637	0.485	0.594	0.495	0.636	0.660	0.942
1998	0.601	0.345	0.650	0.534	0.596	0.518	0.646	0.671	0.931
1999	0.595	0.352	0.632	0.577	0.614	0.524	0.655	0.680	0.914
2000	0.599	0.348	0.602	0.580	0.629	0.532	0.648	0.676	0.937
2001	0.610	0.345	0.577	0.610	0.637	0.516	0.664	0.694	0.920
2002	0.618	0.344	0.567	0.542	0.653	0.517	0.584	0.700	0.899
2003	0.617	0.349	0.553	0.644	0.667	0.522	0.691	0.727	0.923
2004	0.638	0.348	0.565	0.646	0.698	0.537	0.699	0.739	0.910
2005	0.633	0.378	0.547	0.625	0.750	0.535	0.704	0.723	0.911
2006	0.642	0.383	0.537	0.616	0.774	0.540	0.715	0.726	0.897
2007	0.641	0.391	0.521	0.582	0.765	0.523	0.712	0.743	0.829
2008	0.649	0.415	0.525	0.567	0.825	0.520	0.771	0.817	0.823
2009	0.668	0.427	0.521	0.576	0.846	0.512	0.750	0.836	0.765
2010	0.701	0.434	0.515	0.555	0.889	0.528	0.787	0.875	0.816
2011	0.727	0.457	0.534	0.556	0.930	0.545	0.818	0.916	0.833
2012	0.749	0.499	0.561	0.577	0.976	0.556	0.838	0.917	0.852
2013	0.753	0.534	0.584	0.605	0.996	0.567	0.850	0.912	0.863

附表2   2000—2013 年我国东中西部地区"经济—人口
分布协调性指数（GPR）"

年份	东部地区	中部地区	西部地区
2000	1.498	0.751	0.616
2001	1.501	0.747	0.615
2002	1.528	0.709	0.622
2003	1.573	0.647	0.630
2004	1.595	0.601	0.649
2005	1.637	0.532	0.668
2006	1.618	0.536	0.677
2007	1.552	0.607	0.672
2008	1.530	0.601	0.699
2009	1.518	0.597	0.711
2010	1.492	0.588	0.740
2011	1.474	0.584	0.770
2012	1.456	0.585	0.793
2013	1.449	0.584	0.802

附表3   1998—2013 年各省市"基本公共服务—人口
分布协调性指数（BSPR）"

省份 年份	北京	天津	河北	山西	内蒙古	辽宁	吉林	黑龙江	上海	江苏	浙江
1998	3.619	2.462	0.795	0.934	1.110	1.332	1.217	1.075	4.699	1.212	1.244
1999	3.484	2.634	0.801	0.974	1.109	1.627	1.344	1.463	4.298	1.128	1.183
2000	3.252	2.712	0.812	0.982	1.074	1.784	1.145	1.390	3.647	1.054	1.132
2001	3.080	2.492	0.849	1.059	1.077	1.795	1.196	1.330	3.303	1.034	1.213
2002	2.995	2.427	0.818	1.048	1.111	1.725	1.204	1.260	3.042	0.992	1.269
2003	3.131	2.528	0.877	1.149	1.137	1.687	1.248	1.232	3.217	1.018	1.348
2004	3.250	2.541	0.813	1.173	1.285	1.611	1.420	1.361	3.345	1.049	1.384
2005	3.179	2.445	0.869	1.148	1.135	1.673	1.520	1.322	3.359	1.081	1.347
2006	3.210	2.504	0.802	1.140	1.160	1.659	1.260	1.368	3.211	1.057	1.315
2007	3.201	1.909	0.801	1.172	1.375	1.605	1.194	1.186	2.994	1.046	1.120
2008	2.836	1.842	0.823	1.152	1.402	1.493	1.225	1.090	2.740	0.938	1.064
2009	2.533	1.720	0.814	1.106	1.554	1.455	1.289	1.191	2.269	0.927	0.989
2010	2.465	1.784	0.816	1.063	1.576	1.376	1.185	1.023	2.162	0.996	1.009
2011	2.257	1.715	0.790	1.041	1.534	1.307	1.149	1.012	2.041	1.009	1.002
2012	2.175	1.669	0.783	1.041	1.454	1.298	1.144	1.055	1.862	1.010	0.960
2013	2.133	1.761	0.753	1.013	1.448	1.241	1.108	1.018	1.784	1.013	0.977

续表

省份 年份	安徽	福建	江西	山东	河南	湖北	湖南	广东	广西	海南	重庆
1998	0.611	1.345	0.728	1.961	0.577	0.816	0.618	1.556	0.704	1.011	0.666
1999	0.638	1.241	0.680	0.893	0.596	0.812	0.659	1.429	0.676	0.991	0.719
2000	0.664	1.189	0.743	0.860	0.611	0.889	0.660	1.169	0.643	0.948	0.904
2001	0.694	1.073	0.744	0.839	0.593	0.833	0.680	1.156	0.710	0.933	0.856
2002	0.720	0.993	0.790	0.790	0.632	0.809	0.707	1.212	0.728	1.045	0.933
2003	0.692	0.986	0.804	0.785	0.629	0.805	0.657	1.185	0.711	0.982	0.885
2004	0.692	0.927	0.735	0.784	0.630	0.820	0.728	1.087	0.664	1.042	0.830
2005	0.645	0.858	1.715	0.809	0.655	0.800	0.756	1.014	0.719	1.059	0.879
2006	0.707	0.871	0.716	0.798	0.689	0.896	0.756	0.991	0.730	1.013	0.924
2007	0.758	0.863	0.784	0.821	0.762	0.830	0.765	0.990	0.703	1.003	1.000
2008	0.755	0.858	1.788	0.776	0.730	0.866	0.832	0.959	0.714	1.085	0.995
2009	0.795	0.844	0.821	0.743	0.747	0.860	0.842	0.884	0.780	1.308	1.078
2010	0.804	0.851	0.808	0.794	0.755	0.845	0.790	0.860	0.861	1.262	1.051
2011	0.857	0.836	0.871	0.821	0.779	0.852	0.805	0.871	0.838	1.283	1.137
2012	0.859	0.875	0.889	0.828	0.791	0.893	0.843	0.849	0.826	1.259	1.216
2013	0.856	0.871	0.913	0.834	0.805	0.883	0.840	0.909	0.833	1.272	1.136

省份 年份	四川	贵州	云南	西藏	陕西	甘肃	青海	宁夏	新疆		
1998	0.639	0.669	1.213	2.290	0.740	0.780	1.441	1.150	1.455		
1999	0.614	0.663	1.162	2.239	0.804	0.820	1.588	1.159	1.370		
2000	0.655	0.694	1.130	2.086	0.938	0.932	1.897	1.341	1.293		
2001	0.723	0.746	1.138	2.074	0.996	0.847	1.679	1.503	1.408		
2002	0.728	0.758	1.038	20407	1.013	0.906	1.555	1.984	1.503		
2003	0.671	0.710	1.087	2.285	0.958	1.075	1.516	1.323	1.317		
2004	0.671	0.729	1.006	2.252	0.949	1.029	1.531	0.090	1.269		
2005	0.681	0.801	0.911	2.386	1.107	1.079	1.629	1.108	1.256		
2006	0.690	0.788	0.925	2.026	1.051	1.032	1.679	1.216	1.268		
2007	0.781	0.752	0.928	2.250	1.014	1.020	1.828	1.320	1.275		
2008	0.885	0.843	0.942	2.342	1.186	1.159	1.879	1.311	1.289		
2009	0.846	0.885	1.027	2.418	1.194	1.189	2.079	1.319	1.431		
2010	0.868	0.853	0.994	2.203	1.206	1.125	2.925	1.261	1.415		
2011	0.876	0.889	0.989	2.334	1.209	1.141	2.487	1.400	1.376		
2012	0.893	0.925	1.019	2.189	1.234	1.081	2.469	1.287	1.305		
2013	0.920	0.952	1.007	2.234	1.231	1.090	1.927	1.303	1.337		

注：本书所指基本公共服务主要包括教育、医疗卫生、社会保障和就业。

附表3（a） 1998—2013 年各省市"教育支出—人口
分布协调性指数（EPR）"

省份 年份	北京	天津	河北	山西	内蒙古	辽宁	吉林	黑龙江	上海	江苏	浙江
1998	3.405	2.333	0.851	0.929	1.061	1.209	1.081	0.990	4.732	1.283	1.240
1999	3.530	2.381	0.856	0.916	1.050	1.201	1.118	1.027	4.588	1.280	1.285
2000	3.437	2.407	0.861	0.917	0.979	1.229	1.042	1.004	4.079	1.251	1.304
2001	3.271	2.264	0.838	0.965	1.046	1.121	1.031	1.069	3.749	1.232	1.436
2002	3.182	2.178	0.862	0.940	1.069	1.097	0.977	1.055	3.575	1.157	1.513
2003	3.252	2.255	0.843	0.975	1.091	1.119	0.951	1.019	3.564	1.150	1.620
2004	3.359	2.235	0.864	0.994	1.143	1.185	0.926	0.994	3.498	1.177	1.678
2005	3.325	2.259	0.873	1.067	1.148	1.181	0.957	0.978	3.393	1.193	1.626
2006	3.207	2.224	0.805	1.050	1.153	1.145	0.982	1.025	3.066	1.142	1.555
2007	3.082	1.938	0.802	1.049	1.242	1.152	1.039	1.026	2.696	1.254	1.463
2008	2.784	1.878	0.841	1.074	1.317	1.107	1.072	1.046	2.374	1.190	1.358
2009	2.658	1.912	0.844	1.097	1.339	1.080	1.071	0.942	2.123	1.178	1.331
2010	2.601	2.003	0.810	1.042	1.477	1.050	1.032	0.885	2.054	1.247	1.262
2011	2.239	1.940	0.783	1.021	1.368	1.079	1.011	0.848	2.034	1.203	1.196
2012	2.043	1.802	0.798	1.039	1.188	1.116	1.103	0.955	1.833	1.146	1.078
2013	2.097	2.041	0.744	0.973	1.191	0.993	0.999	0.851	1.832	1.177	1.125

省份 年份	安徽	福建	江西	山东	河南	湖北	湖南	广东	广西	海南	重庆
1998	0.652	1.430	0.683	1.030	0.638	0.753	0.621	1.569	0.761	1.060	0.597
1999	0.670	1.433	0.684	1.015	0.649	0.765	0.615	1.501	0.751	1.005	0.597
2000	0.692	1.418	0.717	1.024	0.636	0.797	0.625	1.306	0.734	0.952	0.697
2001	0.682	1.318	0.725	0.955	0.630	0.781	0.619	1.294	0.812	0.879	0.736
2002	0.660	1.233	0.740	0.946	0.677	0.775	0.660	1.391	0.790	0.928	0.739
2003	0.657	1.272	0.726	0.941	0.650	0.751	0.648	1.418	0.780	0.874	0.734
2004	0.700	1.181	0.711	0.922	0.652	0.758	0.644	1.306	0.765	0.905	0.736
2005	0.673	1.099	0.715	0.943	0.700	0.730	0.682	1.255	0.792	1.025	0.760
2006	0.729	1.114	0.701	0.920	0.728	0.749	0.657	1.219	0.841	0.976	0.821
2007	0.684	0.999	0.782	0.951	0.768	0.749	0.706	1.171	0.780	0.937	0.848
2008	0.727	0.999	0.733	0.912	0.734	0.776	0.761	1.108	0.813	1.016	0.843
2009	0.714	1.024	0.769	0.876	0.750	0.750	0.755	1.072	0.826	1.166	0.900
2010	0.735	1.006	0.756	0.911	0.734	0.725	0.695	1.000	0.902	1.283	0.945
2011	0.823	0.951	0.919	0.945	0.794	0.737	0.713	1.016	0.855	1.262	0.949
2012	0.806	1.009	0.929	0.911	0.791	0.852	0.818	0.953	0.846	1.204	1.076
2013	0.795	0.992	0.957	0.936	0.810	0.776	0.788	1.067	0.842	1.270	0.959

续表

省份 年份	四川	贵州	云南	西藏	陕西	甘肃	青海	宁夏	新疆
1998	0.584	0.643	0.127	2.114	0.747	0.790	1.209	1.126	1.477
1999	0.579	0.663	1.204	2.192	0.817	0.837	1.175	1.158	1.405
2000	0.607	0.660	1.147	2.111	0.824	0.855	1.098	1.139	1.323
2001	0.656	0.733	1.116	2.124	0.899	0.894	1.220	1.212	1.432
2002	0.665	0.749	1.048	2.366	0.879	0.880	1.148	1.198	1.388
2003	0.638	0.744	1.020	2.302	0.865	0.898	1.133	1.139	1.314
2004	0.626	0.781	1.046	2.262	0.834	0.872	1.170	1.132	1.292
2005	0.600	0.878	0.963	2.551	0.943	0.930	1.311	1.148	1.267
2006	0.652	0.889	0.983	2.118	1.014	1.007	1.304	1.195	1.276
2007	0.708	0.899	0.829	2.282	0.977	0.956	1.240	1.523	1.339
2008	0.707	0.996	0.830	2.514	1.111	1.118	1.374	1.364	1.457
2009	0.746	0.981	0.912	2.788	1.128	1.092	1.501	1.374	1.504
2010	0.762	0.952	0.923	2.297	1.147	1.011	1.660	1.461	1.628
2011	0.739	0.944	0.907	2.232	1.230	0.964	1.991	1.402	1.573
2012	0.827	0.966	0.974	2.062	1.260	0.959	2.016	1.106	1.427
2013	0.833	1.043	0.953	2.237	1.229	0.951	1.369	1.125	1.532

数据来源:《中国统计年鉴》。

附表3(b) 1998—2013 年各省市"医疗卫生支出—人口
分布协调性指数(MPR)"

省份 年份	北京	天津	河北	山西	内蒙古	辽宁	吉林	黑龙江	上海	江苏	浙江
1998	5.025	2.562	0.724	0.889	1.010	1.136	0.975	0.967	5.376	1.224	1.468
1999	5.197	2.458	0.726	0.889	1.012	1.042	0.982	1.009	5.763	1.235	1.525
2000	5.496	2.280	0.687	0.846	1.009	1.076	0.919	0.939	5.320	1.168	1.529
2001	5.467	2.281	0.740	0.938	1.079	0.960	0.941	0.976	4.744	1.163	1.586
2002	5.542	2.417	0.761	0.952	1.083	0.975	0.982	0.946	3.696	1.176	1.621
2003	5.827	2.589	0.880	1.048	1.224	1.022	1.020	1.033	3.527	1.274	1.597
2004	5.656	2.797	0.806	1.049	1.141	0.944	0.981	0.965	3.832	1.295	1.674
2005	5.494	2.343	0.847	1.081	1.119	1.048	0.981	0.944	3.552	1.374	1.674
2006	5.515	2.243	0.738	1.066	1.186	1.038	1.003	0.965	3.176	1.186	1.670
2007	4.712	1.971	0.747	1.020	1.199	1.029	1.029	0.999	2.858	0.991	1.446
2008	3.945	1.717	0.829	1.010	1.179	0.937	1.049	0.903	2.751	0.922	1.320
2009	2.993	1.475	0.830	0.992	1.399	1.257	1.309	1.183	2.008	0.848	1.121
2010	2.658	1.506	0.914	0.889	1.363	0.966	1.127	0.984	1.940	0.886	1.151
2011	2.340	1.400	0.876	0.931	1.390	0.871	1.097	0.933	1.697	0.928	1.070
2012	2.313	1.401	0.829	0.933	1.335	0.852	1.090	0.845	1.550	0.987	1.044
2013	2.146	1.440	0.853	0.913	1.290	0.859	1.084	0.816	1.463	0.985	1.048

续表

省份 年份	安徽	福建	江西	山东	河南	湖北	湖南	广东	广西	海南	重庆
1998	0.815	1.287	0.671	0.879	0.477	0.824	0.511	1.689	0.659	1.043	0.698
1999	0.525	1.260	0.655	0.835	0.475	0.856	0.513	1.616	0.650	0.996	0.670
2000	0.505	1.224	0.653	0.825	0.479	0.888	0.476	1.450	0.644	0.933	0.741
2001	0.477	1.125	0.643	0.776	0.465	0.870	0.469	1.415	0.747	0.846	0.706
2002	0.784	1.101	0.631	0.769	0.474	0.820	0.461	1.515	0.770	0.878	0.698
2003	0.474	1.011	0.605	0.742	0.534	0.729	0.432	1.403	0.740	0.979	0.660
2004	0.555	1.032	0.641	0.769	0.542	0.723	0.460	1.250	0.703	1.036	0.674
2005	0.526	0.939	0.652	0.757	0.574	0.703	0.798	1.153	0.718	1.014	0.698
2006	0.577	0.964	0.674	0.799	0.663	0.801	0.554	1.112	0.718	0.923	0.715
2007	0.710	0.956	0.883	0.706	0.701	0.770	0.619	0.968	0.707	0.979	0.801
2008	0.815	0.983	0.842	0.718	0.743	0.802	0.661	0.979	0.788	1.051	0.876
2009	0.903	0.851	0.909	0.668	0.756	0.813	0.830	0.834	0.799	1.165	0.897
2010	0.863	0.889	0.938	0.730	0.802	0.873	0.767	0.813	1.002	1.118	0.918
2011	0.973	0.897	0.917	0.784	0.807	0.900	0.816	0.865	1.051	1.202	1.032
2012	0.997	0.927	0.909	0.816	0.846	0.867	0.828	0.891	1.011	1.261	1.063
2013	0.986	0.976	0.953	0.820	0.860	0.913	0.841	0.897	0.995	1.278	1.096

省份 年份	四川	贵州	云南	西藏	陕西	甘肃	青海	宁夏	新疆
1998	0.668	0.712	1.344	2.971	0.717	0.781	1.508	1.098	1.563
1999	0.675	0.736	1.387	3.256	0.683	0.789	1.395	1.052	1.558
2000	0.691	0.773	1.386	3.296	0.598	0.842	1.434	1.115	1.513
2001	0.698	0.817	1.343	3.385	0.718	0.897	1.818	1.604	1.684
2002	0.652	0.836	1.381	3.772	0.822	0.874	1.738	1.354	1.716
2003	0.657	0.764	1.279	3.319	0.778	0.795	1.696	1.321	1.610
2004	0.661	0.782	1.280	3.606	0.768	0.824	1.837	1.157	1.551
2005	0.777	0.891	1.296	3.269	0.757	0.903	2.101	1.167	1.659
2006	0.714	0.826	1.292	2.881	0.791	0.924	2.143	1.177	1.482
2007	0.808	0.892	1.134	3.943	0.894	1.069	2.346	1.243	1.452
2008	0.850	0.903	1.109	2.697	1.016	1.101	2.144	1.334	1.325
2009	0.894	0.971	1.106	2.493	1.128	1.156	1.948	1.225	1.314
2010	0.914	1.024	1.114	2.981	1.171	0.095	1.930	1.500	1.323
2011	0.971	1.047	1.072	2.441	1.106	1.170	1.750	1.348	1.256
2012	0.982	1.078	1.071	2.192	1.107	1.074	1.961	1.331	1.221
2013	0.988	1.073	1.054	2.122	1.123	1.056	1.952	1.351	1.168

数据来源：《中国统计年鉴》；1998—2006 年数据指"卫生经费"；2007—2013 年数据指"医疗卫生支出"。

附表 3（c）　1998—2013 年各省市"社会保障和就业支出—人口
分布协调性指数（SEPR）"

省份\年份	北京	天津	河北	山西	内蒙古	辽宁	吉林	黑龙江	上海	江苏	浙江
1998	1.326	3.313	0.508	1.104	1.854	3.022	3.164	2.149	2.379	0.545	0.609
1999	0.978	3.959	0.667	1.338	1.491	4.237	2.804	3.946	1.079	0.329	0.287
2000	0.752	3.985	0.774	1.289	1.413	4.032	1.646	2.919	0.919	0.364	0.282
2001	0.780	3.270	0.961	1.405	1.160	4.256	1.835	2.308	1.014	0.398	0.330
2002	0.885	3.696	0.743	1.384	1.238	3.797	1.919	1.981	1.272	0.456	0.427
2003	1.017	3.145	0.958	1.636	1.187	3.505	2.119	1.880	2.169	0.526	0.524
2004	1.485	3.107	0.697	1.673	1.710	3.036	2.865	2.478	2.678	0.890	0.508
2005	1.350	2.950	0.875	1.383	1.117	3.234	3.194	2.378	3.154	0.694	0.480
2006	1.632	3.349	0.839	1.407	1.160	3.309	2.098	2.464	3.579	0.765	0.498
2007	2.769	1.847	0.821	1.395	1.620	2.427	1.464	1.469	3.439	0.712	0.542
2008	2.430	1.848	0.798	1.316	1.611	2.239	1.503	1.229	3.216	0.613	0.558
2009	2.141	1.604	0.767	1.175	1.901	2.028	1.553	1.509	2.585	0.651	0.493
2010	2.172	1.638	0.770	1.186	1.827	2.047	1.425	1.233	2.432	0.716	0.585
2011	2.233	1.578	0.748	1.137	1.863	1.905	1.382	1.299	2.260	0.775	0.679
2012	2.314	1.606	0.728	1.108	1.973	1.871	1.247	1.349	2.100	0.795	0.712
2013	2.179	1.530	0.708	1.134	1.931	1.844	1.286	1.389	1.904	0.781	0.710

省份\年份	安徽	福建	江西	山东	河南	湖北	湖南	广东	广西	海南	重庆
1998	0.528	0.758	1.305	0.588	0.329	1.359	0.916	1.039	0.336	0.170	1.187
1999	0.655	0.390	0.700	0.449	0.528	0.950	1.043	0.869	0.387	0.925	1.309
2000	0.724	0.467	0.895	0.410	0.654	1.159	0.982	0.823	0.374	0.948	1.655
2001	0.888	0.366	0.868	0.571	0.588	0.949	1.003	0.585	0.402	1.147	1.296
2002	1.024	0.317	1.018	0.709	0.619	0.890	0.984	0.566	0.546	1.450	1.578
2003	0.921	0.280	1.136	0.438	0.642	0.987	0.831	0.477	0.526	1.244	1.401
2004	0.760	0.261	0.851	0.469	0.633	1.029	1.094	0.468	0.399	1.370	1.147
2005	0.655	0.239	0.954	0.526	0.599	1.030	1.098	0.654	0.549	1.170	1.275
2006	0.744	0.228	0.782	0.507	0.616	1.312	1.129	0.364	0.473	1.160	1.313
2007	0.873	0.649	0.748	0.696	0.778	0.959	0.900	0.760	0.601	1.099	1.277
2008	0.765	0.617	0.838	0.622	0.720	1.013	1.000	0.754	0.551	1.190	1.247
2009	0.843	0.616	0.841	0.615	0.723	1.022	0.957	0.674	0.713	1.558	1.395
2010	0.867	0.620	0.807	0.671	0.758	0.994	0.932	0.695	0.727	1.312	1.269
2011	0.836	0.631	0.772	0.661	0.741	0.991	0.933	0.663	0.685	1.362	1.474
2012	0.865	0.618	0.809	0.695	0.758	0.978	0.894	0.651	0.680	1.350	1.544
2013	0.869	0.627	0.823	0.688	0.763	1.026	0.919	0.689	0.725	1.272	1.429

续表

省份\年份	四川	贵州	云南	西藏	陕西	甘肃	青海	宁夏	新疆
1998	1.042	0.776	0.600	1.821	0.742	0.686	3.318	1.527	0.939
1999	0.683	0.562	0.676	1.068	0.912	0.790	3.615	1.309	0.964
2000	0.765	0.724	0.859	0.956	1.573	1.237	3.638	2.227	1.011
2001	0.925	0.730	1.044	0.959	1.468	0.683	2.826	2.220	1.138
2002	0.935	0.731	0.791	1.631	1.477	0.992	2.146	4.379	1.658
2003	0.758	0.589	1.118	1.546	1.302	1.689	2.318	1.769	1.128
2004	0.786	0.574	0.738	1.379	1.335	1.527	2.195	0.950	1.039
2005	0.810	0.562	0.540	1.428	1.716	1.544	2.077	0.976	0.971
2006	0.764	0.523	0.532	1.218	1.317	1.166	2.252	1.295	1.100
2007	0.867	0.505	0.978	1.550	1.110	1.086	2.400	1.082	1.123
2008	1.134	0.614	1.017	1.964	1.358	1.239	2.433	1.232	1.052
2009	0.947	0.721	1.131	1.915	1.309	1.329	2.873	1.297	1.397
2010	0.986	0.625	1.023	1.643	1.305	1.298	5.200	0.855	1.176
2011	1.019	0.713	1.060	2.418	1.240	1.383	3.658	1.430	1.160
2012	0.950	0.762	1.063	2.401	1.266	1.290	3.535	1.563	1.151
2013	1.010	0.742	0.060	2.297	1.299	1.320	2.754	1.544	1.142

数据来源:《中国统计年鉴》;1998—2006 年数据指"社会保障补助经费";2007—2013 年数据指"社会保障和就业支出"。

附表4(a)　2000—2011 年美国各省(州)"教育支出—人口分布协调性指数(EPR)"

省份\年份	阿拉巴马	阿拉斯加	亚利桑那	阿肯色	加利福尼亚	科罗拉多	康涅狄格	特拉华
2000	0.942	1.515	0.828	0.847	1.012	0.991	1.065	1.180
2007	1.002	1.490	0.818	0.925	1.057	0.928	1.177	1.209
2008	1.016	1.613	0.823	0.895	1.045	0.949	1.155	1.198
2009	1.465	2.344	0.723	1.148	0.841	1.127	1.114	1.735
2010	1.404	2.225	0.711	1.131	0.900	1.128	1.017	1.790
2011	0.823	1.413	0.749	0.949	1.011		1.237	0.993

省份\年份	哥伦比亚	佛罗里达	佐治亚	夏威夷	爱达荷	伊利诺伊	印第安纳	爱荷华	堪萨斯	肯塔基
2000	0.914	0.771	0.973	0.826	0.889	0.987	1.016	1.099	0.980	0.851
2007	1.048	0.837	0.968	0.958	0.768	0.938	0.943	1.051	0.988	0.886
2008	1.413	0.841	0.996	0.938	0.760	0.945	0.883	1.060	0.984	0.912
2009	0.000	0.560	0.944	3.339	0.941	0.731	1.229	1.229	0.998	1.439
2010	0.000	0.568	0.931	2.908	0.842	0.720	1.206	1.131	0.955	1.462
2011	1.967	0.801	0.896	0.100	0.687	1.103	0.777	1.126	1.092	0.732

续表

省份\年份	路易斯安那	缅因	马里兰	马萨诸塞	密歇根	明尼苏达	密西西比	密苏里	蒙大拿
2000	0.867	0.943	1.024	0.973	1.221	1.128	0.914	0.889	0.982
2007	0.899	0.906	1.077	1.016	1.097	1.037	0.892	0.845	0.940
2008	0.980	0.882	1.114	0.985	1.048	1.038	0.893	0.866	0.952
2009	1.318	0.908	0.993	0.997	1.088	1.303	0.962	0.765	1.203
2010	1.184	0.897	1.013	0.960	1.168	1.240	0.971	0.735	1.146
2011	0.885	0.951	1.132	1.025	1.009	0.971	0.872	0.876	0.868

省份\年份	内布拉斯加	内华达	新罕布什尔	新泽西	新墨西哥	纽约	北卡罗来纳	北达科他
2000	1.030	0.816	0.899	1.205	1.096	1.155	0.850	1.055
2007	1.029	0.849	0.966	1.327	1.085	1.237	0.920	1.039
2008	0.948	0.864	0.956	1.289	1.082	1.241	0.901	1.032
2009	1.223	0.727	0.916	1.304	1.352	0.801	0.991	0.607
2010	1.189	0.699	0.882	1.158	1.438	0.745	1.046	1.748
2011	1.113	0.767	1.092	1.322	1.098	1.565	0.813	0.737

省份\年份	俄亥俄	俄克拉荷马	俄勒冈	宾夕法尼亚	罗得岛	南卡罗来纳	南达科他	田纳西
2000	0.980	0.913	1.017	1.022	0.956	0.958	0.870	0.794
2007	1.014	0.929	0.904	0.977	1.029	0.977	0.792	0.720
2008	0.987	0.918	0.945	0.966	1.024	0.996	0.808	0.729
2009	1.014	1.271	1.039	0.905	0.975	1.250	1.012	0.850
2010	1.091	1.376	1.056	0.900	1.032	1.207	1.057	0.794
2011	1.024	0.755	0.966	1.052	1.063	0.821	0.880	0.700

省份\年份	得克萨斯	犹他州	佛蒙特	弗吉尼亚	华盛顿	西弗吉尼亚	威斯康星	怀俄明
2000	1.015	1.023	1.178	1.001	1.059	0.946	1.149	1.229
2007	0.963	0.954	1.326	1.052	0.995	0.964	1.032	1.461
2008	0.999	1.033	1.307	1.066	1.012	0.937	1.018	1.510
2009	0.943	1.637	1.714	1.219	1.385	1.364	1.004	1.280
2010	1.058	1.487	1.695	1.162	1.263	1.344	1.046	1.176
2011	1.050	0.755	1.220	0.926	0.870	0.929	1.115	1.729

数据来源：Statistical Abstract of the United States. 2011 年数据为"地方政府支出"；2009 年和 2010 年数据为州政府支出；2000 年、2007—2008 年数据为州政府和地方政府支出。

附表4（b） 2000—2011年美国各省（州）"健康和医疗支出—人口分布协调性指数（HMPR）"

省份 年份	阿拉巴马	阿拉斯加	亚利桑那	阿肯色	加利福尼亚	科罗拉多	康涅狄格	特拉华
2000	1.806	0.828	0.592	0.802	1.178	0.689	1.036	0.786
2007	1.513	0.948	0.688	0.656	1.278	0.918	0.871	0.809
2008	2.524	1.375	0.932	1.100	1.902	1.249	1.466	1.206
2009	1.218	0.836	0.857	1.140	0.836	0.942	1.871	1.544
2010	1.377	0.784	0.936	1.138	0.688	1.046	1.781	1.521
2011	1.744	1.371	0.437	0.176	1.548		0.095	0.088

省份 年份	哥伦比亚	佛罗里达	佐治亚	夏威夷	爱达荷	伊利诺伊	印第安纳	爱荷华	堪萨斯	肯塔基
2000	2.446	1.010	0.959	1.095	0.874	0.780	0.946	1.267	0.768	0.600
2007	1.446	0.914	1.108	1.309	0.980	0.636	0.917	1.370	1.091	0.768
2008	2.929	1.421	1.564	1.865	1.385	1.094	1.441	2.084	1.495	1.085
2009		0.768	0.528	2.826	0.407	0.833	0.374	1.390	1.355	1.293
2010		0.757	0.545	2.712	0.461	0.838	0.324	1.247	1.393	1.249
2011	2.441	1.096	1.366	0.109	1.290	0.437	1.287	1.560	0.985	0.535

省份 年份	路易斯安那	缅因	马里兰	马萨诸塞	密歇根	明尼苏达	密西西比	密苏里	蒙大拿
2000	1.669	0.688	0.540	0.781	0.929	0.820	1.641	0.855	0.840
2007	1.282	0.740	0.572	0.588	0.997	0.811	1.612	1.017	0.753
2008	2.291	1.124	0.864	1.052	1.549	1.260	2.541	1.478	1.209
2009	1.211	1.454	1.054	0.738	1.073	0.510	1.484	1.391	0.549
2010	2.018	1.248	0.901	0.726	1.094	0.407	1.513	1.482	0.629
2011	1.366	0.211	0.218	0.612	0.953	1.058	1.853	0.701	0.507

省份 年份	内布拉斯加	内华达	新罕布什尔	新泽西	新墨西哥	纽约	北卡罗来纳	北达科他
2000	0.673	0.815	0.304	0.612	0.987	1.347	1.521	0.313
2007	1.069	0.761	0.233	0.688	1.057	1.403	1.315	0.258
2008	1.286	1.102	0.406	1.031	1.566	2.184	2.071	0.441
2009	1.005	0.566	0.372	1.174	2.081	1.469	0.991	0.347
2010	1.060	0.512	0.335	1.201	2.207	1.417	0.997	0.804
2011	0.926	0.787	0.063	0.211	0.294	1.615	1.787	0.124

省份 年份	俄亥俄	俄克拉荷马	俄勒冈	宾夕法尼亚	罗得岛	南卡罗来纳	南达科他	田纳西
2000	0.966	0.848	1.260	0.710	0.586	1.661	0.439	1.064
2007	0.985	0.726	0.931	0.725	0.391	1.758	0.473	1.108
2008	1.548	1.199	1.614	1.131	0.750	2.583	0.712	1.663
2009	1.038	0.708	1.287	0.840	0.740	4.669	0.740	0.872
2010	1.050	0.668	1.474	0.886	0.736	1.642	0.737	0.755
2011	0.542	0.667	0.664	0.525	0.030	1.943	0.248	1.096

续表

省份\年份	得克萨斯	犹他州	佛蒙特	弗吉尼亚	华盛顿	西弗吉尼亚	威斯康星	怀俄明
2000	0.938	0.733	0.287	0.822	1.244	0.675	0.758	2.076
2007	0.854	0.800	0.43.0	0.865	1.353	0.544	0.850	2.750
2008	1.314	1.135	0.591	1.291	1.982	0.944	1.173	3.757
2009	0.763	1.484	0.915	1.438	1.515	0.600	0.814	1.687
2010	0.807	1.443	0.884	1.497	1.520	0.595	0.928	1.635
2011	0.977	0.226	0.151	0.342	1.241	0.425	0.565	4.012

数据来源：Statistical Abstract of the United States. 2011 年数据为"地方政府支出"；2009 年和 2010 年数据为州政府支出；2000 年、2007—2008 年数据为州政府和地方政府支出。

附表 4（c）　　2000—2011 年美国各省（州）"公共福利支出—人口分布协调性指数（PWPR）"

省份\年份	阿拉巴马	阿拉斯加	亚利桑那	阿肯色	加利福尼亚	科罗拉多	康涅狄格	特拉华
2000	0.9560	1.5580	0.6923	0.9019	1.0402	0.7656	1.1033	0.8430
2007	0.7971	1.6429	0.8348	1.0000	1.0136	0.6169	1.0573	1.1815
2008	0.7278	1.5479	0.8654	0.9894	1.0469	0.6452	1.0989	1.2268
2009	0.9157	1.7522	0.9843	1.0698	0.7928	0.5545	1.2571	1.3667
2010	0.9516	1.8972	0.9795	1.1237	0.7370	0.5264	1.1725	1.4014
2011	0.0960	0.0572	0.2881	0.0141	2.5911		0.1896	0.0065

省份\年份	哥伦比亚	佛罗里达	佐治亚	夏威夷	爱达荷	伊利诺伊	印第安纳	爱荷华	堪萨斯	肯塔基
2000	2.6440	0.7173	0.8202	1.0357	0.7363	0.8597	0.8457	0.9308	0.6073	1.2221
2007	2.9475	0.7915	0.7862	0.9078	0.7871	0.8970	0.8791	0.9424	0.8436	1.0599
2008	3.1163	0.7918	0.7396	0.9186	0.8045	0.9572	0.9765	0.9693	1.1519	1.0734
2009		0.8028	0.7944	1.0138	0.9163	1.0711	0.9199	1.0976	0.9369	1.2627
2010		0.8445	0.7467	1.1005	0.8693	1.0208	0.9394	1.1250	0.8945	1.2409
2011	27.0751	0.4193	0.1254	0.2618	0.1307	0.3127	0.1071	0.1988	0.0742	0.0731

省份\年份	路易斯安那	缅因	马里兰	马萨诸塞	密歇根	明尼苏达	密西西比	密苏里	蒙大拿
2000	0.8288	1.5002	0.9128	1.1984	1.0001	1.4634	0.9835	0.8707	0.7421
2007	0.8688	1.4496	0.9712	1.4961	0.8632	1.4141	1.0805	0.7834	0.6920
2008	0.9755	1.4150	1.9691	1.4386	0.8801	1.4348	1.0822	0.8062	0.671
2009	1.0827	1.7189	1.1478	1.5996	0.9257	4.4284	1.3219	0.9463	0.9882
2010	1.0645	1.6623	1.1601	1.5715	0.9085	1.4686	1.2601	0.9236	0.9782
2011	0.1448	0.1691	0.2319	0.0770	0.7323	1.7176	0.0715	0.1565	0.3496

续表

省份＼年份	内布拉斯加	内华达	新罕布什尔	新泽西	新墨西哥	纽约	北卡罗来纳	北达科他
2000	1.0044	0.5348	1.0860	0.8345	1.0045	1.8548	0.9442	1.0896
2007	0.9120	0.5635	0.9218	1.0860	1.2672	1.8267	0.8414	0.8836
2008	0.8151	0.5174	0.9349	1.0888	1.3727	1.7192	0.8458	0.9252
2009	0.9544	0.5294	1.0542	1.1323	1.5330	1.4266	0.8448	0.9805
2010	0.9376	0.5159	1.0723	1.1156	1.6284	1.4956	0.7746	0.9247
2011	0.4334	0.7523	0.9333	0.7704	0.2845	3.2956	0.9387	0.5957

省份＼年份	俄亥俄	俄克拉荷马	俄勒冈	宾夕法尼亚	罗得岛	南卡罗来纳	南达科他	田纳西
2000	1.0163	0.3094	1.0820	1.3079	1.3165	1.0395	0.7795	1.0328
2007	1.1723	0.9520	0.7995	1.2670	1.4858	0.9457	0.7592	0.9658
2008	1.0868	0.9857	0.8181	1.2070	1.5344	0.9045	0.7704	0.9852
2009	1.0272	1.1023	0.9332	1.1229	1.6126	1.0763	0.8892	1.0440
2010	1.0123	1.0920	0.9623	1.2282	1.6316	1.0124	0.9109	1.1098
2011	1.5531	0.0375	0.3746	1.8784	0.0450	0.0899	0.1005	0.1654

省份＼年份	得克萨斯	犹他州	佛蒙特	弗吉尼亚	华盛顿	西弗吉尼亚	威斯康星	怀俄明
2000	0.6628	0.7956	1.3882	0.7644	1.0436	1.1760	1.0050	0.7104
2007	0.6688	0.6569	1.4915	0.7749	0.8598	1.0322	1.0391	0.9117
2008	0.7021	0.6401	1.5103	0.7742	0.8867	1.0391	0.9966	0.9236
2009	0.8446	0.7225	1.7590	0.7314	0.9893	1.2367	1.0334	1.0170
2010	0.8592	0.7332	1.7138	0.7637	0.9675	1.2363	1.0763	0.9938
2011	0.1084	0.1639	0.0094	1.1376	0.1655	0.0191	1.4613	0.2607

数据来源：Statistical Abstract of the United States. 2011 年数据为"地方政府支出"；2009 年和 2010 年数据为州政府支出；2000 年、2007—2008 年数据为州政府和地方政府支出。

附表 5　　　　2007—2013 年各省市"环境保护支出—人口分布协调性指数（EPPR）"

省份＼年份	北京	天津	河北	山西	内蒙古	辽宁	吉林	黑龙江	上海	江苏	浙江
2007	2.526	0.758	0.122	1.897	3.637	1.023	1.596	1.659	1.389	0.895	0.871
2008	2.015	0.939	0.158	1.896	3.280	1.123	1.679	1.276	1.179	1.234	0.898
2009	2.148	0.804	0.140	1.523	2.944	0.949	1.335	1.141	1.136	1.397	0.776
2010	1.820	1.225	0.221	1.353	2.564	1.039	1.529	1.363	1.206	1.043	0.884
2011	2.529	1.286	0.241	1.236	2.559	0.915	2.013	1.300	1.188	1.165	0.773
2012	2.644	1.312	0.254	1.176	2.546	1.024	1.995	1.318	1.117	1.179	0.684
2013	2.768	1.394	0.280	1.146	2.241	1.048	1.953	1.279	0.990	1.223	0.756

续表

省份 年份	安徽	福建	江西	山东	河南	湖北	湖南	广东	广西	海南	重庆
2007	0.881	0.3844	0.455	0.519	0.931	0.704	0.672	0.396	0.423	0.901	1.963
2008	0.898	0.388	0.728	0.626	0.809	0.721	0.658	0.479	0.584	0.802	1.876
2009	0.715	0.682	0.720	0.595	0.724	0.958	0.850	0.736	0.760	1.584	1.294
2010	0.638	0.632	0.646	0.691	0.602	0.987	0.811	1.345	0.815	1.006	1.404
2011	0.742	0.551	0.527	0.539	0.550	0.949	0.698	1.197	0.627	1.477	1.866
2012	0.769	0.625	0.716	0.768	0.561	0.797	0.794	1.071	0.618	1.153	2.105
2013	0.762	0.658	0.695	0.926	0.504	0.802	0.815	1.225	0.577	1.097	1.634

省份 年份	四川	贵州	云南	西藏	陕西	甘肃	青海	宁夏	新疆
2007	1.253	1.073	0.995	2.362	1.881	1.887	4.920	2.993	1.545
2008	0.979	1.132	1.295	1.968	1.589	1.848	3.551	2.851	1.439
2009	1.034	1.156	1.329	2.425	1.577	1.538	3.846	2.672	1.247
2010	0.824	0.916	1.102	2.303	1.302	1.566	3.769	2.855	1.371
2011	0.777	0.864	1.118	2.862	1.388	1.791	3.973	2.979	1.313
2012	0.811	0.909	1.046	3.703	1.209	1.346	3.699	2.634	1.383
2013	0.836	0.804	0.952	2.337	1.236	1.146	4.895	2.133	1.291

第四章　诚信制度

诚信约束是人口有序管理中的核心要素之一，它不仅可为人口有序管理提供准确的信用信息基础，而且更为重要的是能为人口有序管理提供良好的外部互动环境，在全社会的范围内营造出明确的规则意识，从而确保人口有序管理的持续运行和良性运转。

党的十六届三中全会提出，要"形成以道德为支撑、产权为基础、法律为保障的社会信用制度"；党的十七届六中全会《中共中央关于深化文化体制改革，推动社会主义文化大发展大繁荣若干重大问题的决定》提出，"把诚信建设摆在突出位置，大力推进政务诚信、商务诚信、社会诚信和司法公信建设，抓紧建立健全覆盖全社会的征信系统，加大对失信行为惩戒力度，在全社会广泛形成守信光荣、失信可耻的氛围"。可见，加强诚信建设已成我国加强社会治理的当务之急。

然而，我国当前的诚信体系状况已经成为在宏观层面束缚经济社会发展、在微观层面对个人和企业违规行为约束不足的薄弱制度环节。在现实社会中，我国明显存在着诚信记录不健全、诚信约束机制不完善、现有的诚信体系与人口管理结合不充分等若干重大问题。为了确保我国人口管理具备完善的诚信基础，并在全社会范围营造遵规守信的社会风尚，本章将着重从人口有序管理视角出发，深入研究我国未来诚信建设的重要抓手和改革着力点。研究方向有二：

第一，发达国家的诚信体系是怎样的运行模式、核心要素以及现实路径？

第二，发达国家诚信领域的实践探索对我国建设以诚信为基础的人口有序管理有何启示？

一 何为"诚信"

对于"诚信"一词，不同的学者有着不同的理解。在《辞海》中，"诚信"可以理解为诚实守信①，其中，对"诚"的解释为"真心实意"，对"信"的解释为"诚实，不欺"。由此可见，"诚"是对人的内在观念的要求，其来源主要是依靠社会氛围对个人的熏陶，以加强个人的自律修养；"信"是外在地对人际交往的规范，对此，社会可以建立相关制度来对其进行约束和规范②。

"诚信"也可以从"个人道德"的角度和"利益约束"的角度进行理解。从个人道德角度进行理解，诚信是一种内在道德品质并由此形成了个人行为规范；从利益约束的角度来看，在人际交往中，可通过社会关系约束、组织约束、信用记录约束这三种利益约束的途径③，对个人的行为进行约束和规范。其中，"社会关系约束"的实质是社会网络的约束，这种约束的作用大多发生在人口流动相对静止、人际关系相对单一且相互嵌套的社会环境中，而在人口大规模流动的今天，作用空间相对有限；"组织约束"是一个企业、单位、机构等对其成员提供的"组织担保"，比如，出租车公司和司机、家政公司和保姆等；"信用记录"则是广泛用于评价诚信的一种翔实、生动、量化的方式。"信用记录"是指信用评级机构依托来自某一渠道或社会各方、能够判断经济主体信用状况的信息，这些信息按一定标准和指标进行评价之后，用一定符号或文字表示的关于经济主体信用的说明。可见，信用记录一般涉及的是经济领域的诚信问题。此外，社会学家弗朗西斯·福山的《信任：社会美德与创造经济繁荣》中认为，诚信是一种重要的社会资本。这种资本由文化、习惯和宗教等决定，虽然不是经济资本，但是这种社会资本可以转化为经济资本，创造社会财富，所以他认为诚信度高的国家经济就繁荣，诚信度低的国家经济就落后。

尽管对"诚信"的理解各有不同，但总结起来无外乎都是从"对内"

① 高才长、关丽娟：《浅谈诚信》，《沈阳大学学报》2003 年第 1 期。
② 林鸿熙等：《美国诚信体系建设对我国的启示》，《科技和产业》2009 年第 12 期。
③ 张静：《诚信及其社会约束机制》，《光明日报》2011 年 8 月 23 日。

和"对外"两个角度进行的。"对内"指个人诚信道德的培养和提高；"对外"则是与人交往的诚实不欺。随着城市化的推进，社会匿名性的增强以及人口流动速度的加快，很难通过频繁的社会交往来获得一个人的诚信状况。那么，如何快速并相对准确地获得个人的诚信状况呢？在信息化、网络化的今天，信用记录无疑是最好的选择。信用记录是对个人的经济社会生活领域诚信状况所进行的记录。需要说明的是，本研究使用的信用记录为个人信用记录，并侧重于对经济领域个人信用的研究。

从已有文献来看，发达国家在诚信建设方面积累了丰富的经验。已有文献主要探讨了德国（廖永刚，2009；商信，2006）、美国（韩阳，2005；何建奎等，2004；陈文玲，2003；林鸿熙，2009）、日本（张扬，2009）三种模式，也有学者对三者进行比较研究（曾小平，2004；曹元芳，2006），其中，肖猛虎认为，德国模式依靠央行和政府深度介入，资信评估机构实际上是政府的附属，而美国模式则采取的是受政府制约的民营企业市场化运作模式；廖永刚深入分析了德国社会信用体系的组织架构、经营模式、服务范围、法律体系及监管安排等，通过对德国社会信用体系建设成效及特点的分析，提出了对中国社会信用体系建设的启示；林鸿熙从以教育和宗教主导的"软性力量"和以三类信用机构和法律主导的"硬性力量"两个角度来分析美国诚信体系的构成；曹元芳将社会信用体系分为三种模式即美国模式、日本模式以及欧洲模式，分别探讨了三种模式的长处及对我国信用体系建设的启示；张扬等人从信用担保对中小企业影响的角度研究了日本的信用体系。

以往的文献还特别提到了西方发达国家的人口管理中诚信所起到的作用（尹德挺，2012；朱冬梅等，2005；接栋正，2008；杜放、郑红梅，2006）。笔者曾在一文中提到：美国人口管理中如果一个人的记录良好，信用度高，还可以在许多方面得到优惠，如教育、贷款等。反之，有关部门将出面予以法律制裁等惩罚；朱冬梅、陈樨圆在美国人口管理中提到，如果居民从未偷税，没有犯罪记录，信誉良好，很多事情办起来都会一路绿灯，而在日本人口管理中，住民票制度使人们自觉地到政府登记并诚实地汇报住址。

通过对相关文献进行梳理后发现，现有研究对认识和解决人口有序管理的相关问题十分必要，在研究内容和研究方法上具有借鉴意义，但也存在着明显的不足，即已有研究主要侧重于诚信对个人的行为限制以及对经济发展的影响，而诚信体系对人口管理产生的系统影响方面涉及较少。本章将从这一逻辑起点，基于人口有序管理的视角开展以下诚信研究。

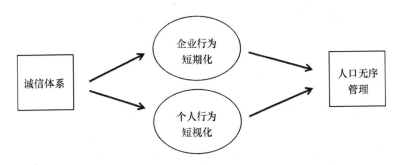

图 3-4-1　诚信体系与人口无序管理之间作用关系简图

二　人口有序管理的诚信约束：发达国家三种模式

根据发达国家诚信体系对人口管理影响途径的不同，本研究将发达国家现行的实践状况分为三种模式，分别为：美国模式、日本模式以及德国模式。

1. 美国模式：以市场为主导

（1）模式概述

美国市场经济高度发达，诚信在交易中起到的作用极其巨大，以市场为主导的诚信建设是美国模式的突出特点。首先，在信用管理上采用纯市场化的管理模式[①]。信用评估机构（包括商业市场信用评估机构、资本市场信用评估机构、消费者信用评估机构）是私人企业，在市场经济体系下自由发展；其次，社会安全号码和信用卡在国民诚信记录方面起着重要作用；最后，在诚信约束方面形成了市场化的奖惩机制。当然，在美国，强有力的法律保障也是诚信体系建设中不可或缺的重要一环。

（2）核心要素

第一，重视诚信的社会基础和文化氛围。

---

① 曹元芳：《发达国家社会信用体系建设经验与我国近远期模式选择》，《现代财经》2006年第6期。

美国社会诚信基础主要来自教育与宗教信仰。首先，美国对公民开展扎实的诚信教育。例如，美国波士顿大学教育学院设计的基础教材中就突出了"诚信"方面的内容。对儿童进行教育的基本内容就包括了自律、守信、诚实、敢于承认错误等①。美国得州品德研究所所长马尔基说："欺骗是一种习惯性行为，在课堂上撒谎的学生将会对同事、上司、妻子（或丈夫）撒谎，如果一个国家不珍视诚实，把品德看作是无足轻重的小事，我们的社会将变得多么可怕！"② 美国中小学的人格教育"六特质"中有一个"可信赖性"的描述，并细化为更具体和容易评判的行为准则，即"诚实"体现为不欺诈、不欺骗、不偷盗；"可信赖"体现为按照自己之所说行事，赢得好的声誉，忠诚于家庭、朋友和祖国③。

其次，宗教在美国发挥着巨大的作用，宗教的伦理道德准则对诚信的要求为全社会提供了道德价值规范。美国信教的人数占总人口的绝大多数。21世纪初，美国人口大约为2.8亿，而基督教徒总人数为1.6亿，占总人口数的大约60%④。宗教活动影响着民众的思想、情感和行动。美国的宗教教育要求人们诚实守信。基督教有关社会生活教训的文中就包括"诚"的方面，如"天地都要废去，神的话却一笔一画也不能废去。只有神才能做到，一诺千金，言出必行；人多述说自己的仁慈，但忠信人谁能遇着呢；人往往容易说谎，因信弃意而为神所憎恨；君王凭诚实判断穷人，他的国位必永远坚立"⑤。可见，宗教的教义要求美国人自觉做到诚实。

此外，社会各界也十分关注诚信。一方面，在企业招聘中，诚信程度是对个人评价的重要指标；另一方面，在日常生活中，诚信记录好的个人会享受更便宜、更优质的服务。还有一点值得一提，互信也是美国社会的一大特征。这种互信是建立在全民素质的提高、经济极大发展物质极大丰

① 林鸿熙等：《美国诚信体系建设对我国的启示》，《科技和产业》2009年第12期。
② 覃遵君：《美国品德素质教育目标——培养"良好公民"》，《中学政治教学参考》2002年第2期。
③ 江新华：《美国中小学"六特质"人格教育：内涵、模式与效果》，《外国中小学教育》2005年第8期。
④ 吴嘉蓉：《浅论美国的宗教与民族主义意识形态的政治作用》，《四川行政学院学报》2006年第5期。
⑤ 唐荣双：《试论美国宗教教育在其思想政治教育中的作用》，《经济与社会发展》2004年第2期。

富的基础上的①。美国重视口头约定契约，不会轻易违反口头约定。当全社会给予个人最大的信任的同时，个人也努力做到自觉地诚实守信。

第二，以信用卡与社会安全号码为核心的管理基础。

在美国日常消费中，主导的消费方式是信用卡消费②。美国人在购买房屋、汽车等耐用消费品时，主要采用分期付款的方式，这是一种信用消费。除了耐用消费品消费之外，在日常生活中，美国居民信用卡的消费领域也非常广泛，并可以获得由银行返还的一定比例的优惠，被称为"cash back"。用信用卡消费返还一定优惠的政策涉及非常广泛的领域，包括日常生活的方方面面，比如超市、加油站、便利店、水电、餐饮、书、电影、美容、交通、家居、时尚、旅游等方面的消费。信用卡的获取、信用额度的大小与个人的累积信用记录相关，返还比例越高的信用卡，申请越难，个人信用记录也要求越好。当然，也存在不需要信用记录的信用卡，但这种信用卡基本没有 cash back，这样的信用卡可以通过积累信用记录，而达到申请具有 cash back 功能的信用卡之要求。

美国社会具有相对健全的诚信体系，诚信行为在经济领域通过信用卡进行记录，而在社会生活领域中则通过社会安全号码进行记录和监管。两种途径对个人诚信进行的记录并非独立，而是交织在一起：社会安全号码是申请信用卡的信用凭证，每个人的银行账号、税号、信用卡号、社会医疗保障号等都与社会安全号码挂钩。根据这个号码，有关部门就可以顺藤摸瓜，查询到个人信息、缴税记录、信用记录、服役记录、犯罪记录、学习经历甚至就诊记录等③。

第三，以利益引导为主的诚信体系建设。

美国的诚信约束不是建立在强制的基础之上，而是建立于利益的引导之上。由于美国健全的市场经济体制以及越来越精细的社会分工，个人与社会建立联系的纽带中最重要的就是交易，这使得市场通过利益来引导个人的诚信行为成为可能，即市场通过奖励诚信行为，惩罚失信行为，从而引导个人的诚信行为：诚信记录良好的个人可以获得更多的优惠和更好的社会福利；诚信记录差所带来的惩罚不仅体现在求职上，还体现在租房、

① 佚名：《诚信在美国》，《才智（才情斋）》2007年第12期。
② 林鸿熙等：《美国诚信体系建设对我国的启示》，《科技和产业》2009年第12期。
③ 童民：《感受美国的信用》，《校园心理》2008年第3期。

申请信用卡、日常购物、子女享受免费教育等诸多方面。在美国，上学、找工作都须人举荐，一封举荐信对于一个人能否上如意的学校，能否寻觅到一个称心的工作的作用非常大。信中内容多是实事求是的①。这种奖励和处罚机制使得每个理性的个人都会选择诚信做人，保持良好的诚信记录。

市场通过对诚信的监管来促进个人诚信水平的提高，同时，个人诚信水平的提高又使得社会在很多方面放开对诚信的监管，给予个人更多的信任。"被信任感"作为市场对个人的回报，强化了个人对诚信的追求。

（3）诚信体系与人口管理的作用路径

美国不限制人口的流动，但人口的流动并不是盲目的。西方古典推拉理论认为，劳动力迁移是由迁入与迁出地的工资差别所引起的。现代推拉理论认为，迁移的推拉因素除了更高的收入以外，还有更好的职业、更好的生活条件、为自己与孩子获得更好的受教育机会以及更好的社会环境等。根据推拉理论的观点，发生迁移的原因是受到更好的工资待遇、受教育以及生活条件的吸引。

如果对个人的迁移进行分析，在美国，从生活领域最基本的住房开始，不管是买房还是租房，都必须使用具有良好诚信记录的社会安全号码进行登记；从工作角度来看，个人被企业雇佣的前提之一是拥有良好的诚信记录，这是市场所认同的指标；从子女受教育角度来看，父母必须在迁入地通过稳定的住址、电话缴费单等证明，建立起被当地政府所信任的长期居留意愿的诚信记录，这样才能为子女申请到免费入学的义务教育。此外，从个人受教育角度来看，个人申请大学的时候，诚信问题是学校关注的重点，失信公民申请不到满意的大学；当个人迁移到其他的地点生活工作时，个人之前的诚信记录仍然有效，同时也会在新的地方继续记录个人的信用情况。个人社会安全号码是不会改变的，这种信用是可以在更广泛的地域内使用。通过原来的诚信记录登记租房，通过在迁入地的活动获得当地的诚信记录，这样的记录成为个人在迁入地享受社会服务的凭证。个人只有当诚信评估的结果可信时，才能在迁入地享受到社会服务和社会福利。

因此，美国模式中的诚信体系通过两个方面影响人口管理：第一，

---

① 于茂昌：《美国社会道德调节机制简论》，《北方论丛》1996 年第 1 期。

在信息登记方面，较高的社会诚信度以及外在机制的软约束，使得人口信息真实可靠；第二，在人口流动方面，诚信记录通过社会安全号码的索引功能与人口管理相联系，使得信息记录更加全面且不受地域的限制。诚信记录通过对求职、教育与住房等方面的直接影响，间接地影响人口管理。

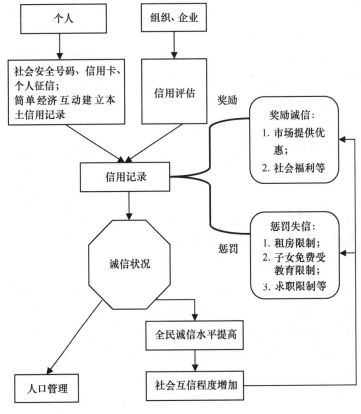

图 3－4－2　　"诚信—人口管理"的美国模式

2. 日本模式：以征信公司、行业协会为载体

（1）模式概述

以企业为主导的诚信建设是日本模式的突出特点。首先，日本在信用管理上采用的是会员制模式。信用机构由会员单位共同出资组建，只有会

员单位才能享受到信用机构提供的信息①。在个人征信方面，行业协会发挥了重要作用，通过诚信信息而互换得到，其中，主要的协会是银行协会和金融系统的信用卡协会；在企业征信方面，较大的征信公司起到了重要的作用，如帝国数据银行、东京商工所等；其次，住民票和信用卡在个人诚信记录方面发挥着重要作用；最后，在诚信约束方面，严厉的失信追究制度使得失信行为受到严厉惩罚。

（2）核心要素

第一，诚信教育。

日本受传统儒家文化的影响，诚信在其文化体系里占有重要地位。日本的诚信教育几乎贯穿人的一生，在家庭中父母经常教育孩子"不许撒谎"②，到学校里耳濡目染的是"诚实"二字，到公司里"诚信"几乎是普遍的经营理念。在日本，很多学校的校训都有"诚实"二字，如东京文京女子中学的校训是"诚实、勤勉、仁爱"；横滨翠陵中学的教育方针是"自立、诚实、实行"；泰星中学的校训是"诚实、品位和刚毅"。日本中小学生都有一本道德手册，名为"心的笔记"，用通俗易懂的语言，记载着各种道德规范，诚实是重要内容之一。通过家庭、学校、社会各方的监督教育，日本公民建立了普遍的诚信意识。

第二，失信责任的行业监管。

日本在失信责任追究方面是很严厉的，个人出现失信行为需要承担严重的后果。比如，酒后驾车，一经发现处罚的不仅仅是酒后驾车者本人，连出售给驾驶人酒水的经营者也要接受处罚。这种处罚方式使得失信行为不仅是个人的行为，而且还涉及其他相关人员。此外，在职业领域，若个人在企业中出现严重的失信行为被企业解聘，这样的职业生涯记录会使得违规者难以被同行业的企业聘任。

（3）诚信与人口管理的作用路径

从具体的路径来看，在日本，诚信对人口管理的影响主要表现在三个方面：一是在信息登记上，良好的诚信基础和福利引导，使得日本居民发生迁移时主动地进行登记，并且人口信息真实可靠；二是在工作上，个人

---

① 曹元芳：《发达国家社会信用体系建设经验与我国近远期模式选择》，《现代财经》2006年第6期。

② 何德功：《感受日本诚信文化》，《经济参考报》2013年第8期。

在企业中的情况可以被行业共享，一个人如果在一个企业中出现失信行为，那么这个人可能在此领域内被排斥；三是在贷款上，信用卡申请或者购房贷款与企业联系紧密，个人所在企业单位提供组织担保。个人申请信用卡或者购房贷款，审查很严，需要真实填写自己的工作单位、收入、单位和个人电话、银行存款等。银行打电话向单位求证相关情况，如发现不实，就会拒绝发放信用卡。一旦有被拒的记录，因为日本所有银行信息联网，在几年内都不会有一家银行给这个申请者发放信用卡。

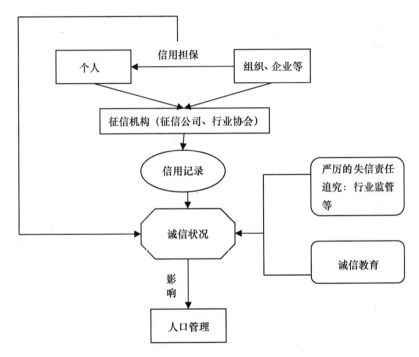

图3-4-3 "诚信—人口管理"的日本模式

3. 德国模式：以中央银行为主导

（1）模式概述

德国实行的是社会市场经济制度，在保证市场自由竞争的同时，又采取措施，在一定程度上校正因市场自由竞争所导致的社会收入分配差距拉大，使竞争和经济增长的好处让全体人民都能共享。以中央银行为主导的诚信建设是德国模式的突出特点。首先，在信用管理上，德国采用的是公共管理模式①。信用评估机构是中央银行的附属机构或者在中央银行的管理之下，而不是由私人部门建立。其次，诚信记录便于查询。最后，在诚信约束方面，个人诚信监督机制较为健全。

（2）核心要素

第一，便于查询的诚信记录。

德国人非常讲究信用，而且德国的个人诚信可以直接被查询。早在1927年，德国就建立了一套严谨的信用保障体系。这个被称之为"SCHUFA"的信用保障机构是一家德国全民信用数据存储与查询的机构。它的数据库拥有6000多万自然人以及150万法人的信用记录。也就是说，德国全国3/4人口的信用都有据可查。SCHUFA信用保障体系有完善的法律保障。它采用0—100的评分制度，分数越高信誉度越高，其中，个人信用数据每季度更新一次，企业信用数据每天更新。评分体系包含的内容非常广泛，个人基本信息、当前以及以往住址、信用信贷记录、银行账户信息、电话和网络缴费情况、保险信息、商务交易口碑、租房记录、犯罪与个人不良记录等诸多方面都记录在案。在德国，SCHUFA信用保障体系的信用数据对于个人和企事业单位都完全公开，人们可以随时在网上或者打电话查询。每天SCHUFA会接到大约27万次的信誉查询请求，91%的询问都会得到所需的信息记录②。在德国办银行卡、租房、买车、买房，全都要参考个人信用分数。

银行也是查询信用记录的重要机构，这种信用记录是通过个人信用卡的使用建立的。德国法律规定，德国公民可以拿着自己的身份证和他人身份证的复印件，到银行去查看他人的信用记录，查看此人是否具有延时付费、欠债不还等不良记录。就连租房子、借钱等事宜，对方也要查看个人的信用记录，根据个人诚信再决定是否把房子租出等。

第二，诚信管理渗透于生活之中。

良好的个人信用档案就是个人的第二身份证③。在德国，信用记录事关一个人的生存，如果一个人没有一个好的诚信记录，即使个人能力很

① 曹元芳：《发达国家社会信用体系建设经验与我国近远期模式选择》，《现代财经》2006年第6期。

② 柴静：《德国：诚信是社会"通行证"》，《光明日报》2013年4月17日。

③ 肖猛虎：《借鉴国外诚信建设经验推动我国诚信建设》，《广西金融研究》2005年第4期。

好，也会寸步难行。因此，德国人平时严格要求自己，很注意约束自己的行为，使得自己有一个好的诚信记录。借债不还、考试作弊、触犯法律、乘车逃票、交通肇事等个人诚信问题，都有可能无一遗漏地记录在案，在全国每一个计算机终端上都可以查到。用人单位在招聘人才时，首先要看应聘者的个人诚信记录，如果诚信记录不好，实行"一票否决"。

在德国，想要申请一些大银行的信用卡并非易事，银行通常会对申请人当前以及未来的财务状况进行严格评估，对于符合条件的申请者来说，最快一两周就能拿到银行寄来的信用卡。通常来说，人们刚拿到信用卡的时候其透支额度不会达到最大限度。有些银行甚至在发放信用卡的时候给予持卡人的透支额度只有100欧元。随着持卡人消费还款次数的上升，透支额度也会逐渐上升达到最高限度，这也体现出了银行对客户良好信用记录的重视。

第三，个人信用监督制度健全。

个人信用可以通过一系列有效的数据、事实和行为来标明。个人可以自由流动，却有一个伴随终生的号码，通过这个号码，每个人拥有一份资信公司作出的信用报告，任何银行、公司或业务对象都可以付费查询这份报告。有过不良的民事记录，甚至刑事记录的个人，如诈骗、空头支票、欠款不还、破产等，在申请贷款、上保险和求职时都比信用记录良好的人困难得多，要多付利息或负担更高的保险费率。比如说，开汽车由于个人的原因出了事故，以后保险公司就要提高个人的费率[①]。

（3）诚信与人口管理的作用路径

德国对人口流动是不加限制的，人们可以自由地从一个地方迁往另一个地方，但是在德国，人口出生、死亡、迁移等登记被看作重要的人口管理内容，这首先表现为将登记制度法制化的民事登记制度。民事登记制度是多部门联合更新数据的制度，当个人的某项信息发生变更，一个部门的信息更新可以被其他的部门所分享。

诚信信息是个人信息的重要组成部分，这主要表现在两个方面：第一，德国人诚信观念强，主动提供真实可信的个人信息。德国建立的完善的诚信监督机制促进了个人对诚信的重视以及诚信水平的提高，诚信成为

---

① 《德国个人信用体系的建立及应用情况》，http://www.pbccrc.org.cn/zhengxinxuetang_304.html。

社会普遍的追求价值；第二，诚信记录是迁入地接受迁入者的重要衡量指标。求职、租房、申请信用卡以及当地政府的社会福利服务都要评估个人的诚信记录。

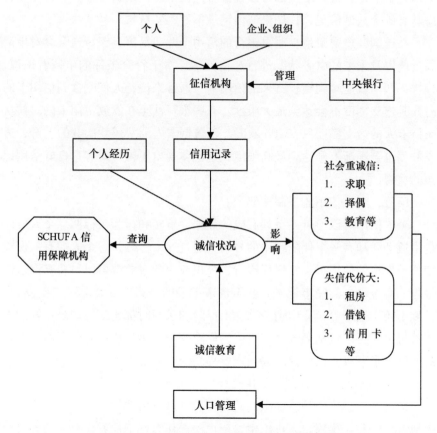

图3-4-4   "诚信—人口管理"的德国模式

三　国外诚信建设对我国人口有序管理的启示

基于以上对美国、日本、德国等国家诚信体系的研究，我国在推动以诚信为基础的人口有序管理系列改革时，可以得到以下几点启发。

1. 培育促进人口有序管理的诚信教育意识
诚信教育需要全面化、系统化、具体化和可操作化，需要把抽象的诚信概念变成系统的具体指标，即可以实行的具体行为规范。在美国、日本和德国，从小学一直到大学都对国民进行细化到日常行为准则的诚信教育。学校、家庭、社会、大众传媒等都积极参与到关于诚信的教育当中。老师在引导孩子的诚信上作用重大，老师鼓励孩子诚实守信，并将诚信作为评价孩子的标准之一。在德国的青少年教育体系里，家庭是道德教育的主要场所，父母则是孩子的启蒙教育者。德国的教育法中明确规定，家长有义务担当起教育孩子的职责。家长们普遍遵守这样一个原则：教育孩子诚实守信，家长必须作出榜样①。

2. 完善促进人口有序管理的诚信奖惩机制

以利益引导为主，通过市场提供优惠、政府提供福利来鼓励个人诚信。在美国，良好的信用记录在消费中可以获得更多的优惠，享受政府提供的福利；在德国，信用记录是求职、择偶以及享受社会服务的评价标准；在日本，受高额医疗费用的影响，政府的医疗服务作为最重要的福利，引导着社会成员的诚信行为。

惩罚失信是诚信约束中必不可少的。个人在享受诚信带来巨大便利的同时，也应接受因失信带来的巨大惩罚。在美国、日本和德国，不良的诚信记录会给求职、租房等方面产生重要影响，从而提高失信的成本。

3. 构建促进人口有序管理的诚信信息基础

以促进人口有序管理为目的的诚信体系可以尝试探索建立"双轨化"的信息模式：一是通过信用卡，记录与银行相关的诚信行为；二是利用能进行身份识别的凭证，记录生活领域的诚信行为。我国目前诚信的记录体系不健全，个人诚信行为记录不全面。除了银行系统之外，其他领域的诚信管理相对滞后，诚信记录在人口管理中的作用尚不明显。以上美国、日本、德国的经验有助于提高我国诚信管理与人口管理的关联性。

---

① 《德国靠什么实现诚信》，http://www.people.com.cn/GB/paper39/10424/950008.html。

第五章　信息管理

人口信息是一个国家的基础资源。高效有序的人口信息管理能够进一步提高国家行政管理的软实力，对强化人口有序管理、促进国家经济发展有着无可替代的功能。英国学者希克斯曾经提出："完备的信息系统、灵活的信息交换是政府成员之间协调成功的前提条件。"① 他认为，政府部门之间应该有整体性的治理理念，加强部门之间的沟通和信息共享是整体性治理能够成功的关键。2014 年 7 月，国务院印发的《关于进一步推进户籍制度改革的意见》中特别强调创新人口管理，具体包括要建立城乡统一的户口登记制度、建立居住证制度、健全人口信息管理制度三方面的内容。由此可见，人口信息管理在户籍制度改革乃至整个国家的政府管理中的重要作用和基础性地位。

然而，我国目前的人口信息登记管理制度依然受到 1958 年确立的户籍制度的显著影响，即按照地域将人口分为农业户口人口和非农业户口人口，并由当地公安机关户籍管理部门登记管理。1958 年建立这样的户籍制度，其主要目的是控制农村劳动力流出进入城市，以保障粮食生产，为工业提供积累，同时减轻城市粮食供给压力和就业压力。在过去整个计划经济时期，农业户口要转为非农业户口的条件非常苛刻，这种通过户籍制度实现人口管理的办法在当时起到了很好的作用。到了 20 世纪 80 年代以后，自由流动禁令逐步解除，农民开始大规模向城市流动，传统的户籍制度控制人口流动的功能不断弱化。同时，与发展相适应的新的人口信息登记管理制度又尚未形成，人口现居住地情况、就业情况、家庭情况、收入情况等一系列信息变得难以确定，这给人口管理带来很大的难题。本章拟

---

① 曾凡军、韦彬：《整体性治理：服务型政府的治理逻辑》，《广东行政学院学报》2012 年第 4 期。

在整体性治理理论下分析国内人口信息存在的问题，构建信息管理与人口管理之间的理论联系，从而促进人口的有序管理。

一 人口信息管理困境的根源

1. 人口流动迅速，人口信息变更滞后

随着我国市场经济的发展以及城镇化进程的快速推进，现行户籍制度限制人口自由流动的作用正逐渐消退，两亿多农民工逐步实现了地域的转移和职业的转变。然而，面对迅速增长的流动人口浪潮，我国对人口信息的变更无法跟上人口的流动，而且长期以来，我国并没有专门设置针对流动人口的服务管理部门，流动人口相应的福利保障长期处于缺位状态。

2. 信息登记与社会福利关联性不足，人口登记主动性弱

在全国，居民身份证制度成为现阶段我国公民信息采集及人口管理的重要制度。然而，虽然身份证制度在一定程度上覆盖了我国绝大部分居民的人口信息，但是由于早期身份证管理的松弛，很多地方出现"有人无证"或者"一人多证"的现象。另外，由于城市社会资源的有限性，城市的政府管理部门难以完全赋予流动人口市民化待遇，对流动人口的管理主要还是处于管控阶段，从而导致了以证件管理为核心的流动人口管理与以经济利益和福利为核心的流动人口需求不一致，流动人口的信息登记与社会保障相脱节，流动人口信息登记缺乏主动性。这些问题的直接后果就是人口信息的缺失和人口管理的无序。

3. 部门之间资源垄断，人口信息碎片化

目前，我国从中央到地方存在着若干条垂直的人口管理体系：公安部门出于保障国家和社会安全的需要，记录了覆盖面最广的人口数据，包括每位公民从出生、学习、工作、结婚、违法犯罪、生育直至死亡的全部生命过程的重要信息；银行系统中的消费、借贷等人口信息与用户日常生活、经济活动密切相关；社会保障、就业情况、文化教育、卫生保健等方面的人口资料，按职责分工分别记录在劳动保障、民政、卫生、教育、文

化等部门的信息系统中①；统计部门的人口统计系统则收集了我国及各地人口总体数量、结构以及分布等方面的基本信息。各个部门在人口信息上都有一套自己的数据，各有侧重，但部门之间各自为政，缺少信息交流和共享，向社会开放的程度也不足，这使得我国人口数据表现出碎片化及资源浪费等诸多问题。

4. 信息技术开发效率低，人口信息静态化

人口管理的信息化是现代人口管理的发展趋势，发达国家依靠发达的电子网络系统实现了人口的信息化管理。在美国，社会安全号码的存储信息系统已经实现全国联网，形成了一个高度发达与完备的个人信息网络系统，美国国内各地区、各部门与各行业均能通过社会安全号码查询居民的个人相关情况，同时，政府依据社会安全号码可以对居民的迁移与流动信息进行管理和追踪。2003 年，加拿大政府实施了行政事项的共享服务模式，通过跨职能、跨权限的协调各级政府，做到了为市民提供电子服务的无缝集成②。

尽管我国人口信息系统建设具备一定的积累和基础，但由于部门利益阻碍、信息技术应用相对薄弱等问题，我国至今尚未建立覆盖全部人口、代码唯一的基础信息库③，人口信息难以实现及时、准确、动态的更新，已有的信息资源也尚未实现高度共享。这样的人口信息状况在很大程度上影响着我国各级各类规划的科学性和权威性，同时也会对人口服务管理的精确性产生影响，最终形成人口无序管理的客观现实。

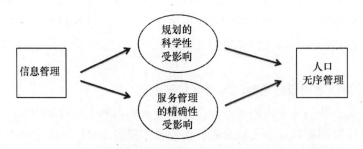

图 3 - 5 - 1　信息管理与人口无序管理之间作用关系简图

① 蒋正华、张羚广：《人口信息系统的建设与发展研究》，《中国人口科学》2003 年第 5 期。
② 卞铭：《县级人口信息资源共享平台建设与研究》，中国海洋大学硕士学位论文，2012年 12 月。
③ 陈忠昊：《实有人口管理系统的开发与应用》，贵州大学硕士学位论文，2009 年 12 月。

二 整体性治理理念下信息管理与 人口有序管理的互动

整体性治理理论是英国社会科学家希克斯于 1997 年提出的，并在之后的研究中对其逐步完善。该理论主要针对的是 20 世纪 80—90 年代政府改革所带来的碎片化问题。希克斯指出，整体性所要解决的是新公共管理带来的碎片化问题而非专业化问题[①]。整体性治理就是政府机构组织间通过充分沟通与合作，达成有效协调与整合，彼此的政策目标连续一致，政策执行手段相互强化，达到合作无间的目标的治理行动[②]。

希克斯在论述整体性治理时认为，要达到各部门之间的整合需要做到五个方面的事情：

第一，政府各部门之间、政府与群众之间建立相互的信任。"信任是协调产生的基础，是任何社会向前发展不可或缺的要素。"[③] 而信任的基础则是以公共利益为导向，强调公民参与，强调政府职能回归到公共精神和责任服务。

第二，强调政府责任感。政府在行使社会管理职能的过程中明确自己的权力和责任，依法承担责任，实现权责的统一。

第三，建立信息系统。完备的信息系统、灵活的信息交换，是协调成功的前提条件。此外，还应包括一个弹性的、无缝的组织结构，信息化和数字化的发展迫切需要一个新的组织结构来适应时代的发展，且能够实现网络和跨部门治理的融合。

第四，提供一站式服务。强调政府在提供服务时能够将公民视为顾客，以顾客至上的理念为其服务并对其相关信息进行集中管理，并依据其信息最大限度地提供便民服务。

第五，预算管理。政府需要注重经济效率，用最少的钱提供最多的服

---

① 顾颖：《上海城市流动人口整体性治理策略研究》，上海师范大学硕士学位论文，2012 年 4 月。

② 叶璇：《整体性治理国内外研究综述》，《当代经济》2012 年第 3 期。

③ 顾颖：《上海城市流动人口整体性治理策略研究》，上海师范大学硕士学位论文，2012 年 4 月。

务，即"以绩效为基础"的预算体制。[①]

表 3 - 5 - 1　　　　　　　整体性治理理论主要内容

	涉及功能要素	分析要点
整体性	不同或同一层次的整合	整合、信任、责任感、信息系统、组织结构、一站式服务、预算等
	不同部门功能上的整合	
	政府与非政府部门或私人企业之间的整合	
治理	主体多元化	
	组织结构系统化	
	手段多样性、灵活性、数字化	
	工具有弹性、灵活性	

1. 个人层面："阶梯式"赋权，变被动采集为主动登记信息

当前，人口有序管理困难的根源就是人口信息登记不全，信息采集不清。人口有序管理中信息收集困难的原因之一就是"重管理、轻服务"的政府管理体制使得公民缺乏对政府组织的信任，公民尤其是流动人口在信息登记上非常被动。在希克斯看来，建立信任是整体性治理的关键要素。信任是良好的政府组织秩序的基础之一。缺少信任，政府组织将出现正常运转的危机。[②] 而信任的基础则是以公共利益为导向，强调公民参与。因此，提升政府公共服务，将居民的信息登记与社会服务、居民福利相联系，搭建个人与企业、社会组织之间信息平台，建立政府与公民之间信任体系和良好的互动关系，成为人口有序管理中的关键一环。

国际上，许多国家的人口登记制度是以福利为引导的，这种福利保障下的人口登记，强调公民权利与义务的相互关系，并以法律的形式将其规范化。例如，日本人的住民票制度，住民票是以个人为单位记载信息，除了姓名、出生年月和性别外，需要声明自己是否是户主、与户主的关系以及最近一次的住所变更情况等十余项；从证件功能来讲，住民票是公民确认日常住址、迁移、纳税、选举、接受义务教育乃至领取健康和年金保

---

① 顾颖：《上海城市流动人口整体性治理策略研究》，上海师范大学硕士学位论文，2012年4月。

② 曾凡军：《整体性治理分析框架下的政府组织人际信任研究》，《社会经纬理论月刊》2013年第1期。

险、米谷配给等的根本依据。此外，美国的社会安全号码制度也有此项功能。社会安全号码与个人生活中的种种行为紧密联系在一起，申请学校、工作、信用卡、房子、医疗、驾照等等都需要填报社会安全号码，并自动登记入网。随着福利制度的发展，中国台湾地区也将户籍管理与公民福利体系捆绑在一起：贫穷补助、医疗、居住、贷款、公有地所得、老人津贴、身心障碍者补助、儿童福利与教育权等身份的认定，均与信息登记直接相关。

近年来，学者们在对流动人口进行的一系列研究中提出了"阶梯式"赋权，变暂住证制度为居住证制度，将居民信息登记与社会保障权利相挂钩的人口管理方案。"阶梯式"赋权，就是有条件地将居民的社会福利与其信息登记相联系，一方面保障了流动人口的社会权益；另一方面在一定程度上也缓解了政府逐步放开流动人口权益之后的财政压力及公共资源的紧张。

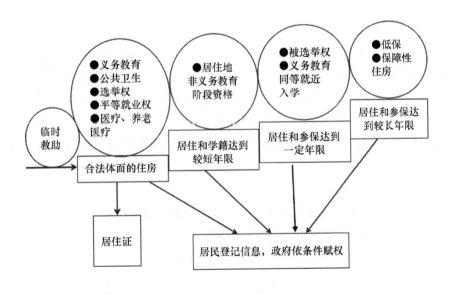

图 3 - 5 - 2　居住证"阶梯式"赋权思路图①

① 王列军：《进一步推进户籍制度改革的思路与建议》，《中国城市发展报告》，社会科学文献出版社 2013 年版。

2. 组织层面：科学设置管理机构，加强部门之间的信息合作

长期以来，我国人口，尤其是流动人口的信息不清，人口基础信息仍处于"散、乱、旧"的状态①。从管理主体上看，管理主体多元，行政层级碎片化，形成了我国现行人口管理的分散和人口信息的无序状态——"一事几家管"。在整体性治理理论看来，针对功能性划分所导致的管理碎片化和公共服务的裂解性，需要在既有的功能性部门分工基础上进行政府运作的整合，强调逆部门化和碎片化，实行大部门式治理②。此外，政府组织的存在是以利益实现为核心要素的，任何政府组织都拥有其自身利益，并有不断追求自我利益最大化的驱动③。同样，人口管理相关部门的信息资源垄断也是部门利益的驱动。因此，加强政府部门之间的合作，实现资源共享的当务之急是建立健全政府间的合作激励机制，让政府组织在合作中获益，从而充分调动政府组织间的合作积极性，强化部间的信息资源共享。

从目前情况看，我国的人口管理存在交叉设置机构的情况，管理主体不明确，管理责任落实不到位。实现人口有序管理，需要对人口管理部门依据政务功能进行整合，对组织中相同或相近的政府职能进行整合和归并，综合设置政府组织机构，增强组织运作的整合性机制，对人口管理体制做整体上的规划。在这方面，可以借鉴美国信息采集制度，自下而上设置相应机构负责不同信息数据的登记管理工作，最后由一个部门统合信息，实现信息共享。

3. 技术层面：以投入发展科技，以科技简化信息政务

我国人口有序管理中一个核心困境就是信息系统发展的滞后。人口具有数量、素质、结构、分布等多方面形态，并不断进行着生理的、机械的、社会的、心理等诸多方面的变动。因此，人口信息应该是全面的、动态的、实时更新的。整体性治理理论认为，有完备的信息系统、灵活的信

---

① 尹德挺：《人口有序管理的国际经验与中国实践——基于流动人口服务管理的视角》，《人口与经济》2002 年第 2 期。

② 曾凡军：《整体性治理——服务型政府的治理逻辑》，《广东行政学院学报》2010 年 2 月。

③ 曾凡军：《府际协调低效率与整体性治理策略研究》，《学术论坛》2010 年 2 月。

息交换是协调的前提条件，而电子信息技术以其时效性、灵活性成为政府治理中的有效工具。

目前，由于技术应用的限制，我国还没有建成覆盖全部人口、代码唯一的基础信息库，人口信息依然处于静态化、碎片化状态，给相关管理工作带来困难。因此，未来我国政府部门需要加强对信息技术的投入与应用，以投入发展科技，让现代信息技术和网络技术成为政府信息化治理和服务的有效手段；建立从国家到省级再到地方的"国家人口基础信息库"，指定一个专门的管理部门负责信息的采集技术、管理数据库和信息系统的运行，确保信息和网络安全，各个职能部门按照权限读取和使用"信息库"。

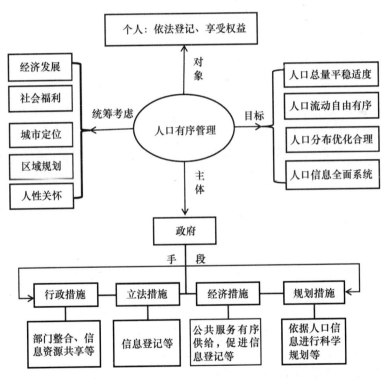

图 3 - 5 - 3　整体性治理理念下以信息为基础的人口有序管理互动

同时，将不同的政府层级、不同的机关单位和不同的政府网站进行整合。一方面，以信息技术为手段，将不同的网络支撑技术、网络基础设施和人力资源进行整合，简化基础性的网络程序和步骤，重新设计整体性的公务支撑功能和事务处理系统，使政府治理程序简单化、业务流程统一透明化、政府服务网络化；另一方面，不断整合政府与公民间的电子化互动回应机制，为公民提供优质的多元化服务。将政府机关、企业与公民间的互动机制进行整合，建立政府、非营利性组织与公民之间跨层级、单位和网站的广泛沟通网络，形成良性互动机制，提高政府对公民需求的反应能力和回应力①，实现人口信息与政府服务的良性对接。

当然，在当前的中国，信息管理不尽如人意的现状并不能完全归咎于信息管理理念的落后或信息技术应用与开发的不足，而更应该看到目前管理体制、利益协调等因素对信息化建设的重要影响。

4. 小结

基于户籍管理的人口管理暴露出越来越多的缺陷与弊端，以管控为主的人口管理思想与公民生活需求的不相适应，也使得人口管理低效率，人口信息无序化。整体性治理理念注重治理问题的预防，重视公民需求，强调政府的责任和公共服务能力。整体性治理理论下的人口有序管理重点不是管理，而是对公民需求的整体回应，政府服务功能的强化。因此，人口有序管理的起点应该是人口管理思想的转变——以信息为基础，以服务为先导。

---

① 曾凡军：《整体性治理——服务型政府的治理逻辑》，《广东行政学院学报》2010 年第 2 期。

第六章　土地管理

随着我国城市化的深入发展，大量农村人口开始向城市流动。特大城市、超大城市更是由于其具有优越的地理位置、较多的工作机会以及优质的资源等显著优势，吸引着越来越多的人口。在城市人口规模膨胀的同时，城市外延扩张对于土地利用的需求不断增长，而土地需求压力下催生的粗放式土地利用，则进一步加速了人口的无序扩张，城市人口资源环境不协调的问题日益凸显。

因此，深入推进对于这一领域的研究，寻求现实难题的突破口或"症结"，将对城市未来的可持续发展有着重要的指导意义。在这种背景下，本研究将把北京作为我国特大城市、超大城市的代表，分析城市土地管理制度对于人口管理的影响，并提出相应的对策与建议，以促进人口有序管理。

一　城市土地制度对人口管理的影响

长期以来，城市土地管理制度对人口有序管理工作产生着重要影响，城市人口规模的膨胀、城市城乡接合部地区人口的过度聚集等人口问题，都与土地扩张、土地管理制度不完善密切相关。概括起来，我国城市人口无序管理的客观现实与以下若干城市土地管理问题密切相关。

1. 土地二元所有制推动流动人口加速向城乡接合部聚集

目前，我国实行的是城乡二元的土地公有制结构，城市土地与农村土地的产权主体不同：城市土地为国家所有，农村土地为农民集体所有。根据《中华人民共和国土地管理法》第2条规定："中华人民共和国实行土地的社会主义公有制，即全民所有制和劳动群众集体所有制"，即所谓的

"土地的二元所有制结构"也就是指"城市"和"农村"分属不同的管理模式。《中华人民共和国宪法》第10条、《中华人民共和国土地管理法》第8条明确指出,"城市市区的土地属于国家所有","农村和城市郊区的土地,除由法律规定属于国家所有的以外,属于农民集体所有;宅基地和自留地、自留山,也属于集体所有"[①]。在这样的二元结构下,土地被分为国有土地和集体土地两类,附着在不同土地性质上的管理政策和法律手段也不相同,这就造成了地处城市与农村交界处的城乡接合部地区土地管理状况的混乱。

总的来说,城乡二元土地公有制结构对人口的影响主要表现在两个方面:

第一,城乡二元土地公有制结构加速了城市中"城中村"的大量出现以及流动人口的大量聚集。由于"城中村"兼具城市和农村的双重特点,可谓是二者的混合体,所以其土地管理的薄弱为流动人口提供了低成本化的驻足土壤。

第二,城乡接合部地区宅基地政策的不完善,导致了违法建设和流动人口的增多。宅基地是指农村村民用作住宅基地而占有、利用本集体所有的土地。根据国土资源部有关农村宅基地管理的规定,城市规划区内的村庄不再审批宅基地,应按规划集中兴建村民住宅小区。同时,北京市政府《关于加快本市绿化隔离地区建设暂行办法》(京政发〔2000〕20号)规定:在规划确定的绿化隔离地区内,公安部门停止办理居民的迁入审批手续,各有关单位和部门不得新批宅基地用地,农民也不得在原宅基地上建房[②]。北京市政府1990年第39号令《关于加强农村村民建房用地管理若干规定》中规定,农村村民一户只能拥有一处宅基地。村民每户建房用地的标准,由各区、县人民政府根据本行政区域的情况确定,但近郊区各区和远郊区人多地少的乡村,最高不得超过0.25亩。

尽管北京城市化的推进速度很快,但依然尚未实现全境的城市化,还有相当大面积的农村地区和相当规模的都市农民。随着时间的流逝,2000年以前审批的宅基地农户,其家庭结构已经发生了重大变化,很多家庭都经历了子女成家、分房、分户等重要家庭事件,但子女结婚、生育产生的

---

① 华玉武、史亚军、李巧兰等:《北京城乡一体化发展研究》,中国农业出版社2011年版。
② 朝阳区人民政府:《北京市朝阳区土地利用总体规划(2002—2010年)》2004年6月。

新增人口又不再享有新批宅基地的权利，这样，当初每户所批的宅基地面积显然已经不足以在衍生后的大家庭内进行分配，人口与土地的矛盾凸显，因此，当地农民只能通过加高、加盖等违规扩建来解决家庭内部的居住问题，这是造成今日城市农村地区违法、违章建设骤增的一个重要原因。此外，对于在固有面积上扩建后的农村宅基地，农民可以将富余的房屋用于出租，从而形成了所谓的"瓦片经济"，为流动人口的廉价居住打开了方便之门。我们可以从北京市朝阳区流动人口出租房屋的结构状况看到"瓦片经济"的影响。

表 3 - 6 - 1　　　　2011 年北京市朝阳区流动人口出租房屋结构的
城乡对比

出租类别	农村地区（％）	城市地区（％）
普通出租房类	71.87	79.49
群租房类	0.78	1.65
出租大院类	5.88	0.59
集中居住公寓类	0.46	1.26
废品大院类	0.09	0.01
违法建设类	0.01	0.02
人防工程类	0.77	3.18
普通地下室类	0.92	6.33
其他类	19.23	7.48
合计	100.00	100.00
流动人口总数（万人）	122.79	70.89

数据来源：北京市朝阳区流管办数据。

2. 土地利用规划与城市规划分离，人口居住成本降低

与我国城乡二元结构类似，我国土地利用规划和城市规划长期处于割裂状态。城市规划管理的权限仅限于城市规划区范围内，而乡村建设则遵循的是《村庄和集镇规划建设管理条例》。虽然 2008 年之后新的《城乡规划法》颁布实施，但原有的《村庄和集镇规划建设管理条例》并未废除。目前的城市规划与土地利用规划的分离，导致农村规划的制定和实施及监管力度明显小于城市地区，这就促进了城市农村地区及城乡接合部地

区非法用地和违法建设的滋生，明显拉低了城市居住成本。

以北京市最大城乡接合部面积的朝阳区为例，朝阳区有 19 个乡，占全区面积的 3/4，均地处北京的城乡接合部地区。《北京市朝阳区土地利用总体规划（2006—2020 年）》早已于 2010 年 6 月完成，但部分乡的城乡规划却迟迟没有落地，这其中主要包括黑庄户乡、孙河乡、金盏乡和崔各庄乡等地区，而这些乡也是朝阳区流动人口较为集中的地区。因为没有城乡规划，居民私搭乱建现象严重，甚至一些村委会受利益驱动，建违章建筑"吃瓦片"[①]，造成大量流动人口聚集。

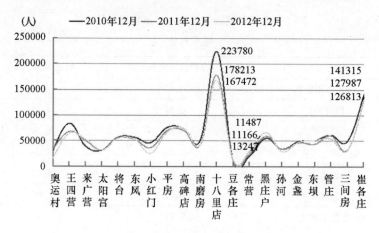

图 3 – 6 – 1　2010—2012 年北京市朝阳区农村地区实有流动人口分布

数据来源：朝阳区流管办提供的相关实有分类人口统计表附表。

3. 土地审批制度不合理，基层政府难以遏制违规建设的蔓延

土地审批制度[②]通常是指农业用地、未利用地转为建设用地、依法供地的一种审批方式，是国家对土地资源用途管制的重要手段。然而，现行的土地审批权制度在实践中的弊端不断显现，给人口管理带来很多障碍，主要表现在以下问题：

———————————————

① 中共北京市委组织部：《把握城市功能定位 促进首都持续健康发展》，北京出版社 2014 年版。

② 土地审批制度是国家行政机关依法对土地公共事务实行管理的各项具体制度的总称，一般包括：新增建设用地预审制度、农用地转用审批制度、土地征收审批制度、土地供应审批制度四个主要环节。

第一，土地审批程序复杂。土地审批涉及建设用地审批、农转用审批、规划审批、土地征收审批。建设用地的预审需要根据不同的项目来确定预审部门，分别为国土资源部、省、市、县（市、区）的国土资源部门；农转用的审批是结合项目级别确定批准机关的，分别为国务院、省人民政府、区人民政府；土地征收是以农转用审批机关为基础，结合是否占用基本农田、占用耕地来确定审批机关，分别是国务院、省级人民政府[①]。可以看出，我国的土地审批程序复杂，流程烦琐，一个项目的土地报批需要不同层级的审批部门审批。虽然目前这样的严格审批制度有助于确保我国不突破耕地红线，但正是由于审批的复杂性，现实情况中不排除地方政府和居民寻求别的方式以达到土地利用的可能性。

第二，基层土地审批权与土地管理事权的分离。根据《中华人民共和国土地管理法》，土地的审批权主要是在国务院和省、自治区、直辖市人民政府两个层级。以前，基层政府具有土地审批和土地事务管理的两项权利，但是目前土地审批权已上收至省级以上人民政府，与基层土地管理事权产生分离，导致基层政府对于农村地区、城乡接合部地区侵占农田违法建设的行为难以做到实质性的干预，从而造成私搭乱建现象的加重以及人口的低成本聚集。

4. 土地资源配置效率低，大量人口附着于传统行业

过度追求 GDP 的增长、土地资源开发强度过大以及单位土地面积上较低的劳动生产率和 GDP 产出率是很多城市人口规模膨胀的主因，其中，土地资源配置效率起着很大的影响作用。

从单位土地面积 GDP 的产出率来看，我国很多城市普遍偏低，土地集约化程度亟待提高。以北京为例，2011 年，北京每平方公里建设用地产出 GDP 为 7261 万美元，相当于纽约的 15%、东京的 21%、伦敦的 42% 和我国上海的 70%[②]。

从分行业的劳动生产率来看，我国很多大城市也并不是想象的那么高。以北京为例，我们通过对 2005—2011 年北京市各行业的劳动生产率

---

① 徐颖：《我国土地审批制度改革研究》，苏州大学硕士学位论文，2007 年。

② 北京市人民政府印发《关于加快本市绿化隔离地区建设暂行办法》的通知（京政发〔2000〕20 号）。

分析发现，相比于上海、天津、广州、深圳四个超大城市而言，除了个别行业，如金融业以外，首都北京分行业的劳动生产率大多处于较低的水平，如第一产业、工业、建筑业、交通运输、住宿餐饮和房地产业等，这是北京人口膨胀的重要原因。

从产业用地与区域功能定位的匹配程度看，很多城市依然存在城市功能与土地配置错位的问题。以北京市朝阳区为例。朝阳区拥有北京90%以上的涉外资源，入驻北京的世界500强企业2/3均落户朝阳，这是朝阳区发展国际金融和现代服务业的良好孵化环境，但从土地配置上来看，在当前占用北京朝阳区集体土地的企业中，规模企业数量较少，传统商业、餐饮娱乐、仓储运输等消费性服务业及传统制造业、建筑业等传统产业占企业总数的90%，而文化创意、现代商贸等现代服务业仅占10%，这些传统产业是聚集人口的重要场所。

表3-6-2　　　　我国各大城市2011年分行业劳动生产率　（万元/人）

	北京	天津	上海	广州	深圳
第一产业	57.75	340.90	89.24	584.41	25.21
第二产业	22.60	29.00	34.51	32.11	38.32
工业	24.68	32.53	37.35	34.82	40.17
建筑业	16.55	14.28	19.57	18.45	23.06
第三产业	23.89	69.60	41.86	45.67	49.64
交通运输、仓储和邮政业	14.09	72.35	21.16	34.64	22.23
信息传输、计算机服务和软件业	30.42	231.91	95.70	78.18	97.69
批发与零售业	33.66	108.19	63.99	72.16	80.38
住宿和餐饮业	11.92	50.79	16.72	25.38	30.85
金融业	67.40	110.82	81.98	91.80	122.45
房地产业	30.60	216.13	65.83	70.07	68.68
租赁和商务服务业	19.80	154.38	49.46	80.72	28.54
科学研究、技术服务与地质勘查业	22.45	44.21	36.17	30.00	33.21
水利、环境和公共设施管理业	9.63	19.53	8.52	20.26	30.30
居民服务和其他服务业	15.29	21.04	85.44	40.65	67.38
教育	14.22	23.81	15.76	19.96	15.86

续表

	北京	天津	上海	广州	深圳
卫生、社会保障和社会福利业	13.89	31.45	16.23	23.18	18.51
文化、体育与娱乐业	20.56	134.14	22.33	60.63	56.52
公共管理与社会组织	12.29	22.94	21.40	18.47	16.78

数据来源：《北京市统计年鉴（2012）》、《天津市统计年鉴（2012）》、《上海市统计年鉴（2012）》、《广州市统计年鉴（2012）》、《深圳市统计年鉴（2012）》。

5. 绿化隔离地区建设缓慢，人口膨胀难以遏制

北京市 2000 年启动第一道绿化隔离地区建设，根据北京市政府《关于加快本市绿化隔离地区建设暂行办法》（京政发〔2000〕20 号）中要求，全市应在 3—4 年内全面完成规定的绿化建设任务，但是由于配套政策、建设资金缺乏等若干问题，全市绿化隔离带的建设推进相对缓慢。

从绿化隔离带推进缓慢的原因来看，目前主要有三大问题亟待突破：第一，绿化之后的收入问题。根据《关于加快本市绿化隔离地区建设暂行办法》规定，绿化建设用地面积在 6.67 公顷（100 亩）以上的，允许有 3%—5% 的土地用于与绿地相适宜的建设项目，但不得搞房地产开发和任何工业项目[①]。仅靠 3%—5% 的绿色产业项目收入，农村集体经济增收乏力，农民生活保障堪忧。第二，绿化之后的就业问题。农民上楼需要居住用地，农民劳动安置需要产业用地，所以很多城市部分村只拆了一半，另一半用于解决就业安置和收入问题，自然慢慢就成了"城中村"。第三，绿化之后的补偿问题。目前，很多城市农村地区征地补偿标准较低，整建制转居政策落实缓慢，失地农民难以享受城市居民的社会保障，这些因素都极大地束缚了绿化隔离带的建设步伐。2004 年颁布的《中华人民共和国土地管理法》规定：征收耕地的补偿费用包括土地补偿费、安置补助费以及地上附着物和青苗的补偿费。征收耕地的土地补偿费，为该耕地被征收前三年平均年产值的 6—10 倍。征收耕地的安置补助费，按照需要安置的农业人口数计算。需要安置的农业人口数，按照被征收的耕地数量除以征地前被征收单位平均每人占有耕地的数量计算。每一个需要安置的农业人口的安置补助费标准，为该耕地被征收前三年平均年产值的 4—6 倍。但

---

① 北京市人民政府：《北京城市总体规划（2004—2020 年）》，2005 年 1 月。

是，每公顷被征收耕地的安置补助费，最高不得超过被征收前三年平均年产值的 15 倍。被征收土地上的附着物和青苗的补偿标准，由省、自治区、直辖市规定。在当前的时代中，这样的征地补偿标准显然偏低了许多。

当然，地方政府唯 GDP 的政绩观，土地开发冲动较大，也是影响绿化隔离带建设的重要原因。正是因为绿化隔离带建设缓慢，所以我国很多城市的农村地区、城乡接合部地区违法违规建设现象严重，廉价的房租吸引着大量流动人口的涌入。

表 3-6-3　　　　　　　　　征收耕地补偿费用的补偿办法

项目	衡量指标	倍数	支付对象
土地补偿费	前三年平均年产值	6—10 倍	被征地的农村集体经济组织（村民共同享有）
安置补助费	前三年平均年产值	4—6 倍	被征地的农村集体经济组织（村民共同享有）
地上附着物和青苗的补偿费	由各省、自治区、直辖市规定		农地承包经营权人

二　促进人口有序管理的土地制度改革思路

土地因素是影响人口有序管理的重要因素，但土地因素与其他因素不同，土地与市民、村民的联系非常密切，所以对于这一制度的改革更需持谨慎的态度，基于促进人口有序管理为目的的土地制度改革更需要注意分寸和节奏的把握。不过，有一点是肯定的：城乡统一是未来土地制度改革的必然方向。

1. 打破城乡土地的二元结构，建立城乡统一的土地市场，弱化"瓦片经济"依赖度

城乡二元结构导致了城乡差距，其根源在于城乡要素交换不平等。在我国的要素配置中，长期以来，资金和劳动力要素已经逐步市场化，目前最大的问题在于土地这一要素。因此，打破城乡土地二元结构，建立城乡统一的土地市场，是推动土地要素平等交换的重要一步。然而，这一步的改革需要新的法律支撑，需要时间来解决现实中的难题，不可操之过急。不过，一旦城乡土地二元结构被打破，农村集体经营性建设用地能够流

转，并与国有建设用地同等入市、同权同价，那么农民就不需要过多地依赖"瓦片经济"来获得家庭收入，就能在市场上取得土地的应有价值和价格，这样，城市中的农村地区和城乡接合部地区土地利用模式、出租屋数量以及房屋形态等都将发生实质性变化，从而对人口居住的规范性、安全性和舒适性产生重要影响。

2. 建立城乡统一的土地规划，以"多规合一"合理疏解人口

当前，城乡土地的产权主体尚不能完全统一，但未来在土地利用规划上应率先实现"城乡的统筹"。一是打破城乡规划界限，实行"城乡土地统一规划"。废除农村地区以村为单位进行的土地规划，通过创新城乡统筹的规划编制和实施机制，实现城乡空间资源的统筹高效利用；二是加快推进城乡规划落地。对于部分尚无规划的乡域，需要加紧推动规划落地，避免各类违章建筑丛生以及流动人口和低级次产业的无序聚集；三是努力实现城乡土地利用规划与人口规划、产业规划、空间规划、生态规划之间的有效衔接，真正实现"五规合一"，合理控制城市或区域的人口聚集度。

3. 健全与城市土地产权相关的法律法规，完善土地审批权制度

当前，我国主要是由《土地管理法》等法律法规来规定土地权利及其使用，但随着时代的发展，很多新的法律法规亟待增补，例如，集体经营性建设用地流转问题，土地使用权出让、转让及出租条例等。

在土地审批环节，一方面，要取消一些不会对审批事项本身产生影响、没有实际意义的内容；取消一些报批项目内容在不同层级之间重复审查的环节，避免重复审查①；另一方面，在土地审批方面要有新的措施和办法，解决一个家庭户中新增农民对宅基地的需求问题，从而减小基层政府在维护土地管理事权方面的压力。

4. 加快完善绿化隔离地区相关配套政策，实现"以地控人"

促进人口有序管理的重要手段之一就是加快绿化隔离带的建设。一方

---

① 程遥等：《多重控制目标下的用地分类体系构建的国际经验与启示》，《国际城市规划》2012 年第 6 期。

面，需要加快完善绿化隔离带的配套政策。比如，按人均产业面积，集中规划产业功能区，增加农村集体经济收益，保障农民增收；在居住用地不调整的情况下，可适当调整安置房容积率，或通过土地置换等方式，满足安置房和劳动安置用地需求；加快整建制农转居政策的出台和落实，确保转居农民享有城市居民应有的社会福利和社会保障。另一方面，在城市总体规划中，需要明确城市各区域的绿化隔离带面积或人均绿地指标，以绩效考核的手段控制地方政府土地开发强度，减少人口膨胀的内生性动力。

第七章 基层治理

基层治理是人口有序管理的重要环节。若干政策的落实，人口有序管理的有效性最终都需要在基层治理中得以体现。从空间分布来看，很多流动人口的城市落脚点都选在了城市中的城乡接合部，城乡接合部地区的人口问题表现出明显的复杂性、综合性和尖锐性，因此，在这一章里，本研究将以大都市城乡接合部地区为例，研究流动人口的基层治理问题。

在探索过程中，基于城乡接合部目前流动人口管理的现状，本章将对现实表现出来的问题进行理论概括和思考，明确人口有序管理基层治理的核心要素，以便于加快推进这一领域的改革创新。

一 新时期城乡接合部地区流动人口服务 管理所面临的挑战

从大都市城乡接合部地区来看，流动人口的服务管理大体存在以下五个方面的共性：

第一，流动人口分布不合理，城乡接合部地区产业转型艰难。首先，空间分布不合理。从整个城市的空间分布来看，城乡接合部地区流动人口比例逐渐增多，制约了城乡的统筹协调发展；在公共服务的分配政策和分配机制上，城乡二元结构的分配制度依旧存在，城乡公共资源差距过大。其次，行业分布不合理。在城乡接合部地区，流动人口劳动密集型行业聚集明显，正规择业渠道和就业保障相对缺乏，同时也影响着城乡接合部地区产业结构的转型升级。

第二，流动人口规模庞大且结构复杂，社会治理整体性设计不足。长期以来，城市城乡接合部地区流动人口数量庞大，常住趋势进一步明显，流动人口管理与服务的任务仍然艰巨。城市核心区人口外迁、政策性住房建设以及户籍政策调整等诸多不确定性因素，都对城乡接合部地区人口聚集产生了影响，人口无序增长带来的人口与资源、环境之间的矛盾依然是区域经济社会可持续发展的重要制约因素。相对于流动人口结构复杂化的特点，城乡接合部地区的流动人口管理力量严重不足，各类公共服务资源（包括水、交通、住房、就业、医疗、教育、环卫、治安、社会管理等）配置不合理问题日益突出，流动人口基本公共服务均等化水平还有待于进一步提升。

第三，流动人口信息管理制度难以落实，社会治安防控压力巨大。长期沿袭的登记、发证式管理，难以取得城乡接合部地区流动人口的真实信息，大量处于游离状态的流动人口并未向政府部门申请暂住登记。目前，城乡接合部地区流动人口的组织、服务以及管理工作尚未充分发挥整体合力，各职能部门之间的统筹协调不足，各自为政，尚未形成完善的工作协调机制和信息交流平台，人口服务管理工作体系仍有待于进一步健全。

第四，房屋出租的组织化水平低，出租房屋规范化管理举步维艰。城乡接合部地区生活成本相对较低，吸引了大量流动人口沿城市周边环状分布居住，且出现了暂住人口常住化的特征。城乡接合部地区的地下空间、出租大院、群租房内居住着大量的流动人口，出租房屋管理仍存在诸多的死角和空白区，这些区域居住环境较差，安全系数较低，进一步加大了房屋和人口规范管理的难度。

第五，基层自治组织培育不足，社区归属感相对缺失。从实践来看，目前城乡接合部地区流动人口服务管理基层组织培育工作遇到的主要挑战如下：一是思想认识阻碍多。广大群众和基层干部对流动人口不同程度地存在着排斥思想，对流动人口过多强调管理而忽视了对他们服务的主导意识，对建立流动人口服务管理基层自治组织普遍持谨慎态度；二是培育工作操作难。培育工作表面上看是寻找几个负责人成立一个组织，而实际操作比较复杂，特别是发展模式选择、机构建设等方面的困难突出；三是经费缺乏，运行艰难。诸多流动人口服务管理基层自治组织自身没有收入来源，单靠个人筹资或社会捐资来保证组织正常运行就属不易，更不必说承担社会管理和公共服务的职能。

二 基层治理的利益相关者及其原则

正如前面的章节中提及的，20 世纪 90 年代末，在经历了对传统治理模式的变革之后，英国学者佩里·希克斯和帕切科·登力维提出了整体性治理论，即以公民需求为导向，以信息技术为治理手段，以协调、整合、责任为治理机制，对治理层级、功能、公私部门关系及信息系统等碎片化问题进行有机协调和整合，不断从分散走向集中，从部分走向整体，从破碎走向整合，为公民提供无缝隙且非分离的整体型服务的政府治理模式。这一理论强调治理理念的回归（公共性）、参与主体的多元以及组织形式的创新。

基于此理论以及城市城乡接合部地区流动人口的现实情况和特点，本研究认为，要实现整体性政府在流动人口基层治理上的体制机制创新，需要"协调好六类人群，做好两个方面的工作"。

1. 六大利益相关者

在城乡接合部地区流动人口基层治理过程中，从利益相关者来讲，要注意处理好流动人口、村民、市民政府和立法机构，村集体，开发商以及村委会等社会组织的相互关系，在多方共赢、整体协同的基础上，实现人口有序管理。

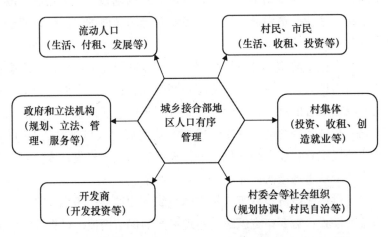

图 3-7-1 城乡接合部地区人口有序管理的利益相关者示意图

2. 两项原则

城乡接合部地区流动人口基层治理的两项原则主要表现为：第一，人口基层治理首先要实现功能的协调，涉及经济功能、政治功能、社会功能以及文化功能之间的协调有序。如果各类功能失衡，那么人口有序管理改革进度会受到严重影响，这一点在城乡接合部地区表现得更为明显；第二，人口基层治理更要实现结构的合理，包括不同行为主体介入进度和介入程度的合理以及在此过程中不同利益相关方利益分配的合理。最大限度地达到不同利益主体在基层治理过程中的均衡，有利于减少人口有序管理的改革阻力。

（1）功能的协调

第一，经济功能的有序性。

经济的价值本质是以市场需求为导向，通过调整和控制各种生产要素（生产资料、劳动力和科学技术等要素）的直接配置比例，以达到财富的价值增值的目的。经济的有序化实际上就是各种生产要素配置的有序化。在城乡接合部地区进行旧村改造以促进人口有序管理的过程中，要注意以下几点：

其一是规划要先行。规划一定要先于开发且真正落实，不能随意更改。在规划设计中，要将与人口规模调控相关的城乡发展规划、产业发展规划、土地利用规划、人口发展规划等与本地区的国民经济与社会发展规划有机结合起来，在规划中直接体现以产业结构调整、城市功能扩散、住宅用地控制、就业政策引导、社会保障监督等为导向的思路，以便于为人口有序管理铺路。

其二是产业要转型。城乡接合部地区产业升级需要树立三大理念：产业发展要与当地人口、资源、环境相协调的理念；产业发展要与本村特色和文化资源相结合的理念；产业发展要有利于促进居民素质和生活水平提升的理念。在三大理念的指导下，发挥产业发展对人口规模的调节作用，提升产业的组织化程度和现代化水平，吸引高端人才聚集；依法取缔低级次产业，减少从事低级次产业的流动人口数量。

其三是村集体经济要升级。村集体组织需要改变"瓦片经济"传统、单一的盈利模式，需要拓宽思路，实现资产的保值增值。村集体经济的转型要注意三个问题：短期内不能彻底地放弃"瓦片经济"，可以鼓励农村集体经济组织集资贷款，利用集体土地建设公租房，解决外来务工人员住房问题；要逐步通过股份化途径，对农村集体经济进行产权改革，使其融入现代城市经济体系；要慎用商业开发形式，一方面在市场机制下推动旧村向城市现代居住小区方向发展；另一方面又要避免开发商介入旧村改造后造成过多的后遗症问题。村集体经济的升级是在带动村民就业和收入提升的基础上，提高村民旧村改造升级的积极性，从而达到疏解城乡接合部地区流动人口的目的。

其四是本地村民的就业要帮扶。是否能够实现城乡接合部地区人口有序管理的前提，是要得到村民的支持和配合，要解开村民收入提升受阻的心结。需要把握三个方面的核心要素：首要的功能定位应考虑保留部分低端租赁住房供给的功能，通过平房改楼房或村集体统一经营住房租赁的方式，提升"瓦片经济"水平，实施优化改造；要把村民纳入到完善的就业和社会保障体系之中。在土地出让、招商引资时，将就业安置作为征地的前提条件。旧村改造后也可吸收村民参与社区服务与管理，保障农民失地后获得相应的就业机会；养老保险、医疗保险等社会保障等都一并解决，彻底消除城中村中的二元管理体制。稳定增收让村民享受"同城同等"待遇；加强村民的文化教育与职业技能培训，推动"市场引导就业、培训促进就业"机制的形成。

第二，政治功能的有序性。

政治有序实际上就是各种生产要素配置之规则的有序化。特别要注意以下几点：一是信息要明晰。数字时代的来临使信息技术成为当代公共服务系统理性运行的工具，其在公共行政变革中的重要作用以及在公共管理中的核心位置，为整体性治理的产生和发展提供了坚实的技术基础。在城乡接合部地区流动人口有序管理中，重点要抓好人口信息数据库的建设和出租房屋数据库的建设；二是管理要精细。在城乡接合部地区人口管理中，要注重管理理念、管理方式、管理政策以及管理体制对人口有序管理的影响。在城乡接合部地区发展过程中，要逐步细化人口管理政策和手段，规范房屋出租行为，需要特别注意农村管理体制向城市管理体制的转变，可以尝试性地将财政体制系列改革中的出租纳税、物业税以及土地制度中"集体建设用地同地同价"等改革在城乡接合部地区加以应用；三是服务要到位。对于居民的基本公共服务，不仅应包括本地村民，而且还应该涉及流动人口，特别是要通过市场机制为城市外来流动人口提供可支付的体面住房和子女的义务教育。

第三，社会功能的有序性。

社会功能的有序离不开以下两点内容：一是要注重社会组织培育。一方面，需要用好村委会，需要充分发挥村级党组织的战斗堡垒作用，巩固党组织的核心地位，带领全体村民共建美好家园；乡、镇、街道可以督促村两委健全民主决策机制，完善民主管理制度，建立民主监督制约制度，公正、公平、公开管理村级事务，特别是利用村规民约来引导村民加强流动人口有序管理；另一方面，需要用好其他社会组织，特别是流动人口自组织，来加强流动人口的自我管理。二是要注重营造社会公平和社会融合的和谐氛围。城乡接合部地区人口有序管理需要建立在社会公平正义以及社会融合的基础之上：既要注重当地征地农民的生存权和发展权，而且还要加大对困难群体、外来务工人员的关怀力度，增强社会融合程度。

第四，文化功能的有序性。

文化有序是指对规则形成观念上的认同性、意念上的连续性、情感上的共鸣性和逻辑上的一致性。在人口有序管理上，要注意以下几点：一是努力实现文化认同。在城乡接合部地区人口有序管理中，实行任何改革和探索都应该首先得到全体居民（村民、市民）的认同，特别是要注意寻求城市文化、农村文化和外来文化共有的价值观，即生活质量和人居环境的提升。在共同价值观下，探讨旧村改造以及人口有序管理的思路和对策；另外，旧村改造还应特别注意对传统文化资源的保护，传承本土文化，以培育本地居民的文化优越感，这样能够更好推动人口有序管理的各项改革措施；二是积极构建信任体系建设。既要注意建立以信任为基础的村庄治理网络，探索没有控制的管理，又要建立居民的诚信系统，通过各项记录，建立人口信用指标体系，提高违规成本，形成良好的社会导向和文化氛围。

（2）结构的合理

城乡接合部地区人口有序管理需要处理好结构合理的问题，主要包括以下两个方面。

第一，行为主体结构合理。一是确保不同行为主体介入进度合理。在旧村改造、推动人口有序管理过程中，不同行为主体介入进度是不同的。前期阶段，政府介入更多；中期阶段，需要多元行为主体共同介入；待社会培育成熟、社会政策完善之后，社会组织介入更多，从而形成不同时间段、不同行为主体介入的梯度干预方案；二是确保不同行为主体介入程度合理。虽然行为主体存在介入的阶段性，但一定要保证介入主体的多元性和结构性。阶段性并不代表唯一性，在每一个阶段，都需要不同行为主体的合力协作，只不过在某一阶段以某一个或某几个行为主体为主、其他行为主体为辅而已。

第二，利益分配结构合理。利益分配应该贯穿人口有序管理的全过程，这一原则性的问题若不被遵守，会引发不同行为主体的不满，也会引起经济功能、政治功能、社会功能以及文化功能的失调。因此，城乡接合部地区的人口有序管理需要处理好利益分配的问题，只有在多方共赢的格局中才能实现人口管理和旧村改造等诸多目的。

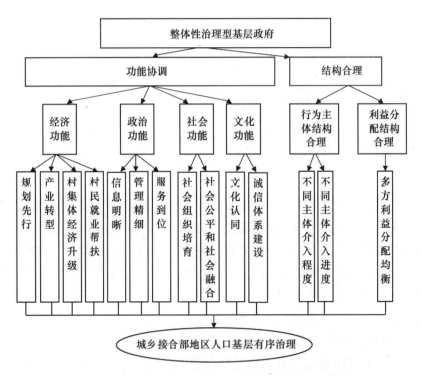

图3-7-2　城乡接合部地区人口基层有序治理的核心要素框架

在基层治理的过程中要实现人口有序管理，应该遵循社会管理的"行政调控"、"市场配置"以及"社会自治"相结合的逻辑体系，充分体现"三维治理"的思路。

第一，坚持政府责任为主体。在流动人口治理过程中，政府是主导性的力量，应扮演主导性的角色，流动人口的服务与管理是政府的重要职能。只有通过政府服务和管理功能的引导，才能保证人口流动的整体有序。

第二，坚持市场化为核心的流动机制。通过市场化的资源配置手段，推动教育、就业、社保、户籍、人才等相关机制和制度建设，逐步实现人口流动与产业调整、产业布局相一致，促进流动人口的合理吸纳、提升和转移。

第三，坚持合作治理的治理理念。基层治理的主体是多元的，既包括政府、社区组织，也包括社区公民。在流动人口治理过程中，需要以社区为载体，充分发挥社区自治组织、社区中介组织、属地企事业单位以及民众等多元主体作用，建立多元互助的社区组织网络和协调机制，并通过实有人口的信息化，拓展管理平台的外延，提升流动人口有序管理的效率。

三　基层治理的改革创新

在"三维治理"的指导下，本研究认为，城市城乡接合部地区在人口有序管理方面可以推动七大体制机制的改革创新。

1. 完善人口管理综合协调机制，实现行为主体和利益分配的有序

综合协调机制的建立涵盖部门协调、政策协调以及利益引导和利益均衡机制的建立等三个方面。政府部门需要充分发挥指导、协调、监督和平台搭建的作用，发挥市场机制对劳动力资源配置的基础性作用，加强劳动力市场的管理和服务作用。

首先，强化以流动人口服务管理为导向的部门统筹机制，降低因政策设计和执行漏洞导致流动人口成本费用不实的问题。与人口服务管理相关的部门需要全面树立"成本杠杆"的理念，形成部门合力：在就业成本调控方面，需要着力严惩违法用工单位；在居住成本调控方面，各个部门要统筹协作，加快城乡接合部城市化工程建设，严格控制违法建设的新增，加大对违法建筑的依法拆除力度，保证流动人口居住环境安全；积极建立并完善出租房屋综合执法长效机制，尽快出台违法出租的处罚性法律法规，如地下空间及群租房的管理罚则；强化对违规中介机构和个人房东

的间接执法，规范房屋租赁行为，如加强对出租房主偷税漏税的监管力度和处罚力度等。

其次，尽早建立以人口有序管理为导向的政策统筹协调机制和会商制度，降低因政策冲突导致区域流动人口过度聚集的政策成本，减少政府对市场的干预行为。在各项政策法规颁布之前进行审查，对不符合流动人口成本调控思路或其他重大执政目标的政策提出修改和完善意见，交由相关部门进行充分协调，待形成一致意见后再颁布实施。

最后，充分发挥利益引导和均衡机制的作用。在流动人口有序管理过程中，要充分保证不同行为主体在旧村改造过程中的利益均衡，从而减少人口调控的阻力。

2. 建立规划实施和纠偏机制，实现人口与经济功能的协调有序

在促进流动人口有序管理方面，要从规划实施评价的工作目标、工作程序、工作内容、基本方法和基本原则等方面，对城乡接合部地区的产业规划、土地利用规划、区域功能定位规划进行重新审定，突出规划对人口的引导功能。

第一，在产业调整方面，逐步建立起产业退出机制和产业准入制度。着重淘汰调整低端产业，控制低级次产业吸纳流动人口的规模，对重大基础设施项目和产业项目需要进行审查，并对其规划选址和实施情况进行监督管理，从而保证人口有序管理与产业规划的协调。

第二，要力争提高城市公共资源，特别是土地资源的配置效率，在区域功能定位的指导下，更大程度地发挥土地资源在疏解人口与产业分布方面的重要功能。结合土地市场专项整顿，强化土地资源的集约利用，着重提高农村集体建设用地开发效益。

第三，联合各个部门，通过日常监督、督察和监控等手段，对城乡接合部地区规划的审批和实施、重点产业的培育以及特殊地区的开发保护等方面加强执法，做到及时发现问题，提出整改措施，将问题解决在萌芽状态。

3. 完善社会公平正义机制，实现人口服务功能的有序

实现社会公平正义是推动流动人口有序管理的软环境建设，有利于营造获得多方支持的重要社会氛围。在旧村改造时，既要确保村民利益的可

持续性，而且还要保证流动人口居住和生活的权利，相关部门应在做好"以证管人、以房管人、以业控人"的基础上向"民生为本、服务为先、融合为要"的"三为"工作理念转变。加强流动人口计划生育服务管理政策与户籍管理、劳动就业、教育、医疗、社会保障、住房等方面政策制度的衔接，形成部门协同推进流动人口基本公共服务均等化的工作合力，真正实现流动人口经济立足、社会接纳、身份认同、文化交融的一体化发展。

在人口服务管理机制创新方面，要实现五大转变：管理主体由政府管理为主向政府、市场和社会管理为主转变；管理体制由户籍管理向人口登记制度转变；管理内容由防范型单一管理向服务型综合管理转变；管理方式由粗放型管理向精细型服务转变；管理途径由有偿服务为主向无偿服务为主转变。

4. 建立社会多元参与机制，强化社会自治功能的有序

随着越来越多的"单位人"成为"社会人"，社会结构正在发生着深刻变化，曾经政府"大包大揽"型的社会治理模式效应递减，出现了许多政府管不到也管不了的问题。在旧村改造的过程中，难免出现各种社会隐患和社会矛盾，然而，基层是化解社会矛盾纠纷的主战场，也是社会管理的重点和难点。未来的人口基层治理，不仅仅是被动的维稳，而且应该是主动的服务；不仅仅是应急的办法，而且应该是长效化的机制，从源头上、根本上、基础上搞好社会管理，努力构建党委领导、政府负责、社会协同、公众参与的社会管理格局，将政府自上而下的管理职能与社会自下而上的自发力量有机融合、形成合力。社会管理是对全社会的管理，也是全社会共同参与的管理。特别是要构建政府与社会组织的新型互动关系，依托社会组织发挥人口有序管理的作用。例如，村委会作用的提升以及流动人口自组织作用的发挥等。

在村委会组织方面，要充分调动村委会在促进人口有序管理中的作用，重视村规民约对于村民出租等行为的约束，实现基层民众的自我管理和监督。

在流动人口自组织方面，政府部门要帮助构建流动人口自主管理的网络体系。政府部门既要利用流动人口自组织的自我管理、自我教育、自我服务，以有效弥补政府管理的不足，更好地保障其合法权益，又要以法规和政策等形式，明确规定对自组织参与管理的具体内容、权利和职责等方

面的边界，确保其自主管理网络的运行有章可循，切实发挥辅助管理效能。

5. 完善责任追究和绩效考核机制，实现人口管理功能的有序

在责任追究机制建设方面，需要构建由国家机关、社会团体、新闻媒介以及公民依法进行监督的多层次网络体系。落实公安机关治安管理的首要责任，社区的组织管理责任、企业的"谁用工谁负责"责任制，出租户的治安和计生责任以及流动人口自组织的自我管理责任。

在绩效考核机制建设方面，需要逐步明确基层政府在人口管理中的职责和绩效考核标准，把经济增长指标同人口资源环境和社会发展指标有机结合起来，以实现城乡接合部地区人口规模的适度发展和人口分布、结构的优化。

6. 健全信息整合机制，突出人房协调功能的有序

可在现有公安部门治安管理综合信息系统的基础上，加强劳动、工商、卫生、计生、教育等部门的流动人口信息数据库和服务平台建设，全面实现政府对流动人口网络化的系统管理。此外，要特别注重出租房屋数据库的建设，构建社区"民情图"，对出租房屋内各类人群的总量、结构情况要做到户户清、人人清，从而夯实人口有序管理的基础。

7. 强化诚信约束机制建设，突出人口与文化功能的有序

为实现人口的有序管理，城乡接合部地区的公职人员、居民小组班子成员、工程建设承建商、政府采购供应商、房屋租赁业主和个体工商户、流动人口这七大人群可以考虑签订《诚信承诺书》，明确自己在诚信建设工作中应承担的责任和义务以及违反诚信建设规定应当承担的纪律或法律责任，做到从我做起，自我约束，践行承诺，形成全社会参与诚信体系建设的工作格局。

乡、镇、街道出租屋管理部门可以逐步建立"诚信出租屋业主"的评选标准，这套标准可覆盖治安防范、安全管理、租赁业务等多个方面。对评选出的"诚信出租屋业主"开设办事绿色通道，享受便利服务措施，在次年的管理费核定中给予优惠等；对不信守承诺、不配合管理的出租屋业主，进行不守信评价，列入重点监管对象，并根据情节，依据相关法律法规给予罚款等相应的处理。

第四篇　以史明智与它山之石

第一章　中国历代人口管理思想的萌芽与演进

在以上的篇章中，我们对我国人口管理的客观形势、现实难题以及改革障碍进行了系统梳理。接下来，在这一篇里，我们将从历史回顾、国外探索和国内实践三个角度，着重分析有助于人口有序管理形成的本土文化基础和外来经验借鉴。

当代中国社会，人口管理已成为国家治理的一项重要工作。它不仅在宏观层面深刻影响着国家和社会的正常运行，同时也在微观细节上渗透到每一个人的日常生活之中。当代中国社会中的人口管理在某些形式和内容上沿袭于我国历朝各代，因此，当历史的车轮走至今日，我们仍有必要重新翻开历史的画卷，回归历史场景，提炼出我国人口管理中的传统文化元素和治理基础，以便于为破解当前人口管理难题、探寻适合于中国国情、具有中国特色的发展道路服务。

严格地说，在我国较为久远的朝代中并没有现代意义上的人口管理。如何对人进行管理，这本身就是一个现代语境下的概念，因为整个国家的治理体系和治理技艺（包括人口统计学在内的整个人口学的发展）与现代社会的形成和发展有着密切的联系，所以在不同语境下探讨人口的管理，表面上涉及的或是概念上的辨析，但实则却是与传统与现代之间、中国与西方之间的文化差异密不可分，远不是一个寥寥几句即可回答的简单命题。至于当前社会流行的"流动人口"这一提法，中国历朝各代并未使用，出现得更多的则是"流民"一词。然而，这一词语与当前的"流动人口"一词完全不是一个概念。按照《明史·食货志》解释，流民即"年饥或避兵他徙者曰流民"，这一群体与整个国家的宏观人口比较起来，对于后者的管理明显显得更为重要，因此，本章主要围绕全国宏观人口的管理展开研究。

　　回顾历代我国人口管理的整个过程，也许我们不禁要问：基于现代意义上的人口管理在我国历朝各代中是如何演绎和发展的？其中遵循了怎样的内在逻辑？"人口管理"在国家和社会发展中发挥了怎样的历史作用，它与其他各项制度又存在怎样的密切联系？"人口管理"在几千年绵延不绝的、独特的中华文化体中表现出来怎样的现实特点，这些特点又能给我们当前及未来的人口管理改革带来怎样的经验与启示呢？接下来，我们从"人口管理"的概念解析、组织形式、管理职能以及"人口管理"的对象和手段等方面，探寻这些问题的历史答案。

一　历史视域下"人口管理"的含义

1. "人口"的含义

　　其实，中国古代没有今天意义上的"人口"一词，"人"与"口"一般都单独使用，各有各自的含义。葛剑雄在对"人口"这个词进行考证的时候发现，"人口"在史书中早已出现，但并非都能解释为"人群"或"若干数量的人"。自秦汉以来的各朝各代，由于基本都有人口管理登记制度，所以记载和统计人口的基本单位是"户口"，而不是"人口"。在多数情况下，使用"人口"反而是一种特殊现象和例外，或者是指某些特殊的人群，如被掳走的俘虏、奴婢、异族等①。

　　用"人口"一词来翻译英语中的"population"是现代人口学传入中国以后的事情，显然受到汉字译法的影响。如 1898 年森本藤吉述、陈高第和霞骞校订的《大东合邦新义》中提及"世界人口达四十亿，则地球上养人之谷必告其乏"②，而英语中的"population"一词并不专指人类，也可以用于植物、动物。1949 年以后，中国人口学界根据当时苏联的人口学理论，将西方的人口学划为资产阶级学说，而突出马克思主义的人口理论，特别强调人口的社会属性③，因此，现代意义上的"人口"逐步演变成一个内容复杂、综合多种社会关系的社会实体。

---

① 葛剑雄：《中国人口史》，复旦大学出版社 2002 年版。
② 同上。
③ 刘铮主编：《人口理论教程》，中国人民大学出版社 1985 年版。

2. "人口管理"与"户口管理"的含义

对于"人口管理"，到目前为止仍没有明确的概念界定。从字面上来看，关于"人口管理"的理解就是对群体做出的指挥控制和协调的活动，这个群体可以是一个原始群（血缘家庭），也可以是一个氏族、宗族、村聚、部落或国家①。然而，这种理解并没有实质内容，无法落实到具体的事务上。因此，有学者从实际操作层面提出，"人口管理"的内容大体可分为四个方面：一是族籍、人口管理和人口统计，这是人口管理的核心环节；二是婚育管理；三是人口资源管理；四是人口社会保障管理。狭义的"人口管理"主要指前两个方面，而广义的"人口管理"则包括以上四个方面②。

有研究人员还把人类社会产生以来的"人口管理"划分为三个阶段：一是原始人群阶段，即不存在有意识的人口管理。这个阶段人们以血缘家庭作为社会的基本组织，存在于人类出现以来距今 300 万年到 20 万年以前的旧石器时代前期；二是氏族公社阶段，即人们开始有意识地实行人口的管理。这种管理以维护血缘组织为基础，建立族籍制度，将人口分为氏族、胞族、部落等单位，实行氏族外婚，族籍制度的建立，早期在于辨血统、别婚姻，后期在于分贵贱，明尊卑；三是户籍阶段。一般认为，户籍建立在家庭基础之上，国家政权出现以后，它是随着社会组织不断扩大才逐步建立起来的。人口管理制度的建立主要是为征收赋税以及摊派兵役、徭役，它萌芽于国家出现以前，从大约公元前 3000 年黄帝时期到春秋时期是从族籍制度向人口管理制度过渡的时期；在战国到秦汉时期，人口管理制度才正式确立下来，但族籍制度一直保存到现在③。

从人口管理的主体来看，有研究者认为，人口管理的主体是社会利益代表者，管理的客体是人口变动和人口发展，人口管理就是对人口变动和人口发展进行决策、计划、组织、指挥、监督和调节等一系列活动的总和④。不过，这个定义也过于模糊。如今，当前社会普遍认为的"人口管理"是指政府对常住人口户籍和人口变动的行政管理工作，以及对人口

---

① 焦培民：《先秦人口研究》，郑州大学博士学位论文，2007 年。

② 同上。

③ 同上。

④ 王秀银等：《现代人口管理学》，山东人民出版社 2001 年版。

的数量和质量、人口与计划生育以及流动人口等管理。"人口管理"虽然在学术上没有形成系统和权威的概念，但它已是现代政府日常的实质性工作，是政府管理的一个重要组成部分。

从以上概念的文献梳理来看，今人所理解的"人口管理"的概念未必就是古人的理解，古代并没有这样的词语。本篇中的"人口管理"是国家管理的一部分，其主体是国家。在我国，大多数朝代里的国家是很难落实到基于现代意义上对每个人的"人口管理"上，而主要表现为对"户口"的管理，所以本篇梳理的人口管理制度与户籍管理制度具有一定意义上的相似性。

值得一提的是，从户口数来说，历代户口之数大多不能反映出真实的人口状况。这种现象的出现主要有两大原因：一是因为国家的统治力和治理能力达不到能经常翔实稽查人口的要求，同时这也不符合中国传统政治以乡里自治为基础，崇尚政简刑清的特点；二是人口管理表现出一种复杂的形式，其与土地制度、税收制度、基础自治制度往往掺杂在一起，不具有独立的表现形式，牵一发则动全身，讲人口管理就不能不谈到土地、赋税和乡里组织。

3. 国家为何需要人口管理

国家为何需要人口管理呢？马克思指出："国家存在的经济体现就是捐税。"① "税收是行政权力和整个政治结构的生活源泉。传统的政府管理，集中于两种职能，即征收赋税和维持秩序。征收赋税是国家政治统治乡村社会的主要体现。"② 一个国家的政务纷繁复杂，需要一个理性的组织来维持其运转，也就如韦伯说的："当社会行动转变成理性组织后，如果需要财货或劳务以供运转，则得有一个确定的满足需要的秩序。"③ 因此，从这个意义上去理解，我们会发现，历代户籍管理（人口管理）与赋税、徭役制度、土地制度、社会安定以及身份制度有着密切关系。可见，在一个动态的历史过程中，作为国家的一项制度，户籍管理的兴衰无不与税收和秩序相关。

---

① 《马克思恩格斯选集》第一卷，人民出版社1972年版。

② 于建嵘：《岳村政治：转型期中国乡村政治结构的变迁》，商务印书馆2001年版。

③ ［德］马克斯·韦伯：《经济与历史：支配的类型》，康乐等译，广西师范大学出版社2004年版。

二　组织形式和社会基础的演变

在历朝各代，人口管理的重要内容就是将户口以一定的组织形式，依一定程序加以编制，也称之为"户口管理形式"或"编户形式"。大多数朝代户口管理形式与行政建制基本是一致的，从广义上说，"历代各级行政建制都是户口编制"①。因为"农业文明的起点在乡村"，传统中国从根本上来说是一个以乡里自治为基础的社会，县级以下的"乡里制度是农业文明国家形态及其政治体制赖以形成和发展的基础"②。"治一国，必自治一乡始；治一乡，必自五家为比、十家为联始。"③

1. 历朝各代的变化轨迹

（1）先秦时期

西周的人口管理是在封建制度的大背景下，以井田制为经济基础、以血缘关系为纽带的宗法制社会关系结构。西周时有"国"、"野"之别，王都地区为"国"；王都之外为"野"。"国"中设有六乡，"野"中有六遂。《周礼》中记载，西周编户"王国百里为郊，乡在郊里，遂在郊外，六遂谓之野"。同时，"令五家为比，使之相保；五比为闾，使之相受；四闾为族，使之相葬；五族为党，使之相救；五党为州，使之相赒；五州为乡，使之相宾"④；设置比长、闾胥、族师、党正、州长、乡大夫等职加以管理⑤。乡遂制编户的主要功能就是掌握、控制人口，主要表现为：一是调查登记所辖区域内的人口增减及人口的身份和身体状况，从而确定是否应该服役；二是调查登记人口的财产状况，确定应纳赋税，限制人口的流动等；三是邻里相互救助，相互承担连带责任，做到"相保相受，刑赏庆罚，相及相共"，以及排解纠纷，彰善惩恶，保障社会秩序的稳定等。而这也正是统治者编定户籍的意图所在，乡遂编户形式遂成为后世编

---

① 宋昌斌：《中国古代人口管理制度研究史稿》，三秦出版社1991年版。
② 赵秀玲：《中国乡里制度》，社会科学文献出版社1998年版。
③ （清）陆世仪：《保甲书·广存》。
④ （清）孙诒让：《周礼正义》卷19，《地官·大司徒》。
⑤ 姚秀兰：《户籍、身份与社会变迁——中国户籍法律史研究》，法律出版社2004年版。

户形式沿袭的基础①。

由于春秋时期生产力的发展，一家一户为单位的组织形式如雨后春笋般涌现，社会结构发生了较大变化，过去以井田制为基础的宗族式基层组织明显不能适应新的形势。同时，诸侯国间战争频发，需要大量兵力。因此，各诸侯国一方面继续沿袭西周以来的"国野都鄙"的管理方式；另一方面，又实行"兵民合一"的什伍组织，把行政组织和军事编制统一起来，做到平时耕种，战时出征，这也反映了在户口管理中国家形成的特质。

（2）秦国时期

由于自春秋战国以来"废井田，开阡陌"小农经济的发展，秦朝的人口管理以家户制为基础的社会结构得到稳固，郡县制的管理形式得到确立和实施，同时特别注重乡亭组织的建设。秦朝将全国分为三十六郡，郡下设县。县以下还设有乡、亭、里之类的基层组织直接管理民众。史载，"大率十里一亭，亭有亭长。十亭一乡，乡有三老、有秩、啬夫、游徼。三老掌教化。啬夫职听讼，收赋税。游徼循禁贼盗。县大率方百里，其民稠则减，稀则旷，乡、亭亦如之。皆秦制也"②。秦朝，人口管理形成了郡、县、乡的三级制管理形式。乡、亭是民众的直接管理者，对民户情况最为了解，因而承担的管理责任也就相应地要大。通常在税役征发前，乡亭组织要调查各户人口、田产状况，据此摊派赋役，征发时要及时督促、催缴等。若对年龄、身体状况申报不实，地方乡官、乡邻均负连带责任，受到惩罚③。

（3）两汉时期

两汉小农经济得到全面发展，郡县制得到全面确定，而自汉武帝"罢黜百家，独尊儒术"起，以家族伦理为核心的社会观念得到全面贯彻和普及，人口管理家户制的基本结构得以确立。从人口管理组织形式的建构来看，从商鞅变法开始，实行郡县制度，以五家为伍，十家为什，户成为基层组织的最基本单位。到两汉时，一家一户的编户齐民便成为中央集权制政府统治的基础。

---

① 姚秀兰：《户籍、身份与社会变迁——中国户籍法律史研究》，法律出版社2004年版。
② 《汉书·百官卿表》第七上。
③ 姚秀兰：《户籍、身份与社会变迁——中国户籍法律史研究》，法律出版社2004年版。

　　两汉特别注重县以下乡里基层组织的管理，注重乡里基层组织——什伍组织的建设。"什主十家，伍主五家，以相检察。"① 同时，分别设什长、伍长，各负其责；以百家为一里，设里魁；以十里为一亭，设亭长；以十亭为一乡，乡置三老、有秩、啬夫、游徼、乡佐。乡官的职责除教化百姓、劝民为善、听讼埋怨、排解纠纷外，更重要的任务是清查人口，征收赋税；其次，在中央，两汉专设"户曹"一职主管全国户籍等事务，而在地方，郡置户曹吏，县置户曹掾吏，主户口名籍婚庆祠祀诸事，并将户曹列为第一曹②。自汉起，以小农经济为经济基础、以家族伦理为核心的社会基本关系结构得以连绵数千年一直到晚清。

　　（4）魏晋南北朝时期

　　魏晋南北朝政府正常管理户籍的工具——郡、县、乡里组织受到破坏，尤其是乡里一级，宗族势力渗入，政府不得不依赖宗族豪强的势力来控制乡里户口管理。如北魏初年的"宗主督护制"即是如此。然而，这样则进一步弱化了国家对乡里民户的控制，损害了政府的赋役收入。因此，为加强对民户的控制，南北朝时期，国家便重建秦汉时期管理户口的基层乡里组织，定民户籍。

　　（5）隋唐时期

　　隋初受魏晋人口管理形式的影响，实行族、闾、保二级编户形式，度取消了"乡"级组织形式。唐沿隋制，并在此基础上有所发展，实行"乡、里、村、保"四级组织形式。"百户为里，五里为乡，两京及州县之郭内，分为坊，郊外为村。里及坊村皆有正，以司督察。四家为邻，五邻为保。保有长，以相禁约。"③ 唐代在人口管理中真正起作用的是"里"级组织形式。里正职责重大，如"掌按比户口，课植农桑，检察非违，催驱赋役"等④。几乎整个乡里事务都由里正负责管理，说明里正成为乡里人口管理中的重要级别。同时"村"级组织形式在唐代也正式成为一级乡里形式，为国家法令所确认⑤。

① 《后汉书·百官志五》。
② 严耕望：《秦汉地方行政制度》（上册），台北中研院历史语言研究所1963年版。
③ 《旧唐书·职官二》。
④ 《唐律疏议·户婚律》。
⑤ 姚秀兰：《户籍、身份与社会变迁——中国户籍法律史研究》，法律出版社2004年版。

（6）两宋时期

两宋人口管理总体上是实行保甲制编户。北宋初期，继续实行前代的乡里制，"里正、户长掌课输，乡书手隶里正"①。熙宁变法后，推行保甲制编户形式，"十家为一保；五十家为大保；十大保为一都保"②，熙宁八年（公元1075年）改为"五户为一保，五小保为一大保，十大保为一都保"③。

南宋因袭北宋，初期实行乡里制编户，中后期实行保甲制编户。如《宋史·食货志》中载南宋编户形式是"五家相比，五五相保，十大保为都保。有保长，有都、副保正"。保甲制编户与乡里制编户有很大不同。保甲制重在"保"、"甲"两级，并以"民"代"兵"，察纠非违，维持治安，强化了封建国家对乡里社会的控制，削弱了乡里社会的自治色彩。乡官地位下降，不再是令人尊重的、光门庭、耀祖荣的体面事了④。

（7）金元时期

金代人口管理的特点是以乡里村社为户口管理的基层单位，实行保伍法，并且还出现了寨的编户形式。元代乡里户口管理形式在金代村社的基础上又有所发展，村社制与都图制并行。一方面，元代承袭金的村社制；另一方面，又"改乡为都，改里为图"。

（8）明清时期

明清人口管理虽较为复杂，但基本上还是以"保甲"制的管理形式为主。只要封建国家对人口的控制愈加严密，则乡里自治色彩也就愈会减弱。明初推行赋役黄册，将民户以里甲编排；明中后期，里甲管理职能丧失，为维护乡里社会安宁，各地自行推行保甲制编户，清初户口管理沿用明朝旧制，实行图甲（里甲）编排，但随着赋役人口管理的废止，保甲制编户形式通行全国，成为清前期通行的户口管理形式。

（9）晚清北洋政府时期

晚清政府人口管理制度实际上仍沿袭了清中、后期保甲制度的一些做法，将人户"编牌入甲"。不过，与保甲制度不同的是，清末管理人口的机构是警察机关。产生这一变化的原因是，随着国门洞开，一些维新改良

---

① （宋）赵彦卫：《云麓漫钞》卷12，中华书局1996年版。

② 《宋史·兵志六》。

③ 张哲郎：《乡遂遗规——村社的结构》，载《吾土与吾民》，生活·读书·新知三联书店1992年版。

④ 赵秀玲：《中国乡里制度》，社会科学文献出版社1998年版。

人士提出了建立西式警察的主张，并提出警察机构的职责主要有三大项：维持治安、清查户口、整顿街道。

晚清政府时期的人口管理是乡镇自治制户口管理与警察监督制两者相结合的方式。"各地方所有巡警官长，均有协助调查户口之责。"改变了传统由乡官统领的单一户政管理模式，奠定了近代"户警合一"管理制度的基础①。另外，晚清政府又认为"地方自治为立宪之根本，城镇乡为自治之初级，诚非首先开办不可"②。晚清政府将乡镇户口管理与警察监督相结合，说明统治者既希望通过地方自治挽救其岌岌可危的统治，但又担心"自治"危及其政权，故在保甲制度废除后将警察机关引入户政管理之中，确立警察对户口管理监督之职，以此加强对人户、对乡里社会的控制③。

与晚清人口管理制度相比，北洋政府的人口管理制度更强调警察的监控作用。北洋政府无论是户口调查之监督，还是具体的户口调查事务均由警察机关负责。甚至是县治的户口编查，也只是在警察机构不完备的情况下适用④。北洋政府的这种规定与当时政局动荡、战乱有关。一是北洋政府政局动荡，地方自治名存实亡，其户口管理形式是警察制与牌甲制并行；二是户口调查区域以警察厅管辖区域为限，并且具体调查区域之划分依警区定之⑤；三是调查不区分户数调查与口数调查，只依清查与复查之次序进行。从这里可以看出，无论是警察制还是牌甲制，其主要功能都是通过对人口信息的统计，掌握人口静态和动态的状况，达到社会控制的目的。

（10）国民政府时期

南京国民政府的人口管理基本沿袭晚清和北洋政府时期的"户警合一"制度，适应自治需要，理顺户政管理关系，明确规定"户籍行政之主管机关，在'中央'为'内政部'，在省为省政府，在县为县政府⑥"。将原由警察机关办理的户籍行政，改由市政府及各级自治机关办理。警察

---

① 黎世蘅：《历代户口通论》（下集），世界书局1922年版。
② 《清末筹备立宪档案资料》（下册），中华书局1979年版。
③ 《清末至民国人口管理法规》。
④ 参见1915年《县治户口编查规则》，第1、7条。
⑤ 参见1915年《警察厅户口调查规则》，第5条。
⑥ 参见1946年《户籍法》，第3条。

机关除保留一小部分办理有关治安特种调查事宜外，但凡有警察的地方，只协助户政人员办理户籍查记事宜①。

南京国民政府的户口管理，形式上是乡村制户口管理，但实质上是保甲制户口管理。南京国民政府承继了晚清以降的乡村自治，在抗日战争以前，南京国民政府将乡里组织划分为乡（镇）、村两级，规定百户以上村者为乡，百户以下村者集为一乡。满百户集市者为镇。乡（镇）村下设闾、邻。五户为邻，五邻为闾②。乡镇设有乡镇公所等自治机构。由此，1931 年《户籍法》规定，户籍及人事之登记，以县之乡镇区域及市之坊区域为其管辖区域；以乡、镇公所或坊公所所属之县、市政府，为直接监督官署。③ 即以乡村自治区域为户口管理区域。每户籍管辖区域设户籍主任一人，户籍员若干人，掌户籍及人事登记事务，于乡镇公所或坊公所内办理。户籍主任由乡长、镇长或坊长兼任，户籍员由乡、镇长或坊长指定所属自治人员兼任。户籍主任依据户籍登记簿、人事登记簿，分别编造各项统计季报及年报呈送监督官署，监督官署再在此基础上编造全县、市户籍之统计季报、年报各两份，呈送民政厅，民政厅一份存查，一份转呈内政部。④ 但在事实上，为了遏制社会进步力量，推行国民党一党专政，南京国民政府在乡里社会实际实施的是保甲制度，南京国民政府的保甲制户口管理形式与明清时期的保甲编户形式一样，都是强化对乡里社会的控制⑤。

2. 小结

总之，从历朝各代人口管理的组织形式来看，我们可以大体得到两点结论：一是国家关系和家族关系融合为一，家族伦理观念被纳入君统观念之中；二是从先秦到民国整个人口管理制度发展的历程来看，经历了传统上由乡官统领的单一户政管理模式到近代"户警合一"管理制度的转变，人口管理组织形式中的社会控制色彩在不断增加，管理基本单位由家户向个人转变。

---

① 参见 1946 年《户籍法施行细则》，第 3、4、5 条。
② 参见《县组织法》第 10 条，《国民政府公报》1928 年第 92 期。
③ 参见 1931 年《户籍法》，第 3、13 条。
④ 参见 1931 年《户籍法》，第 10、14 条。
⑤ 姚秀兰：《户籍、身份与社会变迁——中国户籍法律史研究》，法律出版社 2004 年版。

表 4 - 1 - 1　　　　　　　　中国历代人口管理的组织形式

	人口管理的社会基础	管理形式	基本管理单位	主要社会功能
西周	宗法制	乡遂编户	宗族	军事、赋税
春秋战国	宗法制的瓦解与过渡	各国不一致		军事、赋税
秦朝	家族伦理	郡、县、乡的三级制；乡亭组织	家户	军事、赋税
两汉	家族伦理	一家一户的编户齐民；什伍组织	家户	赋税
魏晋南北朝	家族伦理	宗族豪强渗透	家户	赋税
隋朝	家族伦理	族、闾、保三级编户形式，一度取消了"乡"级编户形式	家户	赋税
唐朝	家族伦理	"乡、里、村、保"四级编户形式	家户	赋税
两宋	家族伦理	从乡里制编户到保甲制编户	家户	赋税
金元	家族伦理	以乡里村社为户口管理的基层单位，实行保伍法	家户	赋税
明清	家族伦理	保甲制	家户	社会治安
晚清北洋政府	家族伦理衰落	乡镇自治制户口管理与警察监督制两者相结合的方式	家户过渡到个人	社会治安
国民政府时期	家族伦理衰落	形式上是乡村制户口管理，而实质上是保甲制户口管理	家户过渡到个人	社会治安

三　管理职能的演变

1. 历朝各代的变化轨迹

（1）商周时期：人口管理制度的萌芽和形成

人口管理制度的真正萌芽据考证是在商朝。夏王朝的建立是在治水的过程中形成的，而商王朝的建立则是通过武力征伐的方式来实现的。在征伐过程中，商王权逐步得到确立，并产生了"收人"、"登人"制度。"收人"、"登人"就是征集兵员，组成或补充军队。这就是一种人口的登记。因为战争需要组建军队，而要组建军队就需要清算人口，这就要求对人口的规模和结构有所掌握，所以殷甲骨文中就有不少反映商王朝战时征兵及组建军队的。随着商王朝王权的逐步确立，这种战时的"登人"制度也逐渐发展成具有户籍性的管理制度。从"登人"到户籍的雏形，说明中国古代人口管理制度是"起于兵"。早期的人口管理与兵制是一致的①。

西周分封而建制，建立了比殷商时期更为强大的王权，人口管理的法律制度因而可以随之确立。《周礼》是一部关于周代官制的典籍，主要内容就是讲官司职掌，这是中国早期的"行政法典"。据《周礼》记载，周设有春官、夏官、秋官、冬官、天官、地官。六官虽然所掌事务不同，但都从不同的角度设有管理户籍民数的官职，特别是《地官·司徒》和《秋官·司寇》。《地官·司徒》记载的这些官职既掌人口又掌土地。《周礼》中所载西周的人口管理内容具体、分工明确细致、程序也相当严格。从遂大夫到司徒，从司民到司寇，形成周代两大人口管理系统②。西周的户籍是建立在"籍田"基础上的"习民数"，这表明：户籍与土地紧密相连，户籍、田制合一。因为所谓"籍田"，是指借民力助耕公田③。王畿和封国按照一定数量的人耕种一定数量的土地来划分土地与人口④。因此，有学者认为，西周首先通过井邑编定户籍民数，再依民数人口划分土地。一旦确定，土地和人口就成为相互估算的依据。一定数量的土地代表一定的民数，而一定数量的民数也代表一定数量的土地，掌握了土地就掌握了民数⑤。

在国家形成的初始战乱频发，兵民合一，战时出征，平时耕种很适合于当时的状况。然而，在政权稳固的情况下，战争变成一种特例、生产是一种常态时，劳役就是国家的主要赋税形式，西周的"籍田"实际上就是劳役的征发。为保证足够的劳役，在土地广袤而人口相对稀缺的情况下，就必须划定个人应承担劳役的土地，将人口与土地固定起来。《孟子·滕文公上》说，"夏后氏五十而贡，殷人七十而助，周人百亩而彻"。说的就是在井田制下，西周劳役的征发单位是"一夫百亩"，即一户耕种一百亩。通过土地数便可大致推算出其民户数，这也就是管子所说的

---

① 姚秀兰：《户籍、身份与社会变迁——中国户籍法律史研究》，法律出版社2004年版。
② 同上。
③ 张晋藩、王超：《中国政治制度史》，中国政法大学出版社1987年版。
④ 邢铁：《户等制度史纲》，云南大学出版社2002年版。
⑤ 同上。

"欲知其人者必先知其地"。因此，"西周的人口管理制度不是独立的，而是与土地制度结合在一起的"①。

（2）春秋战国时期：人口管理制度的巨大变革

春秋战国是中国古代社会发生巨大变革的时期，也是中国古代人口管理制度发生历史转变的时期。随着劳动工具的改善和人口的增加，西周原有"一夫百亩"的人口与土地的固定搭配关系不能继续维持下去，井田编制便逐渐废弃，人口管理制度也逐渐变得混乱。最先反映这种变化的是税制。西周末年，各诸侯国相继施行了实物税的赋税制度，如鲁国的"初税亩"、齐国的"相地而衰征"和秦国的"初租禾"等。虽然这些税制名称各异，但基本精神是一致的，都是"因地而税"，都以土地为直接或间接的征税对象②。此外，还包括兵役和军赋。如鲁国的"作丘甲"、郑国的"作丘赋"，都是按一定的土地亩数——"丘"来规定应承担的兵役和军赋。因此，就需要重新登记土地，也需要重新登记人口，而人口的登记和土地的登记就逐渐分离。因此，自宣王"料民"始，便产生了一些新的人口管理办法。这些管理办法就是将土地与户口分开登记，形成户籍文书与土地计账两类系统③。此时，"户籍与土地制度已相对分离"④，人口管理制度进入一个新的发展阶段。

（3）隋唐时期：人口管理制度的重要变化

隋和唐早期户籍与田籍合一，成为缴纳赋税和确认地权的主要凭证。一是户籍为配合均田法令的实施。为确保均田制度的实行，就需要对民户的人数以及土地加以统计，既是授田依据又备授后审核。因此，户籍便承担起此任⑤；二是户籍为配合租庸调赋税制度的实行；三是户籍充当"地籍"凭证。

唐朝户籍制与税制的分化。从汉朝至唐朝中叶，封建政府向民户课税一直是"重丁口、轻田产"，这主要是指按丁口征收赋税和摊派徭役，而不是考虑纳税人财产（主要是田产）的多少。如汉朝的田租、口赋；魏晋南北朝的田租、户调；唐初的租庸调制等，都是以人丁为本，不论土地

①　邢铁：《户等制度史纲》，云南大学出版社2002年版。
②　冷鹏飞：《中国秦汉经济史》，人民出版社1994年版。
③　宋家钰：《唐朝户籍法与均田制研究》，中州古籍出版社1988年版。
④　邢铁：《户等制度史纲》，云南大学出版社2002年版。
⑤　宋家钰：《唐朝户籍法与均田制研究》，中州古籍出版社1988年版。

和财产多少，都要按丁缴纳同样数量的绢粟。这种赋税制度是建立在均田制的广泛实施和自耕农的大量存在，并且都占有一定数量的土地的基础上的。唐中期以后，土地兼并日益严重，农民逐步失去土地，均田制也难以维持下去，按丁征收的租庸调制于是就成为普通民户的沉重负担。租庸调制与土地占有状况越来越不相适应。于是唐朝后期，宰相杨炎改租庸调为两税，即主要依据田产多少在夏秋两季征收赋税，规定"户无主客，以见居为簿；人无丁中，以贫富为差"①。两税实质上就是土地税，只向有田产的民户征收，无地的客户可以不承担两税，故两税更适合均田制废弃后土地私有制进一步发展的现实。两税按田产征税，纠正了从丁而税之弊，把对人征收的庸调废除，成为对物的财产税，是中国封建社会赋税制度的重大改革。从此，中国封建赋税由"重丁口、轻田产"开始向"轻丁口、重田产"的方向转变。这种转变同时意味着赋税的征收不再以户籍及其登记内容为唯一的依据，人口管理制度征税派役的功能开始分化②。

（4）两宋时期：人口管理制度的新变化

两宋人口管理制度因税制的变化而发生了相应的变化。两宋继续实行唐朝的两税制。"以田亩为准，按等（田亩按质分为若干等）定率，夏税以钱计，秋税以米计。"③ 同时，"徭役从两税中独立出来，形成以衙前、里正等为内容的职役差役和以通常劳役征发为内容的力役夫役"④。为了与此相适应，人口管理制度也发生了变化。主要表现为如下几点：

第一，明确主、客户之分，户籍由士族身份制向职业身份制转换。主户是指有田产、直接向政府纳税的有产户，包括官僚豪绅地主；客户则是没有田产、不直接向政府纳税而佃耕地主土地的佃客。

第二，册籍名目繁多，地籍与户籍分离，户籍赋税功能分化。至道元年（公元 995 年），宋颁行了"两税版籍"和"税籍"⑤。田赋征收册籍从户籍中分离出来并逐渐完备。"两税版籍是加盖印迹之后长久保存的征税清册，主要登记各户田产；税籍是依据两税版籍所造当年赋税征收清

① 《新唐书·杨炎传》。

② 姚秀兰：《户籍、身份与社会变迁——中国户籍法律史研究》，法律出版社 2004 年版。

③ 孙翊刚、董庆铮编：《中国赋税史》，中国财政经济出版社 1987 年版。

④ 邢铁：《户等制度史纲》，云南大学出版社 2002 年版。

⑤ 《续资治通鉴长编》卷 38。

册，主要记载户数、夏税、秋苗等内容。"① 此外，随着职役、力役、夫役与两税的分立，宋朝户籍分化出以征派力役和丁税为目的的"丁口账簿"和以征派职役、差役为目的的"五等丁产簿"。丁口账簿主要登记每户的丁口数。除上述"两税版籍"、"丁口账簿"、"五等丁产簿"外，两宋还有其他具有户籍性质的册籍，如户帖、甲册、鱼鳞图等。总之，两宋册籍虽名目繁多，从"两税版籍"到"丁口账簿"及至"五等丁产簿"等，但这些册籍记载的内容各有偏重，都是宋朝征税派役的依据。从此，唐以来"集人口、地籍、税册"为一体的户籍形式被打破，户籍赋税功能逐渐被地籍所替代，户籍只是派役的主要依据而不再是征收田赋的主要依据②。

（5）明清时期：人口管理制度的发展

明代人口管理制度的发展大致经历了两个阶段：一是明初期由户帖到赋役黄册制度；二是明中后期的保甲制度。

户帖早在唐宋时期就已出现，是政府发给民户保存的户口簿籍，但在唐宋时期户帖并不是政府唯一的户籍簿籍。洪武三年（公元 1370 年），朱元璋颁布命令，在全国调查户口，推行户帖制度。户帖登载的内容主要有三方面：一是户口所居府州县乡都保；二是成丁与未成丁、男子、老幼妇孺等家庭人口状况；三是田地房屋牲畜等财产状况③。

何谓黄册？史载，"（洪武）十四年诏天下府、州、县编赋役黄册。以一百一十户为里，推丁粮多者十户为长，余百户为十甲。甲十户，名全图。其不能十户，或四五户若六七户，名半图。城中曰坊，近城曰厢，乡都曰里。里各编一册，册首为总图。鳏寡孤独不任役者，则系于百十户之外，著之图尾，曰畸零管。册成，上户部，而省、府、州若县各存其一处以待会……"④。从上可见，黄册是集户口管理、赋役为一体的，它不仅是检查和管理各类户口的根据，而且是征派赋役的依据。黄册重在徭役，故以户为主，按职业分类。然而，黄册制度的种种弊病导致民户大量流亡，而自宋以来土地私有化的发展到明中叶愈加迅猛，土地兼并，土地买卖对黄册所固守的"田不过都"之制更是极大冲击，尤其是明末一条鞭

---

① 孙翊刚、董庆铮编：《中国赋税史》，中国财政经济出版社 1987 年版。
② 姚秀兰：《户籍、身份与社会变迁——中国户籍法律史研究》，法律出版社 2004 年版。
③ 同上。
④ 《明书·赋役志》。

法的推行，将部分徭役摊入地亩，赋、役开始合并，并开始以银缴纳，地籍便成为政府征税的主要依据，而户籍的赋役功用愈加退居其次了。在黄册户籍的作用日益削弱的情况下，面对地方组织的混乱与阶级、民族矛盾的日益尖锐，统治者不得不另谋对策，保甲户籍由此而生①。

明初黄册户籍的编造和管理不仅是一种人口管理行为，而更主要的是为了政府的赋税，它通过将人身关系束缚于土地上，使其成为纳税载体，从而能达到更好的控制效果。

清代人口管理制度与明代大致相似，特别是前后的演变趋势比较类似，大体上也是经过赋役户籍制度到保甲户籍的发展阶段。自康熙五十年以后，"滋生人丁，永不加赋"②，至此人丁与赋税脱钩。雍正二年（1724）开始实行摊丁入亩，赋、役合二为一，盛行两千多年的封建徭役制度正式废止了。这些都破坏了赋役户籍制度赖以存在的基础。此后，赋役户籍制度虽未废除，但其管理事实上已停止。乾隆三十七年（1772），清政府正式下令停止户籍制度③。这样，持续了两千多年之久的赋役人口制度结束了其历史使命，退出了历史舞台，而同时保甲册籍担当起统计户数人口的重任，形成了保甲户籍。以征收赋税为主要功能的人口管理过渡到以维持治安为主要功能的人口管理。

2. 小结

人口管理制度主要功能的变化与整个的社会结构和国家的治理能力密切相关，西周、秦汉时期国家治理能力较弱，但以井田制为经济基础、宗法制的社会是一个高度整合的社会，人口管理制度与整个国家的治理存在着高度的相关性，国家统治的主要目的就是征兵和纳税。随着社会的分化，社会的基础也发生了改变，在小农经济下形成了以家庭为核心的社会，国家治理开始特别倚重于基层的乡里自治组织，中央统治和地方自治两条轨道运行良好，国家的需要仍满足于军事和赋税。然而，随着国家权力的扩张，特别是明清时期君主及权贵阶层对统治权力的追求下，专制色彩越加浓厚，对人的控制功能格外得到突出。

---

①　姚秀兰：《户籍、身份与社会变迁——中国户籍法律史研究》，法律出版社2004年版。

②　《清朝通典·食货九·户口丁中》。

③　《皇朝政典类纂·户役一》。

表 4 - 1 - 2　　　　　　　　历代人口管理的管理职能

	与人口管理制度的关系
西周	户籍与军事和赋税高度统一
春秋	户籍与土地制度分离
隋唐	赋税与田产挂钩，人口管理制度征税派役功能弱化
两宋	户籍赋税功能逐渐被地籍替代
明清	人口管理的治安功能得到强化
晚清及民国	治安功能全面加强

四　管理对象和管理手段的演变

1. 历朝各代的变化特点

（1）早期国家：宗族制的"人口管理"

早期国家的人口管理对以后中国历代有着重要影响，氏族制度发展到最后的解体阶段，氏族界限被打破。由于个体经济的发展，小家庭或个人都能够走出氏族的圈子，自由迁徙。春秋战国时期，正是我国宗族瓦解，农村公社建立的时期，个体家庭和个体经济不断发展，形成"合十姓百名而为风俗"的丘里。姓名合用，姓氏合一，这对于氏族、宗族人口管理的体系也是一个冲击，因而这个时期，族籍制度对于管理全社会的人口已经不能适应，代之以建立在地缘关系基础之上的人口管理制度。[①] 当时的人口管理是通过对宗族的管理来间接实现的。西周国家政权是通过一种"册典制度"来管理宗族，这是当时管理宗族的重要凭借，周公说："唯殷先人，有册有典"，这些所谓册典可能是管理宗族的原始档案[②]。"册"被认为是与行册命礼时要举行册祭的仪式有关。从西周册命礼的情况看，册命一般都是在宗庙里进行，要将册命告知祖先和神灵。周天子举行"册命礼"，由"作册史"将其活动内容记入册典，一式两份，一份存入宗庙；一份连同仪仗称为"备物、典册"一并赐给被赐宗族，作为凭证。同时，被赐宗族还要铸鼎纪念，周天子凭这种典册，就能知道天子有多少

---

① 焦培民：《先秦人口研究》，郑州大学博士学位论文，2007 年。

② 同上。

宗族受其管理，当然诸侯王可能也有类似的典册制度来管理其所属更小的宗族。从整体上讲，西周的分封是以宗法制度为基础的，各个宗族构成一个大宗族，故而典册实际上就成了一个大的族谱，记载着每一个宗族的世系、位置、土地、人口状况和宗族历史大事。吕思勉曾说，"使今后谱学日以昌明，全国谱牒，皆臻完善，则于治化，固有大裨。何者？人口之增减，男女之比率，年寿之修短，智愚贤不肖之相去，一切至繁至琐之事，国家竭力考察，而不得其实者，家谱固无不具之，且无不能得其实"①。从吕思勉先生的话来看可知族谱对于人口管理而言，作用不小。

（2）秦朝至两汉：从宗族到家户

典册制度最初是以宗族为本位的，但进入春秋战国以后，这种宗族逐渐解体，典册则向人口管理制度转化，对人口的管理由以宗族为单位，发展到以"户"为单位了②。由于春秋时期生产力的发展，一家一户为单位的个体农户如雨后春笋般涌现，社会结构发生了较大变化，过去的组织形式明显不能适应新的形势。到两汉时，"一家一户"的编户齐民便成为中央集权制政府统治的基础，"户"成为基层组织的最基本单位。

（3）南北朝至明朝：户籍内涵的分化

南北朝对比汉代，社会的政治、经济和思想文化都发生了较大的变化：一是社会动荡，战事频繁，人口流徙，民不聊生；二是北方少数民族入侵中原，建邦立国，崇尚汉制，纷纷汉化；三是天下四分五裂，诸国林立；四是道、佛盛行，人心散漫，精神消沉；五是士、庶分明，儒、佛、道融合，儒家思想进一步渗入社会制度的各个方面③。这首先表现为户籍的分化，从而使户籍成为身份的法定凭证。先秦以来，中国形成了以家族为核心的社会，身份制成为中国社会的重要特征，但身份制达到空前状态还是在魏晋南北朝时期。魏晋南北朝是士族门阀制度形成时期。随着曹魏九品中正制的确立，出现了"上品无寒门，下品无士族"④的局面。因为门第、身份观念在社会中迅速固定下来，甲族、后门等阶层制也随即形成，士、庶之隔显著，可谓是一个门阀时代。在这种情形下，魏晋南北朝的户籍也迅速分化。户籍的分化具体表现为以下几点：一是士、庶籍的

---

① 吕思勉：《中国制度史》，上海教育出版社 1985 年版。
② 焦培民：《先秦人口研究》，郑州大学博士学位论文，2007 年。
③ 姚秀兰：《户籍、身份与社会变迁——中国户籍法律史研究》，法律出版社 2004 年版。
④ 《晋书·刘毅传》。

分化；二是兵、吏、僧侣等籍的分化；三是黄、白籍的分化。

两宋的户籍有主、客户之分，户籍由士族身份制向职业身份制转换。元朝户籍即以民族为标准来编户，而且依据"所业"来定籍，称为"诸色户计"。所谓"诸色"，即是"色目"，各色各目、各个种类之意。这是元朝登记户籍所用的特殊分类方式①。元朝首先将民众按民族划分为四种在政治、法律、经济等地位迥然不同的阶级——蒙古人、色目人、汉人、南人。在此基础上，元朝又依据户主所从事的职业而划分为军户、民户、匠户、站户、儒户等②。

明中后期，"户"的含义发生了变化，明朝前期，黄册中的"户"与现实中的家庭是相对应的，而现在不再是家庭及人口登记的单位，而变成田地和纳税额的登记单位。"户"是基于一定亲属关系组成的社会生活单位的含义仍然是不同的。这是因为，在封建制度下，户籍与赋役合为一体，入籍意味着"当差"，意味着要向封建国家承担赋役义务。当差、配役离不开身丁与土地，所以，封建户籍中"户"的内涵，并不是简单的为一定人口构成的社会生活单位，而是人口与土地财产的结合③。

（4）清朝至民国：从家户到个人的转变

清末，社会发生巨变，农民起义不断发生，国内危机四伏；国外各帝国主义国家经过工业革命的经济和军事实力得到飞速发展，长期以来奉行的闭关自守的国策被他们的坚船利炮击得粉碎。延续数千年的小农经济的经济基础遇到极大挑战，传统的家族伦理在西方思想的影响下也日渐动摇。以家户为核心的人口管理形式很难再像以前那样有效地实行。同时晚清政府的统治摇摇欲坠，为挽救其政权，晚清政府在一些开明人士的倡议和指导下，开始注重学习西方，进行变法。人口管理制度的变革就是在这种情形下发生的。1911 年，晚清政府在考察欧美各国之后，认识到"宪政之进行无不以户籍为依据，而户籍法编定又必于民法与习俗而成"④。清朝政府在参考东西各国之良规的基础上制定了中国历史上第一部"户

---

① 邢铁：《户等制度史纲》，云南大学出版社 2002 年版。

② 黄清连：《元代户计制度研究》，台湾大学文学院，1978 年。

③ 刘志伟：《在国家与社会之间——明清广东里甲赋役制度研究》，中山大学出版社 1997 年版。

④ 公安部户政管理局编：《清末至中华民国人口管理法规》，"民政部编订户籍法奏折"，群众出版社 1996 年版。

籍法"的单行法规。该部法规的主要特点在于：首先，将户籍吏、户籍局置于法规的第一章和第二章，突出了人口管理机构的地位，反映了政府在观念上仍视户籍为人口统制的手段，强化户籍统制的功能。其次，法规区分了人籍与户籍。人籍主要是关于个人出生、死亡、婚姻、继承、国籍等比较个人化的信息资料，户籍则是以家庭为单位，关于移籍、入籍、就籍、除籍等家庭信息资料。[1] 法规将表现欧美个人主义的个人身份证书和体现中国宗族主义的传统户籍相结合，剔除了传统户籍中资产登记项目。户籍开始成为传递人口信息、个人私权保障的工具。

南京国民政府成立之后，在推行乡自治的基础上，参照英、美、德、日等国户籍及人事登记的法律制度，于 1931 年正式颁布了中国历史上第一部《户籍法》。与晚清《户籍法》相比，南京国民政府《户籍法》的特点有四：一是废除了晚清《户籍法》人籍与户籍之区分，将人事登记与户籍登记合二为一，改为身份登记，简化了登记手续；二是将个人身份登记单列成章，强调个人主义，并推行身份证制度；三是确立了"以户立户"的编户原则。"户口查记得为户之编造"。但"户"的概念已突破了传统家族血缘关系的范畴，户不限于亲属，"户"被明确分为共同生活户和共同事业户。共同生活户不仅包括具有血亲、姻亲关系的普通家庭户，还包括不具有血亲、姻亲但居同一处所的共同生活者。而共同事业户则概括了工厂、商店、寺院、机关、学校及其他集体住户。立户的范围大大扩大，同时又强调了居住处所，既体现了"口系于户、户著于地"的传统立户原则，又区别了民法上"家"的概念；四是注重本籍，强调夫权，规定"妻以夫之本籍为本籍"[2]。总体上来看，南京国民政府人口管理更强调个人身份，个人本位。

2. 小结

从先秦到民国整个人口管理制度发展的历程来看，大体上经历了从赋役户籍到职业身份的世袭户籍、再到保甲户籍，从宗族本位到个人本位的转变。赋役户籍制向职业户籍制的转化大致在元代完成了，职业户籍向保甲户籍的转化在清中、后期完成了。清末以后，户籍逐渐开始朝近代化方

---

① 姚秀兰：《户籍、身份与社会变迁——中国户籍法律史研究》，法律出版社 2004 年版。
② 参见 1946 年《户籍法》第 17 条第 3 款。

向发展，在南京国民政府时期大致完成了户籍由宗族本位向个人本位的转化。

表4-1-3　　历代人口管理制度管理对象和管理手段的变化

	管理对象	管理手段
西周	宗族	典册
秦	家户	自占、案比
两汉	家户	名籍、户籍、户牍
唐	家户	手实、乡账、计账
宋	家户	版籍、户帖、户钞、丁口账簿
明	家户	户帖、黄册
清	家户	保甲册
清末	家户过渡到个人	查口票
民国	家户过渡到个人	人事登记表、户口登记簿卡

五　历代人口管理的中国特色与当代价值

1. 长期以"家户制"为主体

家庭是人类进入文明社会的组织形态。在中国，私有制和国家产生的标志就是由以往的天下为公变为"家天下"。中国告别原始社会就是从"天下为公"到"天下为家"的转变①。家户组织在中国有久远和牢固的基础。自由的个体家户农民更是一种久远的理想形态。唐尧时的古歌谣《击壤歌》描述道："吾日出而作，日入而息，凿井而饮，耕田而食，帝力何有于我哉？"孟子的理想图景是："五亩之宅，树墙下以桑，匹妇蚕之，则老则足以衣帛矣；五母鸡，二母彘，无失其时，老者足以无失肉矣；百亩之田，匹夫耕之，八口之家，足以无饥矣。"

秦始皇的伟大功绩不仅仅在于修建了万里长城，而更重要的在于形成了一个能够不断再生产亿万自由家户小农的制度。秦始皇统一中国期间实

① 徐勇：《中国家户制传统与农村发展道路——以俄国、印度的村社传统为参照》，《中国社会科学》2013年第8期。

行军功地主制，弱化人身依附关系，家户成为主要生产单位。统一中国后为获取税负，编制户口，所有人都成为同一的"编户齐民"，无论是地主，还是农民，都是国家的子民。农民在人身上是自由的，独立生产、经营和生活。

中国有以强大习俗为支撑的、完整的家庭制度和以强大国家行政为支撑的、完整的人口管理制度，并共同构成家户制。在金耀基先生看来，"在传统中国，家不只是一生殖单元，并且还是一个社会的、经济的、教育的、政治的、乃至宗教、娱乐的单元。它是维系整个社会凝结的基本力量"。在中国，以血缘关系为基础的家户长期居于主导地位，是整个社会的基本组织单位，是中国传统社会的"细胞"①。

2. 人口管理与乡里制度的交融

"中国传统政治结构是有中央集权和地方自治的两层。中央所做的事情极其有限，地方上的公益不受中央干涉，由自治团体管理。表面上，我们看见自上而下的政治轨道执行政府命令，但是事实上，一到政令和人民接触时，在差人和乡约的特殊机构中，转入自上而下的政治轨道，这轨道不在政府之内，但是效力很大。"② 因而，乡里制度在中国就有着与其他国家不同的特征和性质，它集合了"按比户口、宣布教化、督催赋税、摊派力役、维持治安、兼理司法为一体，被视为治民之基"③。因此，考察传统中国户口管理形式，不得不以乡里的基层组织为基点。

3. 人口管理与"家国同构"体系的融合

"人口管理"是"国家治理"的内容之一，国家对"人口"采取管理的行为本身需要一种怎样的"治理术"④，一种怎样的管理才能深入人心，并且经久不衰？一定的政治体制的形成依赖于一定的文化背景，而政治体制的存在和运行也受文化因素的制约。同时，政治制度和法律体系通过文化的培育逐渐内化为政治共同体成员所奉行的价值和行为准则，而中

---

① 徐勇：《中国家户制传统与农村发展道路——以俄国、印度的村社传统为参照》，《中国社会科学》2013 年第 8 期。

② 费孝通：《乡土中国》，上海人民出版社 2007 年版。

③ 姚秀兰：《户籍、身份与社会变迁——中国户籍法律史研究》，法律出版社 2004 年版。

④ ［法］福柯：《治理术》，赵晓力译，《社会理论论坛》1998 年总第 4 期。

国传统社会的宗族文化，是中国传统乡村社会的自治政治的思想文化基础。而与中国古代"家国同构"体系相联系的政治伦理文化，是以三纲五常为核心的宗族文化①。

中国历代"家国同构"体系与政治文化相联系。在井田制的封建时代，人口管理完全是在一个"家"的范围内，所以周天子以"册"知天下，这里的册其实就是一种族谱。这时是"家天下""以家为国"，周天子是一个家，齐国是一个家，天下为许多家庭所分割，那时大体上说，则只有家务，没有政务。至秦汉才是中国历史上正式的统一政府，小农经济上的君主郡县制。钱穆先生说："从前封建时代，政府和家庭，有分不开的关系，现在则不然了。组织政府的是一个一个人，不再是一个一个家。"②

虽说秦汉统一，由封建转为郡县，"化家为国"，一切贵族家庭都倒下了，但有一个家却变成了国家，就是皇家。"这一家为天下共同所拥戴，于是家务转变政务了。"③人口管理也就是国家的事情，变成了政务。

传统中国进行人口管理体现了一种怎样的"国家治理艺术"？福柯在谈"国家治理术"时，提出的一个问题就是，"如何把经济——即在家庭范围内管理人、物、财产的正确方式（人们期望一个好父亲在跟妻子、孩子和仆人的关系中做到这一点）、使家运亨通的正确方式——把父亲对其家庭的这种无微不至的专注引入到对国家的管理中来"④。"这样一来，治理国家就意味着施行家政，在整个国家的层面上建立'家政'，也就意味着对国家的居民，对每个人和所有人的财产和行为实施一种像家长对他的家务和财产一样专注的监视和控制。"治理关联的并不是领土和人口，"而是一种由人和事构成的复合体。在这个意义上和治理相关的事实际上是人，只不过这个人是与财富、资源、谋生手段、领土……这些事关联、交织的人；是与习俗、习惯、行为方式和思维方式这些事关联的人……"⑤。而中国传统社会的家族文化，是中国传统乡村社会的自治政治的思想文化基础。一定的政治体制的形成依赖于一定的文化背景，而政

---

①　于建嵘：《岳村政治：转型期中国乡村政治结构的变迁》，商务印书馆2001年版。

②　钱穆：《中国历代政治得失》，生活·读书·新知三联书店2005年版。

③　同上。

④　［法］福柯：《治理术》，赵晓力译，《社会理论论坛》1998年总第4期。

⑤　同上。

治体制的存在和运行也受文化因素的制约。同时，政治制度和法律体系通过文化的培育逐渐内化为政治共同体成员所奉行的价值和行为准则。与中国古代"家国同构"体系相联系的政治文化，是以"三纲五常"为核心的家族伦理。①

中国历朝各代大多是以家族安身立命，人的一切关系都是被概括在"家族"关系之中。这种因血缘关系而形成的"家族"是以一个自然身份的"家长"为中心的社会组织形式，国家通过法律形式确定"家长"的各项权力。它不仅是生产、交换、分配和消费的组织者和管理者，也是生产和生活秩序以及家族成员人身安全的维护者，而且是家族中"皇权"的自然延伸②。建立了以忠孝为核心的道德标准，对家长的孝与对君主的忠是一个整体的体系，它们的权威高高在上，时时照看着社会关系中的每一个人。所以只有从中国传统政治的伦理化及这样一套"家国同构"的体系中，才能更好地去理解传统中国如何开展它的"人口管理"，及整个人口管理制度和管理形式在历史演变中所呈现出来的历史意义。

4. 小结：人口管理经验传承的当代价值

"任何一项制度之成立与推行，绝不是孤立的，它需要同时和其他几项制度相配合，必然会受其他几项制度之牵动和影响。任何一时期的各项制度，必然会相互配合，互相牵动影响，而形成一整套。"③而"政治是生活的一个部分，政治单位需要依赖生活单位。生活上互相依赖的单位性质和范围却受很多自然的、历史的和社会的条件所决定，我们绝不能硬派一个人进入一个家庭来凑足一定的数目"④。

本章在梳理历代中国"人口管理"的制度和管理的组织形式时，发现中国人口管理的主体从早期国家的宗族，再到家庭、家户的基本单位，最后到以个人为主体。从经济基础的角度来看，先是春秋战国时期井田制的解体，导致以宗族制为单位的人口管理不能够进行下去，然后是延续两千多年的小农经济所有制，在晚清内忧外患中的解体，使得以家户制为单位的人口管理形式也不能够再继续下去，实行西方式的个人身份制。人口

① 于建嵘：《岳村政治：转型期中国乡村政治结构的变迁》，商务印书馆 2001 年版。
② 同上。
③ 钱穆：《中国历代政治得失》，生活·读书·新知三联书店 2005 年版。
④ 费孝通：《乡土中国》，上海人民出版社 2007 年版。

管理的基层组织者由氏族或宗族的族长到乡里的自治组织最后到完全职业化的警察机构。人口管理的文本由最先的族谱到册、籍账、手实、版籍、户帖、黄白籍、黄册、保甲册等最后到现代的户口本和个人身份证。

习近平在中央政治局第十八次集体学习时提出："在漫长的历史进程中，中华民族创造了独树一帜的灿烂文化，积累了丰富的治国理政经验，为国家治理能力的现代化提供了有益的借鉴，一个国家的治理体系和治理能力是与这个国家的历史传承和文化传统密切相关的。解决中国的问题只能在中国大地上探寻适合自己的道路和办法。"① 《中共中央关于全面推进依法治国若干重大问题的决定》提出"依法治国"，是实现国家治理体系和治理能力现代化的必然要求，要坚持依法治国和以德治国相结合。国家和社会治理需要法律和道德共同发挥作用。因为法律的真正权威源自人民的内心拥护和真诚信仰。同时，要弘扬中华优秀传统文化，增强法治的道德底蕴，强化规则意识，倡导契约精神，弘扬公序良俗。②

虽然历代的治理方式，已经失去了其存在的社会基础，它本身也有诸多弊端，今天我们已很难去全面开展开来，同时，西方现代的生活方式和思维方式已植入当前社会，我们已经不可能把当前社会的"人"变成为一个个传统的"伦理人"，但是国家治理，无论是过去还是现在，处理的都是同一个问题，就是一种怎样的治理方式才能深入人心，治理本身是基于什么样的基础，根植于怎样的人心结构，也就是人在看待其自身被作为治理对象时，以一种怎样的心态来看待，是否心甘情愿地把自己的行动约束在这样一个治理的体系内。

本章希望通过对历代"人口管理"的探讨，给读者提供一种启示，去思考国家和社会怎样把人纳入社会关系体内，通过价值的内化，把一个自然人转变成一个伦理人或公民，把人容易被外界刺激的利己心尽量地转化为利他心，来消解个人与他人、与群体或国家之间的可能存在的矛盾的问题，当整个传统的家庭关系（这曾经作为人最重要的约束体系）在逐渐弱化的今天，这个问题显得尤为重要。所以国家治理能力的现代化和治理体系的建设，其不但要重视政策和制度规范方面的建设，而同时也要注

---

① 参见习近平：《解决中国的问题只能在中国大地上探寻适合自己的道路和办法》，人民网：http://politics.people.com.cn/n/2014/1013/c1024-25825659.html。

② 参见《中共中央关于全面推进依法治国若干重大问题的决定》，新华网：http://news.xinhuanet.com/2014-10/28/c_1113015330.htm。

重于去塑造一个怎样的人去适应这样一种现代治理体系，在这样的一套体系中人心能得到约制，只有这样国家才能真正实现长治久安。

与此同时，我们也得注意到，在相当长的历史时期内，我国对于人口的管理主要是基于家户制的基础之上，因此，在未来我国推行人口有序管理的若干改革时，应注意到家庭对于个人行为和思想的重要影响和约束作用，这一特点在我国既具有历史基础，也具备文化支撑。未来，政府部门在出台若干人口流动管理政策的时候，应主张促进家庭团聚和举家迁移，而不是仅仅从个体的层面来考虑和设计，这是当前我国若干项改革中最需要反思和修订的关键要点。

第二章 新中国成立后流动人口服务管理的政策沿革与实践创新

一 历史时期流动人口服务管理的政策演变

在上一章中，本研究对新中国成立以前历朝各代"人口管理"的组织形式、管理职能、管理对象以及管理手段几个方面的历史演变进行了相应梳理，并发现了其中主要的管理特点，这是我国几千年社会治理过程中非常重要的传统文化基础和管理要素。接下来，在本章中，本研究将继续沿着时间的脉络对我国流动人口管理政策进行总结提炼，以便于发现新中国成立以后人口管理的相关特点及其启示。

由于新中国成立以后，制度、制度化的政策以及管理体制的选择，明显受到客观约束（财力、国情以及政治经济体制等因素）和主观愿望（管理理念）的共同制约，所以新中国成立以后我国流动人口管理体制几经变迁，每个阶段的变更都与主观管理理念和客观约束的变化密不可分。根据这些变化，本研究把新中国成立后六十余年来我国流动人口的政策变迁分为"政治性流动"、"严格控制"、"允许流动"、"控制人口盲目流动"以及"社会融合起步"五个时期。每个时期的政策成效如何，都可以通过与两大约束的适应性来判断。在此基础之上，为了进一步深刻剖析我国流动人口管理体制的变化，我们尝试性地通过"成员—规则—机制"① 这样的框架体系，把各个时期流动人口管理体制的构成及其运行特

---

① "成员"指流动人口管理体系的各组成部分；"规则"是指静态的管理体制构成，即成员（管理体系）按什么规则组织起来；"机制"是指制度运行时的动态规则，主要指工作机制（包括相关成员间的沟通协调机制）。

征对比式地呈现出来，从而在勾勒中国流动人口政策和管理理念变迁的基础上总结出 60 余年的经验教训。

1. 各时期政策特征

（1）政策性流动及控制时期（1949—1977 年）

新中国成立初期，百废待兴，经济实力严重不足是这一时期制定各项政策时不容忽视的客观约束。当时国家的首要任务是实现政权更替，恢复经济发展，而相关人口流动管理思路和政策体系尚未成型，由乡村向城市的自发性人口流动作为一种社会现象而悄然存在。随着我国第一个五年计划的实施，政府部门明确提出重工业优先发展的战略构想，并派生出一系列政策：1953 年的粮食统购统销制度、1957 年的城市人口疏散下放政策、1958 年农村人民公社制度以及自 1958 年《中华人民共和国户口登记条例》正式实施以后逐步形成的以户籍制度为依托的人口流动控制制度等。这一系列政策的目的都是为了补充和稳定农村劳动力，为城市人口创造充足、低价的农产品，最大限度地压低重工业发展成本，尽快提升我国经济实力。

从流动人口管理体制中的"成员—规则—机制"角度来看，这一时期流动人口管理的"成员"主要是以公安、农村合作社为主体的管理部门；"规则"是把城乡人口割裂开来的户籍制度以及与之配套的城市劳动就业制度、基本消费品供应的票证制度、排他性的城市社会保障和福利制度等；运行"机制"是自上而下的政治性推动，国家计划经济和特定意识形态相联系的政府垄断管理。在这样的制度安排下，最终的政策后果是自 1958 年以后的很长一段时间里，我国一直处于人口城乡隔离的状态，基本阻滞了农民由农村向城市的流动，流动人口的势能积累强烈，劳动力要素空间配置效率很低。

（2）严格控制时期（1978—1983 年）

1978 年以后，我国的改革开放逐渐起步，进入"摸着石头过河"的初级探索阶段。然而，在"稳步推进改革开放"这一政策目标的客观约束下，人口流动依然受到严格限制，农村剩余劳动力向城市迁移的大门依然关而闭之。具体来看，1978 年改革开放首先从城乡接合部地区开始，家庭联产承包责任制的推行，释放出规模巨大的农村剩余劳动力"资源"，但当时城市就业制度改革尚未触及，横亘于城乡之间的户籍制度以及以此为基础建立起来的二元社会体制也被视为不可侵犯之"物"。虽然国务院在1981年发布的《关于严格控制农村劳动力进城务工和农业人口转为非农业人口的通知》以及《关于广开门路，搞活经济，解决城镇就业问题的若干决定》中，提出了城市实行合同工、临时工、固定工相结合的多种就业形式的思路，但在这些文件里同时又进一步强化了对农村劳动力流动的管理，即严格控制从农村招工，认真清理企事业单位使用的农村劳动力以及加强户口和粮食管理等。

从流动人口管理体制中的"成员—规则—机制"角度来看，这一阶段流动人口管理的"成员"主要是国务院和各级人民政府领导下的公安机关、劳动部门和各类企业等；"规则"依然是基于户籍制度和城市就业制度的二元社会体制；"机制"则是基于政府与企业共同努力下的政府统筹规划和调控。值得指出的是，尽管在这个阶段国家各项政策都在强调"严格"，但从人口流动的总体情况来看，已经开始出现对流动人口这一劳动力要素的政策松动。

（3）允许流动时期（1984—1988年）

在此阶段，整个国家的客观形势开始发生显著变化，改革开放已经由农村发展到城市，城市的"保障就业和安置就业制度"开始受到冲击。1984年，国务院发布的《关于农民进入集镇落户问题的通知》规定："除县城外的各类县镇、乡镇、集镇，包括建制镇和非建制镇，全部对农民开放"，"凡申请到集镇务工、经商、办服务业的农民和家属，在集镇有固定住所、有经营能力或在乡镇企业单位长期务工的，公安部门应准予落常住户口，及时办理入户手续、发给《自理口粮户口簿》，统计为非农业人口"；1985年公安部颁布了《关于城镇暂住人口管理的暂行规定》，对那些不能加入城市户籍的农民实行暂住证制度，从法律上正式给予农民进城许可，意味着公民开始拥有在非户籍地居住的合法性。此时小小的城门开放，成为了人口迁移流动政策变动的一个重要标志，它表明实行了30年的限制城乡人口流动的就业管理制度开始松动，因此，这个阶段具有历史性的进步意义。

从流动人口管理体制中的"成员—规则—机制"角度来看，这一阶段流动人口管理的"成员"主要是以公安、粮食、工商以及计生等为主体的管理部门；"规则"是不断健全和完善中的城市暂住人口管理制度和集镇暂住人口登记管理制度；"机制"则表现为以促进人口城乡流动为导向、以公安户籍管理为核心的部门协作与管理。在这一阶段里，从政策的实施效果来看，大量流向城镇的劳动人口补充了城镇稀缺的劳动力，缓解了农村富余劳动力的压力，加快了城市化进程。然而，由于人口流动政策刚刚开启，政府对于来势凶猛的流动人口浪潮没有做好足够的心理准备，缺乏有效的引导和充分的应对措施，因此，人口的盲目流动以及由此造成的城市基础设施和公共资源的供给短缺，骤然成为当时中国社会的重大社会问题。控制人口盲目流动的政策应运而生。

（4）控制人口盲目流动时期（1989—1999年）

基于城市基础设施和公共资源供给短缺的严峻现实和客观约束，政府对前一个时期实行的农村劳动力流动政策进行了局部调整，加强了对盲目流动的管理。1989年3月，国务院办公厅正式发出《关于严格控制民工外出的紧急通知》，从此揭开了我国流动人口管制政策的序幕。1994年11月，劳动部发布了《农村劳动力跨省流动就业管理暂行规定》，正式对人口跨省流动实施严格管制，包括：①实行流动就业证制度，控制流动人口跨省流动；②采取本地就业优先原则，限制流动人口跨省流动；③严格控制招收方式等；1995年，在厦门召开的全国流动人口管理工作会议确定了"因势利导，宏观控制，加强管理，兴利除弊"的流动人口指导思想；同年9月，中央社会治安综合治理委员会还颁布了《关于加强流动人口管理工作的意见》，对流动人口管制工作进行全面部署。

从流动人口管理体制中的"成员—规则—机制"角度来看，这一阶段流动人口管理的"成员"主要是以公安部、中央社会治安综合治理委员会、民政部、用工单位为主体的管理部门；"规则"主要体现在严格控制人口流动的各项通知与规定上；而"机制"则表现为融法律、行政、经济、宣传等多种手段为一体的严格调控管理。

控制人口盲目流动政策并非人口城乡隔离政策，最终目的是为了实现人口有序流动，但从实施效果来看却差强人意。在此阶段初期，政府通过强制遣送、劝返以及就业和经商歧视等管制措施，在一定程度上抑制了人口大规模流动。然而随着市场经济的发展，城市化进程的逐步推进，特别是1997年5月《小城镇户籍管理制度改革试点方案》的颁布，劳动力作为生产要素在市场调节下表现得更为活跃，人口流动的浪潮变得势不可当。因此，在控制人口盲目流动阶段的后期，人口流动规模开始飙升。1994年我国流动人口超过了管制前的规模，达到8000万左右。面对这样的客观现实，政府部门开始思考：如何对流动人口管理理念和手段进行创新，从根本上扭转流动人口管理上的被动局面，变"堵"为"疏"？在此历史背景下，以人为本、促进融合成为流动人口管理理念变革的必然趋势。

（5）社会融合起步时期（2000年至今）

进入21世纪的新时期，我国社会经济发展水平和人口形势都发生了翻天覆地的变化，以人为本，贯彻落实科学发展观的理念变化以及国家经济实力的不断增强，为我国政府部门在全国范围内加快社会融合步伐，推进基本公共服务均等化战略创造了有利的客观条件。2000年，为了推进小城镇健康发展，中共中央、国务院发布的《关于促进小城镇健康发展的若干意见》规定：从2000年起，允许我国中小城镇对有合法固定住所、稳定职业或生活来源的农民给予城镇户口，并在子女入学、参军、就业等方面给予与城镇居民同等的待遇，不得实行歧视性政策，不得对在小城镇落户的农民收取城镇增容费或其他费用。此项文件的出台标志着我国流动人口政策开始进入融合阶段。此后，中央政府还颁布了一系列政策法规，为流动人口的社会融合扫清障碍，并开始完善流动人口的就业、就医、子女就学、社会保障等公共服务，逐步实现流动人口与户籍人口同等的公平对待，主要体现为：第一，转变流动人口管理理念。例如，2007年中央综合治理委员会出台了《关于进一步加强流动人口服务和管理工作的意见》，提出"公平对待、搞好服务、合理引导、完善管理"的工作方针；第二，完善流动人口的服务。例如，2003年国务院办公厅发布的《关于做好农民进城务工就业管理和服务工作的通知》、2003年发布的《工伤保险条例》和2006年发布的《关于推进社会主义新农村建设的若干意见》以及2006年发布的《关于解决农民工问题的若干意见》要求建立健全流动人口工伤保险、养老保险和医疗保险等社会保障，保障流动人口的民主权利和合法权益；第三，取消针对流动人口的歧视政策。例如，2003年国务院办公厅发布《关于进一步做好进城务工就业农民子女义务教育工作意见的通知》，要求流入地政府取消流动儿童借读费、赞助费；2005年劳动和社会保障部发出《关于废止〈农村劳动力跨省流动就业管理暂行规定〉及有关配套文件的通知》，正式废除流动人口就业证制度；第四，扩大流动人口融合的范围。2006年发布的《关于解决农民工问题的若干意见》，要求中小城市和小城镇要适当放宽农民工落户条件，大城市要积极稳妥地解决符合条件的农民工户籍问题，并对农民工中的劳动模范、先进工作者和高级技工、技师以及其他有突出贡献者，应优先准予落户；第五，逐步将流动人口纳入城市公共服务体系。2007年中央综合治理委员会出台《关于进一步加强流动人口服务和管理工作的意见》明确要求逐步实行居住证制度，要求流入地、流出地的党委和政府，把流动人口服务和管理工作纳入本地区国民经济和社会发展中长期规划和年度计划，在制定公共政策、建设公共设施等方面，统筹考虑长期在本地就业和居住的流动人口对公共服务的需要，逐步建立和完善覆盖流动人口的公共服务体系。此外，2014年我国出台的《国家新型城镇化规划（2014—2020）》特别提到，有序推进农业转移人口市民化。按照尊重意愿、自主选择，因地制宜、分步推进，存量优先、带动增量的原则，以农业转移人口为重点，兼顾高校和职业技术院校毕业生、城镇间异地就业人员和城区城郊农业人口，统筹推进户籍制度改革和基本公共服务均等化。

从流动人口管理体制中的"成员—规则—机制"角度来看，这一时期流动人口管理的"成员"是包括综合治理委员会、公安、劳动、财政、农业、建设、卫生、教育、人口计生等在内的多个部门；"规则"主要体现在为加强流动人口服务和管理工作而出台的一系列惠民政策以及与此相关的各项法律法规上；而"机制"则表现为流入地和流出地各有关部门沟通协作的立体式服务管理，不过，从协调机制上来看，目前还处于部门之间自行协调的状况。

表4-2-1　　　1949年至今我国流动人口管理政策的转变过程

阶段	时间	特点	主观管理理念	客观约束条件	成效
第一阶段	1949—1977年	政治性流动及控制	计划经济和特定意识形态相联系的政府垄断管理	1949—1957年农村人口可以自由迁移，但在1958年由于当时政府选择了超常的"大跃进"运动式的国家发展战略，人口迁移流动盲目，人口流动控制开始	人口作为管理因素被严格控制，违背了公民基本权利
第二阶段	1978—1983年	控制流动	稳定推进改革开放，强化管理	由于农业连年丰收城镇职工粮食供应问题不再成为生死攸关的障碍	人口流动受到严格的限制，人口福利没有得到改善

续表

阶段	时间	特点	主观管理理念	客观约束条件	成　效
第三阶段	1984—1988年	允许流动	以经济发展为中心，追求效率作为唯一管理目标	农业劳动率提高释放出大量剩余劳动力，乡镇企业开始发展，成为了吸收农村劳动力的主要途径之一	农村劳动力的转移和流动进入了一个较快增长的时期，促进经济发展
第四阶段	1989—1999年	控制盲目流动	仍然强调经济效率，并以结果为导向，忽视社会问题	由于治理经济环境、整顿经济秩序造成了城市与乡镇企业新增就业机会的减少，使得农村劳动力的转移和流动的空间缩小	人口流动依然盲目无序，缺乏有效的宏观调控政策；管理上缺乏对人的尊重
第五阶段	2000年至今	争取公平流动	坚持"以人为本"，以服务为导向	经济社会问题不断凸显，城乡区域差异、不同人群不同区域之间收入分配差异不断扩大，社会经济发展不仅强调效率，开始更加注重公平	人口福利改进成为可能，并使人口更有效推动社会经济发展

2. 小结

总之，我国流动人口管理政策一方面是社会经济发展外部环境变化的必然选择；另一方面也是政府执政理念由"管理型"向"服务型"转变、政策内容与行政资源状况、政治经济体制相适应的必然结果。新中国成立60余年来，我国人口迁移流动的管理政策在主观管理理念和客观约束的不断变化中逐步完善和推进。从时代进步性和治理经验的角度看，可以提炼出以下几点：

第一，从限制人口迁移流动到允许人口流动，从控制盲目流动到规范人口流动，逐步推进有序化工程，努力实现城乡统筹就业以及城乡劳动力市场一体化的发展。

第二，优先发展中小城市流动人口的社会融合，逐步放开大中城市流动人口的融合政策。整个过程中，我国注意到循序渐进的融合过程，从城市的融合能力出发，逐步实施流动人口融合政策。

然而，从问题的角度来看，新中国成立后的几十年时间里，我国流动人口管理政策依然表现出以下几个问题：

第一，流动人口的社会融合不充分，特别是流动人口心理融合的问题表现得更为明显。流动人口心理融合不仅需要流动人口对城市的认同，而且需要当地户籍人口和流动人口之间在心理上的相互接纳，这是当前亟待解决的问题。

第二，流动人口融合政策的可逆性和可选择性不强。对于流动人口社会融合政策而言，既要让流动人口能融入城市，又能融入农村；既能自由融入这个城市，也能自由融入其他城市。但是，目前我国流动人口融合政策可逆性和可选择性不强的问题关键，主要在于流动人口的社会保障还不能在全国范围内自由转移，管理体制依然是城乡二元体制等若干因素，从而导致流动人口融合政策的开放性不足。

二　新时期流动人口有序管理的实践探索

进入 21 世纪以后，在新的历史时期里，我国经济社会发展表现出了新特点、新趋势和新要求，从而也推动了我国党和政府执政理念的进一步升华，明确地把科学发展观作为执政理念，强调"以人为本"，以促进人的全面发展。落实"以人为本"的科学发展观，需要树立"大人口"意识，形成人口与资源环境相协调、与社会经济发展相适应的可持续发展战略。然而，我国目前的人口管理体制已滞后于社会经济发展，管理关系不顺、调控力度偏弱、管理漏洞较多、服务明显不足等问题逐步凸显，人口管理体制的改革创新既是形势所迫，亦是时势所需。

新体制大多在发达地区首先尝试，因为这些地区面临的问题多、情况新、改革意愿迫切。最近十余年，我国的流动人口政策和管理体制正处于大变革时期，全国各地在以人为本、改善民生的主观管理理念下，针对流动人口的具体问题（通常涉及人的信息、社会管理和公共服务等方面），形成了不同的流动人口管理体制和工作机制。以下，我们将从流动人口管理体制和工作机制两个方面，重点介绍以无锡、嘉兴、上海、深圳为代表的流动人口体制改革先行城市的主要做法，以期为人口有序管理的改革提供参考信息和经验借鉴。

1. 管理体制和管理模式探索

（1）无锡模式："大人口 + 居住证"

无锡地处长三角中部，全市总面积 4788 平方公里，下辖两市（县）七区。目前，常住人口约 650 万人，其中户籍人口 477 万人，常住流动人口约 170 万人。2006 年，全市地区生产总值 3300 亿元，人均 GDP 超过

7000 美元，其他社会经济指标也已达到或超过了"江苏省全面建设小康社会"的指标要求，迈进到"巩固全面小康成果、争取率先实现基本现代化"的重要时期。

然而，近些年来，面对城市化进程加速推进和流动人口急剧增长的新形势，无锡市以前沿袭的传统体制和传统管理模式，其弊端日益明显，严重制约着无锡市人的全面发展和人口素质的提高。无锡全市人口工作面临的挑战主要表现在以下几个方面：与人口相关的信息采集、管理条块分割，难以全面、准确、及时地对人口公共信息进行统计、分析和预测；以"管控"、"限制流动"、"打击犯罪"为主要出发点的传统人口登记和管理制度，不利于满足人的发展需要以及人口素质的提升；人口管理服务体系不健全，基层管理力量十分薄弱，政策法规和制度建设不到位；人口管理、产业发展、基础设施建设之间的联动机制尚未形成，产业层次不高，城市功能不强，制约着人口素质的提升以及人口结构的改善；一部分长期在无锡居住和就业的非户籍人口，还不能完全享受到应有的各项权益和公共服务，难以真正融入无锡，共享发展成果。

目前，无锡市已经发展到必须尊重人、关爱人、发展人的重要阶段。因此，为了适应新形势、新任务的要求，无锡市加快了人口管理体制，特别是流动人口管理体制的改革，这种管理理念与改革实践的转变具有重大的现实意义及深远的战略意义。无锡市委市政府改革不避难，在人口管理服务机制、提升人口素质上下功夫，探索出了一条以"大人口观"为理念指导、以"人口委"为机构统筹、以"一证二合同三承诺"为管理手段、以常住人口公共服务均等化为改革方向的人口服务管理体制创新之路，实现了管理体制的创新，顺应了时代发展的客观要求。

①无锡体制改革的基本情况。

进入新时期，无锡市低生育水平继续保持稳定，以"提升无锡人口素质、实现人的全面发展"为根本价值取向的新一轮城市发展战略应运而生。为了配合城市发展战略的顺利推进，无锡市在原有政府架构总体上不动的情况下，强调"大人口"观，通过人口计生部门协调各部门的人口管理工作，加强对常住人口管理和服务的统筹，形成了"大人口机构统筹型"管理新体制。其具体的改革措施主要包括五个方面①：

---

① 改革举措是根据无锡市相关文件整理而得。

　　第一，以资源整合为手段，创新人口服务管理体制。

　　体制整合：为适应流动人口剧增、基本情况不明、人口服务管理内容不断拓展等人口工作新形势，无锡市建立了"市规划指导、区协调监督、街道（镇）组织落实、社区（村）综合服务"的人口工作新体制，撤销了市流动人口管理服务工作领导小组，成立市人口工作领导小组，其办公室设在市人口计生委（简称"人口委"）；各区、街道（镇）成立相应的人口工作领导小组；各社区（村）建立健全社区事务工作站（村社区服务中心），集中各部门在社区（村）的力量，实行人口登记、劳动就业和社会保障、民政、教育、卫生、计生、综治、房屋租赁备案及相关便民办税等服务管理事务"一站式"受理。

　　职能整合：在精简、高效的机构设置原则下，重视发挥市人口计生委在人口服务管理工作中的"规划指导"、"综合协调"作用。为市人口计生委增加了"人口信息汇总分析管理"、"人口服务管理工作的综合协调"，"加强人口发展规划和政策研究"三项综合性职能，从市政法委、民政局、劳动和社会保障局、公安局划转9名编制至市人口计生委。市人口计生委增设"综合协调处"和"信息管理处"，其中，综合协调处负责与人口服务管理相关部门的综合协调工作；信息管理处负责人口综合信息管理系统的正常运转，并对全市人口信息进行汇总、分析和管理。

　　信息整合：无锡市建立了"社区化集中采集"、"数字化统一管理"、"按权限分类查询"、由市人口计生部门统筹协调的人口综合信息服务网络。此网络纵向连接各市（县）、区、街道（镇）和社区（村），横向连通公安、民政、劳动和社会保障、人口计生、税收、房管等相关部门。在信息采集的起点环节上，由各社区事务工作站（村社区服务中心）的工作人员采集各类人口综合信息，并上传至市人口综合信息管理系统，各相关职能部门可按权限进行信息的分类查询；在信息平台的综合管理上，由市人口计生委负责人口综合信息采集的技术指导、数据库和信息系统的管理运行，做好人口综合信息的实时监控、综合分析和人口政策研究等工作。

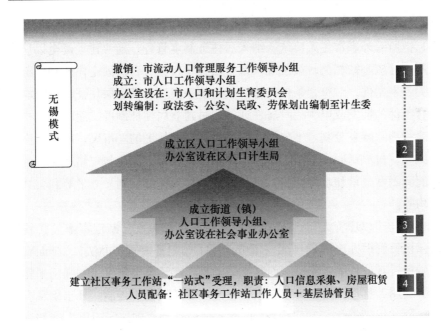

图4-2-1　无锡人口管理委员会管理体制

第二，以社会融合为己任，建立"一证二合同三承诺"的新型人口登记制度。

无锡市加强人口服务管理工作，以居住证件为基本依据，以加强房屋租赁管理和劳动用工管理为重要手段，充分发挥居住证制度、出租房屋登记备案制度和劳动用工登记备案制度在人口服务管理中的重要作用，明确居住证件持有人、房屋出租人、用工者（单位）的责任，努力形成"一证二合同三承诺"人口服务管理新机制。"一证"，即居住证件；"二合同"，即房屋租赁合同、劳动用工合同；"三承诺"，即《无锡市公民文明守法承诺书》、《无锡市房屋租赁社会责任书》和《无锡市劳动用工社会责任书》。"一证二合同三承诺"是无锡市"以证管人"、"以房管人"、"以业管人"相结合人口服务管理新机制的基本要求和具体体现。运行"一证二合同三承诺"，就是要充分调动各有关方面的积极性，努力实现"以房（业）办证、以证服务、共担责任、协同运转"，确保流动人口服务管理的有序、高效运行。具体措施包括：

积极推进居住证制度。逐步打破传统人口管理模式的禁锢；消除暂住证对流动人口的歧视，探索建立以居住证为核心的新的人口登记制度。改革暂住证和人口登记制度，实施居住证制度。在统一城乡户口登记的基础上，把所有外来常住人口统一纳入居住证制度管理。加快建立健全以居住证制度为核心的相关政策法规体系，以在本市具有合法固定住所和稳定就业为基本条件，对符合条件的流动人口统一换发和领取居住证，对暂时不符合条件的换发或申领临时居住证。通过建立居住证制度，逐步淡化户籍概念，消除城乡分割。不分原户籍居民和持居住证的新市民、原城镇户籍居民和乡村户籍居民，统一作为无锡市常住人口。深化与户籍相关联的各项配套制度改革和政策调整，逐步实现常住人口的权利义务平等和公共服务均等。

健全"以房管人"、"以业管人"的机制和制度。制定实施《无锡市房屋租赁管理办法》和《无锡市劳动用工登记备案暂行办法》，全面实行房屋租赁登记备案制度，全面落实劳动用工登记备案制度，加强房屋租赁和劳动用工管理，落实房屋出租责任制和劳动用工责任制。凡出租私有产权房屋（以下简称"私房出租"）的业主，都需要到房屋租赁主管部门或其授权委托的房屋所在地社区事务工作站（村社区服务中心）办理登记备案，并签字承诺积极履行《无锡市房屋租赁社会责任书》的有关要求。凡招工的企业或单位，需要到劳动主管部门或其授权委托的企业所在地社区事务工作站（村社区服务中心）登记备案，并签字承诺积极履行《无锡市劳动用工社会责任书》的有关要求。确保"出租（用工）有备案、责任有落实、信息有登记、租赁（就业）有管理、权益有保障"。

协调推进"一证二合同三承诺"的有效运转。作为全市人口工作的综合部门，无锡市人口委在市政府统一领导下，以"一证二合同三承诺"为主要抓手，加强对人口服务管理的综合协调，公安、劳动和社会保障、房管、地税等与人口服务管理有关的各部门，积极围绕"一证二合同三承诺"要求加强执法的监督和检查工作，确保无锡市人口服务管理工作有规可循、有据可查、有序管理和有效服务。与"一证二合同三承诺"直接相关的市公安和综治系统、劳动和社会保障系统、房管系统，按照"条块结合、以块为主"的原则进一步调整优化市、区、街道（镇）和社区（村）四级的职能分工，切实向"以人为中心"转变，切实推动工作重心下移，全面提高系统工作效能。

第三，以公平公正为准则，推进常住人口公共服务均等化和权利义务平等化。

按照公平公正、权利与义务对等的原则，通过改革和调整经济社会发展规划、财政预算、社保统筹、教育培训、劳动就业、政治参与等体制和政策，对所有常住人口，建立健全实现公共服务均等化和权利义务平等化的相关制度和保障措施。在具体操作中可视具体事项、条件差异、难易程度和轻重缓急，分阶段、分步骤逐步推进。

以常住人口为基数调整和完善经济社会发展规划。把全部常住人口纳入经济社会发展总体规划，加强城市规划、产业规划、人口规划的有效衔接，更加科学合理地统筹安排城乡基础设施建设，优化公共资源配置，有效发挥规划对经济社会发展的调节作用。

建立惠及常住人口的公共财政和公共服务体制。按公共服务均等化要求，改进财政预算方式，调整财政支出结构，拓展公共服务范围，逐步保证常住人口平等履行义务，共享发展成果。按照优先投资于人的发展的理念，以促进人的全面发展为目标，以民生、民富、民享等为重点，加大常住人口的计划生育、教育文化、卫生体育、社会保障、生态环境、公共治安等方面的投入，特别要加大对农村公共服务建设的投入，提升常住人口公共服务水平。

无锡市还通过多种渠道保障人口服务管理的工作经费。各级政府正逐步加快公共财政向社区的覆盖，确保社区事务工作站（村社区服务中心）的工作经费和正常运转。对经有关方面审查批准由上级各党政部门转入社区（村）办理的事务，需要按照"费随事转"的原则，以"购买服务"的形式确保相应的配套工作经费，具体由区组织实施。同时，为提高街道（镇）和社区（村）的积极性，无锡市正在积极探索私房出租税收征管和分配的新办法。试行私房出租税收新增额本市留成部分以财政集中支付方式全额返还归街道（镇）统筹使用，鼓励街道（镇）和社区（村）根据税务部门授权，在税务部门的业务指导下，依法代办私房出租税收征缴工作。街道（镇）和社区（村）代办私房出租税收征缴，需要实行"收支两条线"管理。

构筑覆盖城乡、多层次的社会保障体系。加快建立健全统筹城乡、覆盖全体常住人口的多层次社会保险、社会救助、社会福利、慈善事业相衔接的社会保障体系。积极扩大社会保险覆盖面，完善职工基本养老保险制度，强化养老保险基金统筹，推进建立失业、工伤、生育保险制度，建立健全最低生活保障制度和最低工资调控制度。进一步完善城镇职工基本医疗保险、城镇居民医疗保险和农村合作医疗保险，发展社会医疗救助。加强对社会困难群体的救助，发展慈善事业。加快城镇公共廉租房、经济适用房建设，逐步解决城镇常住人口住房困难，改善住房条件。

第四，切实保障常住人口平等享有民主政治权利。根据身份平等、机会平等、权益平等的要求，积极鼓励持有居住证的新市民扩大政治参与度和社会融入度。切实保障新市民参与企业、社区民主管理的权利；加强新市民中党员的组织管理，保障其平等享有党内选举与被选举的权利；积极稳妥试点探索新市民平等享受选举和被选举的政治权利，增强新市民的主人翁意识，充分调动他们参与无锡建设的积极性、主动性、创造性，增进社会和谐，激发城市活力。

加快各项配套改革和政策衔接。深化与户籍相关联的各项配套制度改革和政策调整。按照"平稳过渡、逐步对接"的要求，研究解决原城镇户籍居民、原农村户籍居民、持有居住证的新市民在养老保险、医疗保障、最低生活保障、住房保障、优抚安置等方面存在不同待遇标准的问题。各相关部门应积极梳理、摸清底数，制订方案、明确步骤，逐步消化、加快并轨，促进常住人口真正享受公平均等的公共服务。

第五，以人的全面发展为目标，促进人口素质与产业结构、城市功能的互动提升。

产业结构决定劳动就业结构。无锡市高度重视发挥产业结构优化升级对控制人口规模、提升人口素质的重要作用。坚持人口管理与产业结构调整相结合，通过提升产业层次和企业发展水平，推动本地劳动从业人员素质和能力的提高，外来从业人员素质结构优化，实现人口素质与产业结构双向互动、协同提升。

加快产业升级，改善劳动力需求结构。科学制定产业发展规划，大力发展新兴产业、高科技产业和现代服务业，以产业结构优化升级改善对劳动力供给总量和技能素质的需求结构。大力推动企业自主创新和科技创业，加快发展知识、资本、技术密集型企业，努力提高企业人力资本的价值和贡献。大力发挥研发中心的人才集聚作用。鼓励本市企业到经济发达地区和主要市场所在地设立研发中心，远程利用异地人才为无锡市创新发展和产业升级提供智力支持。鼓励跨国公司、国内大企业、高校与科研机构在无锡市设立研发机构，鼓励市内外各类主体通过各种形式在无锡市创办设立具有特色的研发机构，吸引和培养一批高技术人才从事创新活动。

优化城市格局，促进人口合理分布。按照城市总体规划和"七区一体、一体两翼"的总体架构，加快城镇体系建设步伐，促进人口合理分布。加快新城、新市镇建设步伐，增强对人口转移的承接和吸纳功能，引导中心城区人口向新城和新市镇转移。推进轨道交通和快速交通体系建设，加强中心城区与新城、新市镇的连接，积极疏解中心城区的人口压力。强化区域空间管制，严格控制生态保护区的人口数量。

鼓励发展社会力量办学和提供教育培训。大力发展继续教育和培训，拓宽办学之路，为市民持续学习、方便学习、有效学习提供服务。根据社会需要，加快扶持形成一批办学质量高、社会信誉好的社会力量办学机构。积极鼓励与大力支持企事业单位、社会团体和公民运用市场化方式，举办多层次、多类型的教育培训活动，引导各类职业院校积极面向社会开展非学历教育和职后培训，发展一批社会化、行业化的职业培训基地，建设一支庞大的教育义工队伍，促进教育培训社会化。

鼓励市民积极参加学习培训，主动提升自身素质。结合就业准入制度和职业资格证书制度的实施，建立促进市民终身学习的机制，鼓励城镇从业人员积极参加继续教育和职业培训，不断提升自身职业技能、业务水平和职业发展能力。把农民教育培训纳入新农村建设计划，推动农民新知识和劳动技能培训的常态化。针对城镇失业人员、失地农民、残疾人和进城务工人员制定减免培训费等优惠政策，调动他们参加职业技能培训的积极性，避免由于知识技能贫乏引致边缘化、贫困化。

②无锡体制改革的绩效评估。

从无锡体制改革的作用评价来看，无锡体制改革具有以下几点优势：

一是较高层次的机构统筹，有利于实现人口分布与经济分布的协调一致。在落实科学发展观，促进我国区域协调发展的过程中，我们需要根据资源环境承载能力，科学确定不同区域的主体功能，最终在国土空间上实现人口分布与生产力分布的协调。无锡"大人口机构统筹型"管理体制是在较高层次的协调机构——无锡市人口工作领导小组的指导下，对全市人口发展进行统筹规划。这种统筹模式有两大特点：其一，是较高层次的统筹协调，有利于各部门在流动人口服务管理工作上的协调与沟通，有利于在全市的高度上统筹解决人口问题；其二，是高层次的统筹协调，有利于从全市的宏观层面确保人口服务管理政策与产业政策的协同配套，从而达成"人口随就业机会而安居、安居后乐业"的良性循环，实现人口布局与经济布局的协调。

二是人口信息的统一管理，有利于推进基本公共服务均等化。无锡模式从根本上改变了对流动人口的"抵制防范"态度，通过建立以居住证为核心的新型人口登记制度，变人口信息的"被动采集"到"主动登记"，有利于全面掌握人口信息，确定基本公共服务的供给对象和供给标准，进而有利于基本公共服务的均等化。同时，无锡"大人口机构统筹型"管理体制是一种与相关部门统筹协调的机制，便于各部门根据自身职能提供适当水平的公共服务。

三是人口管理的职能整合，符合国家行政体制改革的方向。从行政管理体制改革角度考虑，无锡"大人口机构统筹型"管理体制有三大优势：其一，在机构设置上，不突破规定限额，不涉及新机构设立，具有较强的现实性和可操作性；其二，在政府职能上，强调管理和服务并重，在高层次上对相关部门的流动人口管理服务职责进行统筹协调，既理顺了工作关系，优化了结构，又整合了职能，减少了部门间的扯皮推诿，有利于提高工作效能；其三，在改革手段上，充分利用了纵向到底、横向到边的基层计生专干队伍，并与协管员队伍形成合力，体制改革的成本相对较低。因此，无锡模式符合国家行政体制改革方向，有利于服务型政府的建立。

任何改革都不可能一帆风顺。从问题角度来看，无锡体制改革依然存在着诸多困难需要克服。通过调研我们发现，在无锡市人口管理服务体制改革的起步阶段，四大难题摆在了改革者的面前：职能待转变、部门待协调、信息待整合，经费待保障。

一是工作内容的拓展要求机构职能迅速转变。体制改革以后，对于市人口计生委来说，转换职能定位与对外形象的难度较大。市人口计生委长期从事计划生育工作，职能比较单一，现有职能和形象与未来全方位人口管理服务工作要求相比，有较大差距。虽然组建工作形式上相对简便，但事实上机构职能转换、内部处室改造、人员结构调整的任务十分艰巨。有关部门职能、机构和人员并入计生委的过程中涉及部门利益调整。另外，被调整的部门也需要先把调整后可能的职能漏洞补上，这需要配套动作做在前面，包括文件说明、高层领导小组组成和人员到位（相关部门的领导在新的人口管理委员会中兼职使得这种调整易于沟通）、被调整部门填补职能漏洞等。

二是各级部门的业务协调能力亟待提高。无锡市人口计生委对于承担新的管理服务职能感到压力很大。如何提高统筹协调能力，协调20多个平行单位做好人口管理服务工作，是当前人口计生委面临的改革难题。此外，由于目前只是在无锡市内部作出了这样的局部调整，那么如何协调与各被调整部门上级主管部门的业务关系？如何在无锡各区、街道甚至社区（村）基层组织彻底实现这种体制改革？这些问题将全面考验改革者的制度设计能力以及应急处置能力。

三是新旧人口信息管理平台的对接与完善迫在眉睫。长期以来，无锡市人口信息工作总体相对薄弱，传统分散的人口信息管理体制不能全面、及时、准确地掌握人口地规模和结构变动情况，甚至连常住人口底数都不准确，难以为政府经济社会决策提供科学依据。因此，此次人口管理服务体制改革的重点一方面是要依靠居住证制度吸引流动人口主动登记，并辅以"以房管人"、"以业管人"的工作机制，尝试在新的管理体制下获得较为准确的常住人口信息；另一方面，新搭建起来的人口信息平台需要与原有的若干信息平台对接起来，从而保证人口信息数据的纵向贯通。

四是经费保障机制的长效性和稳定性关乎改革大局。树立"大人口"意识，以常住人口为基数调整社会经济发展规划，强调加强人口服务工作，推动人口服务管理工作重心下移，这些管理理念的转变以及各项实际工作的开展依赖于一个强大的财政体系支撑。经费保障机制的长效性和稳定性，将是影响此次管理体制改革能否持久、能否取得预期效果的重大决定性因素。

不过，无锡市政府试图从多个层面最大限度地减少改革的障碍，降低改革风险，从而保证这种新型人口管理体制改革的思路与模式不断完善，并发挥重要的功效潜能。其减少障碍的方法总结起来包括两个方面：一方面是增强计生部门统筹人口管理的可操作性，包括从服务理念、法律依据、领导机制和考核体系上四位一体地保障体制改革的实操性和指导性；另一方面是在现有体制的基础上进行局部统筹，形成某种程度的路径依赖，从而在一定程度上降低体制改革的风险和成本。

③无锡体制改革模式的启示与借鉴。

第一，树立"大人口观"，才能统筹解决人口服务管理与城市发展转型问题。

无锡的改革实践告诉我们，统筹解决人口服务管理和城市发展转型问题，需要树立"大人口观"，实现"三种协调"：一是实现人口与经济、资源、环境的协调。无锡市是在资源环境的约束下，在产业结构和人口素质的互动提升中积极实践城市的发展转型，这为我国其他同类城市的发展提供了思路借鉴；二是实现人口规模与人口素质、结构、分布的协调。无锡市在确保继续稳定低生育水平的基础上，着力提升出生人口素质和从业人员素质，促进人口合理分布。无锡的改革实例证明，只有把控制人口数量、提高人口素质、改善人口结构、引导人口分布作为全面建设小康社会最重要、最基本的工作抓紧抓好，才能够更好地服务于城市经济社会发展的全局；三是实现户籍人口与流动人口的融合协调。无锡市变人口流动的压力为人力资源优势，通过对流动人口的服务管理，促进社会融合，提升常住人口的整体素质，为无锡市的城市发展提供了强大的内在动力。

第二，还原人口服务管理职能，归口一个部门的统筹协调。

"统筹人口发展规划与战略"、"人口综合信息管理"、"人口服务管理的统筹协调"是人口服务管理的三项主要职能。然而，在传统的人口管理体制中，前面两项在政府职能中处于虚置或缺位状态，而第三项职能通常被放在党委系统的政法委，其工作重心在治安管理上，难以形成改善人口公共服务的工作合力，属于职能错位。无锡模式改革的靶点很明确："将缺位的职能补位，将错位的职能归位。"以人口计生部门负责人口服务管理工作，更能体现以人为本、突出服务的新理念，符合建设服务型政府、推进基本公共服务均等化的要求，有利于人口计生委的职能向提升人口素质、优化人口服务转变。因此，以这样的标准来衡量，人口计生部门可谓现有条件下较优的资源调度者，实现了"一个部门对整个人口要素的宏观调控和服务管理的统筹协调"。

第三，打破传统人口管理模式，实现常住人口的社会融合。

无锡的实践告诉我们：面对当前人口管理服务的新形势，政府部门需要改革传统的人口管理体制，创建出一个与经济社会发展要求相适应的专业化、社会化、网络化、高效化的新型人口管理服务体制。无锡市居住证制度的探索，常住人口基本公共服务均等化以及权利义务平等化的推进，将会在很大程度上加快无锡市的社会融合，这种改革思路应该成为我国未来人口管理体制创新的发展方向。

第四，建立利益联动机制，实现信息共享、部门共赢。

无锡的实践进一步证明：统筹解决人口问题，不仅需要"部门联动"，而且还需要建立一种趋于制度化的"利益联动"。无锡通过"信息的共同采集、分权限共享"，让各个部门在信息使用上获得了便利与共享，推动了各个部门的实际工作，建立起了独立于部门领导变更的制度化人口管理新体制。因此，这样的改革找到了发展的着力点，在信息共享中实现了部门间的共赢。

总之，无锡"大人口机构统筹型"管理新体制是在建立服务型政府的理念指导下，政府部门对人口管理工作所做出的一次全新尝试。新体制在很大程度上克服了人口工作中"管理主体不清、体制不顺、人口信息不明、基层队伍不足"的难题，有力证明了以科学发展观为指导，以基本公共服务均等化为先导，以大人口机构统筹为特色的人口服务管理新体制有利于促进经济社会发展与人的全面发展的统一。

（2）嘉兴模式："新机构＋居住证"

嘉兴地处我国东南沿海，长江三角洲平原，其陆地面积3915平方公里。下辖秀城、秀洲两个区，平湖、海宁、桐乡三个市和嘉善、海盐两个县。目前，全市户籍人口约348万人，常住人口457万人，常住流动人口约109万人。

近年来，随着嘉兴改革开放的不断深入和经济社会的快速发展，外地来嘉兴务工、经商、创业人员大量增加，他们积极参与嘉兴市的现代化建设，为嘉兴经济社会发展作出了重大贡献。然而，流动人口在为嘉兴发展注入强大活力的同时，也给人口服务管理工作带来了巨大压力，现有管理体制的综合协调能力也与之不太相适应。为了更好地实施统一服务管理，嘉兴市将务工、经商、创业的非嘉兴市户籍但有固定住所的人员统一称之为嘉兴"新居民"，并通过成立单独的流动人口服务管理部门来加强流动人口的服务管理，形成了"专门机构协调型"流动人口服务管理新体制。

①改革设计。

第一，以新居民事务局为专职管理机构，推动流动人口的专业化服务管理。

独立运作的专业化组织网路。嘉兴市委、市政府从2005年开始着手调查研究，在总结嘉善、平湖等县（市）探索经验的基础上，于2006年11月出台了《关于加强嘉兴新居民服务管理工作的若干意见（试行）》（嘉委〔2006〕35号），明确提出"设立嘉兴市新居民事务局"和实行新居民居住证制度的要求。2007年，省长批示要求嘉兴市率先开展居住证制度改革试点，嘉兴市进一步加快了工作推进力度。同年9月，全国首个地级市新居民服务管理机构——嘉兴市新居民事务局正式挂牌成立，为市政府直属的监督管理类事业单位，具体负责全市新居民服务管理工作的组织、协调、指导和综合管理，同时承担嘉兴市新居民服务管理和居住证制度改革工作领导小组办公室的日常工作，实行两块牌子、一套班子。此后，各县（市、区）、镇（街道）均按照场所、编制、人员、经费"四落实"的原则，相应成立了新居民事务局（所），各村、社区、规模以上企业建立工作站。各地按照500：1的要求配备建立专职协管员队伍，隶属新居民事务局（所）统一管理，从而在嘉兴市范围内建立了既相对独立又专门承担流动人口服务管理工作的机构及组织网络。

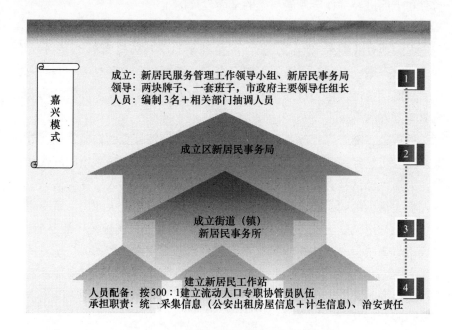

图4-2-2　嘉兴新居民事务局管理体制

高效精干的专兼职人员配备。嘉兴市新居民事务局暂配事业人员编制3名（不含兼职领导和从相关部门选调人员），暂核定岗位合同工3名，分别用于信息的统计、录入和内勤等工作岗位，视工作需要逐步增加。市新居民事务局设局长1名，专职副局长两名，兼职副局长3名，科级领导职数3名。市新居民事务局所需人员从相关职能部门抽调或向社会招聘。市公安局选派5名，市劳动保障局、市人口计生委各选派1名业务骨干派驻到市新居民事务局工作；在市新居民事务局工作期间，以市新居民事务局管理为主，并享受所任职务的待遇。岗位合同工的管理，按照《中共嘉兴市委办公室、嘉兴市人民政府办公室关于转发市编委办、市人事局、市财政局、市劳动保障局〈关于市属事业单位试行岗位合同工的意见〉的通知》（嘉委办〔2003〕56号）文件的规定执行。

明确机构职责，工作绩效纳入年终考核。嘉兴市新居民事务局主要负责承担以下九项职责：第一，贯彻执行国家、省有关农民工问题的方针、政策和市委、市政府有关新居民服务管理与居住证制度改革工作的政策措施，综合协调相关职能部门制订全市新居民服务管理与居住证制度改革的具体措施和实施办法，并组织实施；第二，负责制订全市新居民服务管理工作规划、年度计划和阶段性工作实施意见；制订居住证制度改革政策、措施和实施方案；负责制订新居民服务管理工作的各项制度；负责新居民服务管理责任分解落实工作；第三，负责全市新居民信息管理系统和居住证登记管理平台建设，协调、整合相关职能部门的信息资源，全面掌握新居民基础信息和服务管理工作动态，实施信息的综合管理，提高信息共享服务水平；第四，负责制订全市新居民服务管理工作的考评制度，组织相应的考核工作，提出对各县（市、区）和市级各有关部门在新居民服务管理工作方面的考核评价意见；组织开展新居民服务管理和居住证制度改革的调查研究，总结交流工作经验；第五，负责全市新居民服务管理和居住证制度改革的政策宣传工作；负责指导全市新居民协管员队伍建设；组织开展全市新居民服务管理人员的教育培训工作，重点抓好市本级协管员队伍建设，指导开展协管员队伍业务培训；第六，负责嘉兴市新居民服务管理和居住证制度改革工作领导小组确定的重大事项的贯彻落实、协调督办、监督检查和情况反馈；承担嘉兴市新居民服务管理和居住证制度改革工作领导小组办公室的日常工作；第七，负责制订和完善新居民登记管理制度，组织开展居住证制度改革试点和全市新居民登记管理工作；负责市本级区域范围内《技术员工居住证》、《引进人才居住证》的核准、审批；负责市本级区域范围内《居住证》发放的指导、监督和检查；第八，负责市级相关职能部门履行新居民服务管理职责的监督检查；协助相关职能部门依法履职；第九，完成市委、市政府交办的其他任务。建立健全"以块为主，条块结合"的新居民服务管理体制，并把新居民服务管理工作纳入年终考核内容。

　　根据上述职责，市新居民事务局内设 3 个职能处室（行政级别是正科级）。

　　第一个是综合处。负责协调和管理日常事务，办理领导交办事项；承担领导小组及办公室重要会议的组织和会议决定事项的督办；负责制订内部各项规章制度和工作计划；负责信息、宣传、文秘、档案、财务、保卫、电子政务、后勤服务等工作；负责人大代表建议、政协委员提案和来信、来访的办理，负责本单位人事管理、纪检监察、综合治理、计划生育等工作；负责本单位党群工作。

　　第二个是监督协调处。负责全市新居民服务管理工作规划、计划、政策和管理办法的制定；协调相关职能部门制订相应的具体措施和实施办法；会同有关部门组织开展调研；负责对新居民服务管理工作考核办法的制订和责任分解并组织实施；负责重要文件和报告的起草；负责指导、协调、督察各级各部门依法履行相应的服务管理职责情况；制订宣传教育计划并组织实施；制订协管员队伍建设的指导意见，组织开展新居民服务管理人员的教育培训工作，配合相关部门抓好协管员队伍建设，指导开展业务培训；总结新居民服务管理工作经验，组织开展评比工作。

　　第三个是登记管理处。负责组织开展居住证制度改革试点工作，负责全市新居民登记管理工作的组织实施；负责市本级区域范围内《技术员工居住证》、《引进人才居住证》的核准、审批；负责市本级区域范围内《居住证》发放的指导、监督和检查；负责全市新居民信息管理系统和居住证登记管理平台建设，依托公共事务信息系统，以公安部门新居民信息为基础，整合相关职能部门的信息，建立上下联通、资源共享的全市新居民信息管理系统，并实行动态管理，全面及时掌握新居民基础信息；负责制订信息采集登记办法，完善信息采集网络，协调建立发证情况登记跟踪和持证人个人档案；负责全市新居民信息资源的整合、汇总、统计和分析。

　　第二，以经济转型升级为导向，积极探索居住证制度改革。

　　嘉兴市探索建立了与经济社会发展水平相协调、与产业结构调整力度相匹配、与环境资源承载能力和公共财政供给能力相适应的居住证制度改革，统筹兼顾新老居民利益，推动新老居民和谐融合。本着统一管理、注重服务、兼顾特点的原则，根据新居民来市工作时间长短、技术技能等具体情况和基本条件，嘉兴市对新居民实行临时居住证、居住证和技术员工居住证分类登记管理。

年满 16 周岁，拟在暂住地居住 30 天以上的新居民，应当在到达暂住地 10 天以内，凭居民身份证或其他有效身份证件到公安机关办理嘉兴市新居民《临时居住证》（公安机关现行有关流动人口申报暂住登记的规定继续执行）。持《临时居住证》的新居民可享受的部分待遇如图 4－2－3 所示。

新居民取得《临时居住证》满 1 年、以不改变其户籍形式在嘉兴工作或创业的，可申领嘉兴市新居民《居住证》。申领《居住证》需要同时具备以下基本条件：有合法的固定住所、有合法稳定的生活来源、遵纪守法，无治安不良记录；无违反计生法律、法规和政策情况；具有初中毕业以上学历；已参加基本养老保险，并从申领之日或在嘉兴连续缴纳基本养老保险费之日算起，到法定领取基本养老金的年限，至少应可缴满 15 年；身体健康。《居住证》实行年检制，有下列情况之一的，注销已发放的《居住证》：无故不参加年检的；离开嘉兴 1 年以上的；无正当职业半年以上的；不按规定缴纳基本养老保险费 1 年以上的；受公安机关治安管理处罚或刑事处罚的；申领时有欺诈行为的。《居住证》一经注销，持有人两年内不得申领《居住证》。两年后需重新申领的，根据本规定重新审核。持《居住证》的人员，除可享受持《临时居住证》的待遇外，还可享受的其他待遇如图 4－2－3 所示。

新居民取得《居住证》满 2 年、具有中专（含高中）以上学历或者具有熟练技术和管理经验的嘉兴新居民，以不改变其户籍形式在嘉兴工作或创业的，可申领嘉兴市新居民《技术员工居住证》。嘉兴新居民申领《技术员工居住证》采用积分制办法，凡满 150 分的可申领此证。同时，设定前置条件。计分体系由基本分和附加分两部分组成，其中，基本分注重考核学历、年龄、职业资格（专业技术职务）、住所情况、生活来源五个方面，而附加分着重于工作经验、创新、投资、受奖四个方面。有下列情形之一的，不得申领《技术员工居住证》：有治安不良记录的；违反嘉兴市计生政策的；参加基本养老保险不满两年的；无合法稳定的生活来源的；无合法固定住所的。《技术员工居住证》实行年检制，有下列情况之一的，注销已发放的《技术员工居住证》：无故不参加年检的；离开嘉兴 1 年以上的；无正当职业半年以上的，不缴纳基本养老保险费 1 年以上的；受公安机关治安管理处罚或刑事处罚的；申请时有欺诈行为的。《技术员工居住证》一经注销，持有人2年内不得申领此证。2年后需重新申领的，根据本规定重新审核。持《技术员工居住证》的人员，除可享受持《居住证》的待遇外，还可享受的部分待遇如图4-2-3所示。

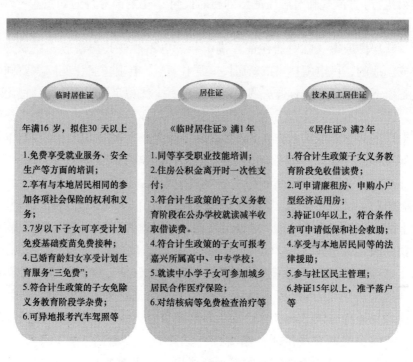

临时居住证

年满16岁，拟住30天以上

1.免费享受就业服务、安全生产等方面的培训；
2.享有与本地居民相同的参加各项社会保险的权利和义务；
3.7岁以下子女可享受计划免疫基础疫苗免费接种；
4.已婚育龄妇女享受计划生育服务"三免费"；
5.符合计生政策的子女免除义务教育阶段学杂费；
6.可异地报考汽车驾照等

居住证

《临时居住证》满1年

1.同等享受职业技能培训；
2.住房公积金离开时一次性支付；
3.符合计生政策的子女义务教育阶段在公办学校就读减半收取借读费；
4.符合计生政策的子女可报考嘉兴所属高中、中专学校；
5.就读中小学子女可参加城乡居民合作医疗保险；
6.对结核病等免费检查治疗等

技术员工居住证

《居住证》满2年

1.符合计生政策子女义务教育阶段免收借读费；
2.可申请廉租房、申购小户型经济适用房；
3.持证10年以上，符合条件者可申请低保和社会救助；
4.享受与本地居民同等的法律援助；
5.参与社区居民主管理；
6.持证15年以上，准予落户等

图4-2-3　嘉兴新居民享受的各类待遇

第三，以新居民基础信息管理系统为平台，促进信息的上下联通、部门共享。

由新居民事务局系统内的专职协管员对流动人口、出租房屋、治安管理等各部门信息进行统一采集，统一录入。依托公共事务信息系统，由公安、新居民事务、卫生、劳动保障、人口计生、教育、司法等部门共同参与并设计开发互通筛选软件，搭建了上下联通、资源共享的"新居民信息管理系统"平台，实现了信息的动态管理。在此平台之上，各部门信息系统与之对接，各部门对相关信息进行核实、修正和补充，提高了信息的使用效率。例如，人口计生部门将浙江省暂住人口管理信息系统与新居民信息管理系统对接，依托计生网络五级联网，实现了新居民信息即时导入流动人口网络平台，村（社区）实时开展信息校验，修改情况能够及时反馈到新居民信息管理平台之中。

②嘉兴流动人口服务管理体制的绩效评价。

第一，"专业机构搭台，其他部门唱戏"。

嘉兴市通过建立一个相对独立和专门承担流动人口工作的专业化机构——新居民事务局来处理流动人口问题，符合理论和现实需求，这是和谐理念在实践中的一种具体实现。这种管理模式的优势有四：其一，这种模式由新居民事务局一揽子采集新居民信息并搭建信息平台，其他部门各取所需的信息，充分发挥了该机构的统筹协调作用，增强了部门间的沟通联系和协作力度，有利于流动人口综合服务管理局面的逐步形成。对于人口计生部门而言，新居民服务管理的专业队伍为人口计生工作摸清了底数，夯实了基础，又确保了基层计生干部把精力主要用于优质服务之中；其二，这种模式通过机构设置上的改革，努力突破地方利益化和部门利益化，改变因政府部门林立而导致的审批部门、审批程序、审批环节过多的现状，更大限度地提高工作效能，而且节省改革成本，有利于改革路径的缩短；其三，这种机构改革将新居民事务从部门中适度分离，设立专司执行的部门，有利于实现决策权和执行权的相互监督和制约；其四，就现实需求而言，由于流动人口问题的复杂性，新居民与老居民一样，其需求涉及现实生活的方方面面以及政府管理的各个部门，因此，客观现实也需要有一个专门的部门有针对性地解决流动人口问题，这是以人为本、加强社会建设的重要实践。

不过，以嘉兴市为代表的专业机构协调型管理体制在实践中也遇到了困难和挑战。嘉兴市新居民事务局目前还只是一个针对流动人口服务管理进行统筹协调的全新机构，那么如何真正发挥其专业型特点，切实做到部门之间、政策之间的协调和沟通还需要进一步研究和探索。此外，新居民事务局的法律地位仍不清晰，还需要立法机构的认定。

第二，不失执法权，有利于人口政策的执行。

在美国，移民局隶属于美国司法部。移民法的执行权属于司法部长，但司法部长通常授权移民局，因此移民局即成了移民法的核心执法机构。嘉兴市的新居民事务局类似于美国移民局，在人员配备上特别注重通过公安、政法等部门领导及其下属人员的加入来构建和维护机构的执法权，有利于人口政策的执行和实施。例如，市、县新居民事务局由政法委专职副书记兼任局长，镇（街道）事务所所长由街道分管领导兼任，副所长由派出所分管副所长和街道综治工作中心副主任担任；村（社区）新居民事务站站长由负责综治工作的村或社区负责人担任，副站长由片警和村（社区）治保主任担任，原则上新居民事务站与村（社区）警务站合署办公，这种机构设置在很大程度上确保了机构的执法权。此外，市、县（市、区）、镇（街道）新居民事务局（所）均有人口计生部门的分管领导（镇、街道计生办主任）担任兼职副局长（副所长），对管理任务较重的镇（街道）、村（社区）还建立了兼职计生协管员队伍，从而确保了人口政策的顺利实施。2008年，嘉兴市外来已婚育龄妇女《婚育证明》查验率达到90%，登记建档率达到85.33%。

第三，居住证制度改革侧重服务管理，有利于推动基本公共服务的均等化。

这种制度设计主要依托"居住证"对流动人口进行市民化服务和属地化管理。对在本地居住一定年限、具备一定条件但尚不具备户口迁移条件的流动人口，给予享受与本地常住人口在子女入学、计划生育、卫生防疫等方面基本同等的待遇，从而吸引流动人口主动登记，便于政府管理。这种制度更加强调流动人口在符合一定条件下享受的待遇，是一种在"人的相关服务"上见长的管理模式。总的来说，嘉兴居住证制度的创新点在于推动附着于证件背后的福利待遇的改革，全面促进市民社会向公民社会的转型。与此同时，此项改革也是目前户籍制度尚未有根本性突破之前的权宜之策，避免了户口突然无条件放开而带来的财政供给和城市承载力问题。

③嘉兴流动人口服务管理体制的启示与借鉴。

第一，打破传统人口管理模式，统筹解决流动人口服务管理问题。

长期以来，我国大体都是在实行以公安、政法委牵头的传统人口管理模式，而这些部门具有明确的执法权是这种模式得以存在的根基。然而，嘉兴模式中通过成立专业化的新居民事务局来协调流动人口相关事务，同样也取得了成效，而且这种模式更能体现以人为本、突出服务的新理念，符合建设服务型政府、推进基本公共服务均等化的根本要求。也就是说，嘉兴的新居民事务局既体现了政府的服务职能，又不失明确的执法权。因此，嘉兴模式的改革探索告诉我们：面对当前人口服务管理的新形势，政府部门需要改革传统的人口管理体制，创建出一个与经济社会发展、城市转型要求相适应的专业化、社会化、网络化、高效化的新型人口服务管理体制，营造出流动人口"进得来、留得住、提得高"的良好环境，这样才能真正实现由人口管理向人口服务管理的转变。

第二，实现政府"被动管理"到对象"主动登记"的转变，准确把握流动人口信息。

借鉴"专业机构协调型"管理体制中所使用的居住证制度，尝试在财政允许的前提条件下，充分考虑政策供给的优先序问题，把流动人口的需求进行分解，使之与不同阶段的居住证相挂钩，逐步解决流动人口的民生性需求。一方面，对于关系国计民生、最基础性的需求，在居住证的初期就应该给予，特别是"基础教育的需求"以及某一项或某几项"基本医疗服务的需求"应得到优先性的保证。这样的制度设计能够抓住流动人口需求的要害，有利于准确流动人口信息的采集，实现政府"被动管理"到对象的"主动登记"的转变，在政府决策和规划之时真正做到"情况明、数据准"；另一方面，关于福利性的需求，如低保、救助、政府保障性住房、户籍等，都可以在居住证的最高阶段再给予，以杜绝"福利旅游"现象的出现。

第三，以信息化建设为抓手，提升流动人口服务管理水平。

流动人口服务管理事关多方，但要信息为先。嘉兴是由新居民事务局一揽子采集信息，再由各部门在这个信息平台上对信息进行修正和补充，而我国的其他城市可以借鉴嘉兴的经验，结合实际情况，建立跨部门的协调机制，发挥整合联动优势，准确把握流动人口信息。在信息共享的过程中，流动人口计划生育管理和服务工作，需要与公安、卫生、综治、劳动等部门通力合作，建立经常性联络、督察和协作机制，督促用工单位、房屋出租户以及流动人口个人落实计划生育责任；另外，人口计生部门也应该做到"有为有位"，主动融入相关工作，着力实施人口计生信息网络工程，使之与其他部门的信息逐步联网和对接，借助各种力量，及时获得计生服务管理所必需的信息，为流动人口育龄人员提供查验证明、登记办证、宣传咨询、孕环情况检查和药具发放等"一站式"服务，营造出和谐的计生关系，真正做到寓人口管理于大众化宣传服务之中，寓人口管理于专业化技术服务之中，寓人口管理于个性化需求之中。

几年的实践证明，嘉兴"专业机构协调型"服务管理体制构建了流动人口服务管理的统筹平台，对解决新时期人口计生工作所面临的难题提供了许多值得借鉴的经验和做法。

（3）上海、深圳模式："综合管理＋居住证"

从管理体制上来看，上海是全国为数不多的执行流动人口综合管理模式的城市之一，即成立了市人口综合调控领导小组，市长任组长，下设人口办，办公室设在发改委，区县、乡镇成立相应机构①，全面负责流动人口的治安、就业、计划生育、房屋等方面的管理和服务事务，形成了广覆盖、多层次的流动人口管理的网络体系②。从管理手段上来看，上海市从引进人才制度到居住证制度的全面实行，再到《持有〈上海市居住证〉人员申办本市常住户口试行办法》的推出，正逐步开放市民权。门槛的降低、标准的多元化，在一定程度上体现了公平原则的逐步兑现③。2009年2月，上海市政府发布《持有〈上海市居住证〉人员申办本市常住户口试行办法》。《试行办法》规定，来沪创业、就业，并持有《上海市居住证》的境内人员，符合条件的都可以申办，条件设定上分为申办条件和激励条件。居住证转办常住户口试行办法的推出为流动人口获得市民待遇提供了一个通道。

深圳市 2005 年成立了由市长任组长的"深圳市人口工作领导小组"，由其牵头，深圳市公安、劳动保障、计生、教育、综治、统计、法制、人事等部门参与制订了《中共深圳市委、深圳市人民政府关于加强和完善人口管理的若干意见》，以及与之配套的 5 个文件（简称"1＋5"文件）④。该系列文件的目标是建立起"长效人口管理机制"，主要解决深圳市人口在总量、结构和管理三方面的矛盾与问题。此外，2008 年 8 月 1日，深圳也正式推出了居住证制度，分为"长期证"和"短期证"两种。

---

① 苏杨、肖周燕、尹德挺：《中国流动人口管理报告（2010）》，企业管理出版社 2010 年版。

② 郭秀云：《大城市外来流动人口管理模式探析———以上海为例》，《人口学刊》2009 年第 5 期。

③ 同上。

④ 傅崇辉：《流动人口管理模式的回顾与思考——以深圳市为例》，《中国人口科学》2008年第 5 期。

居住证作为一种身份证件，持有者可以在深圳进行正常的生产生活。"长期证"持有者则可享受部分"市民待遇"，如办理出入港、澳地区的商务出境手续；申请办理车辆入户和机动车驾驶执照；同等条件下优先办理深圳户籍迁入手续；办理长期房屋租赁手续，甚至是租住政府保障性住房中的"公共租赁住房"；其子女还可按规定享受免费教育，免交学杂费和课本费，小学生每学年少缴 728 元，中学生每学年少缴 1042 元，与深圳户籍学生基本上是同等待遇①。深圳居住证制度设计的创新之处在于：一是准入门槛低，其对象不分学历高低，彰显出其特有的特区包容性；二是覆盖全部人口。适用于包括户籍人口和非户籍人口在内的所有居住人口；三是合法性。深圳从立法层面上去推行，用立法手段去管理；四是市民化管理。由于深圳居住证与社保、就业、教育、居住等挂钩，享受与市民一样的服务②。

2. 工作机制探索

上文探讨了目前我国几种流动人口管理体制的改革创新，接下来，本书将进一步深入研究我国流动人口管理工作机制的创新。由于全国各地区对流动人口服务与管理的组织和部门之间作用和方式的不同，所以我国流动人口服务管理形成不同的工作机制。根据这些工作机制的特点，我们将目前全国各省市流动人口管理服务工作机制大体分为五类：

（1）"以房管人"型工作机制 ——在"人的信息"管理上见长

"以房管人"型工作机制是目前各地采用较多的工作机制。通过管理出租屋试图达到管理流动人口的目的，这是一种按照"管房"与"管人"相结合的原则进行属地化管理的工作模式。由于流动人口明显特征是"流动性"，这一特征决定了流动人口信息很难掌握。然而，任何人都需要有一个居住场所，流动人口也不例外。因此，这一工作机制建立的依据是多数流动人口都是通过租住他人房屋来解决居住场所问题的，因此可以通过流动人口居住场所的管理，达到流动人口管理的目的。通过管理出租房，实质上就抓住了管理流动人口的关键。显然，这种工作模式强调抓好

---

① 傅崇辉：《流动人口管理模式的回顾与思考——以深圳市为例》，《中国人口科学》2008年第 5 期。

② 李彬：《从暂住到居住：深圳人口管理变革》，《决策》2007 年 Z1 期。

落脚点管理，以静制动，一方面从机制上实现了资源的有效整合，形成服务管理合力；另一方面有利于流动人口基础信息的采集。我国的北京、广东等众多省市均采用的是这种工作机制。例如，北京市在实施实有人口属地管理中，一方面对房屋状况进行全面调查摸底，按照楼不漏人、户不漏人不漏项，对居住人员的基本情况、同住人关系、暂住理由、联系方式等进行核对登记；另一方面按照"谁出租、谁负责"的原则，明确房主对承租人违法行为的责任制度和监督报告制度，最大限度地调动全社会广泛参与的积极性。"以房管人"的工作机制从出租房屋入手，基本能够摸清流动人口底数，同时通过依法加强出租房屋的管理，落实各项服务管理措施，从而最大限度地了解流动人口信息，因此，这是一种以"人的信息"管理上见长的工作机制。

因为"以房管人"的工作机制主要依靠流动人口管理部门，尤其是公安、计生等，强调"管人"和"管房"的结合，把流动人口依然作为管理的对象，从主观感觉上，偏重于治安管理，因而这种工作机制多被治安管理拓展型管理服务体制采用。

（2）"多证合一"型工作机制——在"人的资格审查"上见长

"多证合一"型工作机制是政府建立服务型政府的一种体现，将相关部门所需流动人口的管理服务信息融入暂住证，强调以"暂住证"作为流动人口服务管理的政策抓手，形成工作合力，实现信息共享，提高综合服务管理效能的一种工作机制。这种工作机制在"以房管人"模式基础上，简化手续，强调服务。

这种工作机制的建立除了政府和谐理念的理论依据外，主要出于节约政府行政管理成本和强化服务方面的考虑。因为任何一项政策的实施都需要付出成本，因此，通过强调流动人口的资格审查，不仅可以简化行政程序，更为重要的是，可以更有效率地为流动人口提供服务。目前，这种工作机制使用的范围较为广泛，以浙江省、福建省以及张家港市为主要代表。例如，福建省对于试点县（市、区）使用新版的《暂住证》，将计划生育婚育状况、劳务用工等信息纳入新版《暂住证》的内容，实行多证合一的信息采集登记表，各部门做到统一采集、统一维护、统一共享，方便了广大流动人口，建立了融治安管理、劳动就业、社会保障、人口计生、法律援助等于一体的管理载体，为形成流动人口社会化服务管理网络奠定了基础。这种将流动人口的多种信息集中在一种证件上，这样有利于为符合不同条件的流动人口提供更多服务，因此，这种工作机制在"人的资格审查"上见长。

这种工作机制依然被治安管理拓展型的管理体制广泛采用，虽然这种工作机制不仅依靠流动人口管理部门，还需要依靠其他部门，但由于这种工作机制仍然强调管理，依然把人口作为经济发展和社会稳定的要素来单向控制，因此，在一定程度上仍然是"以房管人"工作机制的推广，只是更注重"人的资格审查"和服务意识相对较强而已。

（3）"以证服务"型工作机制——在"人的相关公共服务"上见长

"以证服务"型工作机制主要依托"居住证"对流动人口进行市民化服务和属地化管理。对在本地居住一定年限、具备一定条件但尚不具备户口迁移条件的流动人口，给予享受与本地常住人口在子女入学、计划生育、卫生防疫等方面基本同等的待遇，从而吸引流动人口主动登记，便于政府管理。

"以证服务"型工作机制建立的依据在很大程度上是由于政府"以人为本"的服务型管理理念的转变，流动人口福利总是与子女教育等基本公共服务密切相关，因此这种工作机制将流动人口信息与相关公共服务结合考虑流动人口服务与管理。目前，这种工作机制主要是在无锡市、嘉兴市等地进行改革探索。例如，在嘉兴市，居住证的主要功能除了身份证明外，还可以凭证享受居住地政府给予的各类优惠政策及办理个人相关事务，并记录持有人基本情况、居住地变动情况等人口管理所需的相关信息。种类上主要分《临时居住证》和《居住证》两种，其中《临时居住证》为黄色；《居住证》按条件分为普通人员类（蓝色）和专业人员类（绿色）两类。根据颜色的不同，享受的优惠政策也会不同，其中等级最高的"绿卡"不仅可以享受义务教育免学杂费及借读费外，还将在医疗救助、最低生活保障等方面享受和本地市民一样的待遇。对于居住证申领的条件，临时居住证主要按原暂住证登记发放要求执行。普通人员类居住证则需要取得《临时居住证》（或《暂住证》）一年以上；具有初中以上学历；已参加基本养老保险并从申领之日或在嘉兴连续缴纳基本养老保险之日算起到法定领取基本养老金的年限至少可以缴满 15 年。专业人员类居住证申领将更加严格，要求具有中专

（含高中）以上学历或者具有熟练技术和管理经验，持居住证满2年或者暂住证满3年（首次申领），有固定住所和合法稳定的生活来源，无违反计划生育法律、法规和政策情况，无治安不良记录等。另外，居住证将实行年检制度。对于无故不参加年检、离开本地一年以上、无正当职业半年以上、不缴纳基本养老保险费一年以上以及有其他违法违规行为的将注销其居住证。这种工作机制与前两种工作机制有所不同，更加强调流动人口在符合一定条件下享受的待遇，是一种在"人的相关服务"上见长的工作机制。

（4）"网格化管理"型工作机制——以综合式管理见长

网格化管理型工作机制是根据管辖面积、出租屋结构、已婚育龄妇女人数、管理工作难度等因素划分若干个片区，由综合协管员对责任片区流动人口和出租屋实行分片包干管理，最终借助信息化实现对实有人口的动态管理。

这种工作机制不仅为了掌握流动人口信息，也方便了服务管理。目前，深圳、宁波等地正逐步推广此项工作模式。例如，宁波市实行了"三加一"的网格化管理模式，把村（居）干部、暂住人口协管员、流动人口计生管理员三方紧密结合，加上属地单位一方的协作，明确各自工作职责和目标管理绩效考评，共同做好流动人口服务管理工作。为了便于服务管理，把村（居）作为一个大网格，在每个网格中划为若干个小网格，每个大网格配备一名妇女主任、专管员，每个小网格配备一名计生联络员，对流动人口信息进行档案式管理。

其实，"网格化管理"型工作机制与"以房管人"工作机制有相似性——都在强化流动人口信息收集的基础上改善流动人口服务。但二者相比，"网格化管理"更趋于具体和细化，更加强调综合性，因此，"网格化管理"型工作机制是一种综合式的工作模式。这种工作模式由于主要涉及流动人口管理部门，因此主要在"治安管理拓展型"的管理体制下采用。

（5）"区域联动"型工作机制——在跨地区"人的信息"工作上见长

"区域联动"型工作机制是基于流动人口流动性考虑，在一定区域范围内，通过区域之间的联动协作机制，交换人口信息数据，建立流入地流出地双向互动管理，促进流动人口服务管理工作"一盘棋"格局的形成。目前，此项工作机制主要在长三角的上海、浙江、江苏等省份实施和探索。例如，上海市人口计生委加强了与江苏、浙江两省人口计生委的联系，建立了全国首个以省际联合发文形式确立的区域协作制度，其中包括人口信息数据互换协作工作制度——定期交流41项指标相关数据，实现了区域之间职责共负、服务共担。这种工作机制是"统筹型"管理体制的一种拓展，不仅强调本地区之间统筹，同时还加强了区域之间的沟通和协调，是上海、江苏等区域在科学发展观与和谐理念的指导下的一次尝试。一般来说，上海、浙江、江苏由于地理和经济上的原因，区域之间的人口迁移流动相对于别的省区来说频繁，这种工作机制试图通过这些省区的区域联动，更好掌握人口迁移流动的动态信息，从而方便流动人口服务与管理。

这五种工作机制共同构成了目前各地特色纷现的流动人口服务和管理工作机制，而且无论在管理人的有效性还是服务人的全面性上均比以往有所改善。但这些改革创新，与管理目标——促进人的福利改善、属地化管理、市民化服务——相比，仍然有差距，而且在基础性的流动人口统计上仍然还有一定的提升空间①。

---

① 例如，流动人口的生育统计制度历来是流动人口管理中的难题。对流动人口的一些统计内容，流入地无法完整地填报。把流动人口"归入"常住人口统计，有关流动人口的统计项目均与常住人口相同。由于流动人口的流入地和流出地并未建立有效及时的联系，流入地对外来流入人口的许多情况是不了解的，或者了解得不准确。比如某个外来妇女在流入地生了一个孩子，这是第几孩，是计划内的还是计划外的，需要根据该妇女的生育史判断。如果户籍地不提供有关的资料，流入地就无法正确地填报有关的统计项目。于是，流入地与其上报不完整、不准确的信息，还不如不报。统计的流动人口管理体制是以流入地为主、流入地和流出地双向管理。就每个人来说，只涉及一个流出地（户籍地）和一个流入地（现住地），是双向的。但对每个流入地（流出地）而言，则要面对多个流出地（流入地），即"一对多"；而整个流动人口的流入地和流出地的差异实际上是"多对多"。因此，一个地方流动人口的统计做得如何并不完全取决于本地的管理工作水平，而是受制于其他地区。某沿海城市1999年向全国各地寄出1万余封信。了解各地流入到该市的育龄妇女的计划生育情况，各地回信仅200余封。不足2%。对这个市来说，了解这98%的外来流动人口既往信息比收集她们当前的信息要困难得多。目前的体制机制创新，仍然未能较好地解决这个难题。当然，这可能是和改革不够有关——改革不是全盘进行的、改革在实践层面仍然没有到位。像无锡建立的"大人口"机构管理型体制，如果全国从上到下都采用了这种管理体制，相关人口统计信息资源就能够彻底整合，这种难题就可能得到解决。

表4-2-2　　全国代表性省市流动人口服务管理体制分类和特征总结

体制类型	成员	规则	地区	领导机构名称及领导人		办事机构名称及设置情况		工作网络
治安管理拓展型	包括管理者和执行者，主要涉及公安、计生和劳动保障等与流动人口安居乐业相关的单位	主要体现在法律法规上，全国各地政府针对流动人口问题都出台了一些相关的管理法规，规范了管理者与被管理者的权利和义务	北京市	市流动人口和出租房屋管理委员会	市委、市政府主管领导任主任	下设管委会办公室	与首都综治办合署办公	区县、街道（乡镇）均设管委会
			江苏省	流动人口服务管理工作领导小组；农民工工作领导小组		下设流动人口服务管理工作办公室；农民工工作办公室	前者设在综治委、公安局；后者设在劳动和社会保障部门	街、乡成立流动人口服务管理中心（站）
			广东省	流动人口治安管理工作领导小组	副省长任组长	下设流动人口治安管理工作办公室	省公安厅治安局	建立省、市、县、乡、居委会五级管理体系
			重庆市	流动人口服务和管理工作领导小组	政府副职领导任组长	下设流动人口服务和管理办公室	市、区和街道综治办设立办公室	社区设立流动人口服务和管理工作站，配备协管员
			湖北省	流动人口综合治理领导小组	省委常委、政法委书记任组长	下设办公室	办公室在省公安厅	建立省、市、县、街、村工作网络，基层均配备协管员
			青海省		由省综治委管理	下设流动人口管理办公室	办公室设在公安厅	办公人员均为兼职
			甘肃省	流动人口管理工作领导小组	省委政法委书记任组长	下设办公室	省公安厅牵头	城市公安派出所建立流动暂住人口管理服务站
			西藏自治区	综治委流动人口治安管理工作领导小组	党委常委、政府常务副主席任组长		由社会治安综治委牵头	
			海南省	省流动人口工作协调小组；省委政法委综合治理办公室			前者由省人事劳动保障厅牵头，后者由政法委牵头	
			泉州市	流动人口管理服务工作领导小组	党委副书记任组长	流动人口管理服务工作办公室	挂靠公安局，抽调公安、计生、劳动等部门人员	乡、村设立流动人口管理服务站
			厦门市	流动人口管理办公室			市公安局户政处流动人口管理科	

续表

体制类型	成员	规则	地区	领导机构名称及领导人		办事机构名称及设置情况	工作网络
治安管理拓展型	包括管理者和执行者，主要涉及公安、计生和劳动保障等与流动人口安居乐业相关的单位	主要体现在法律法规上，全国各地政府针对流动人口问题都出台了一些相关的管理法规，规范了管理者与被管理者的权利和义务	青岛市	暂住人口综合治理工作领导小组；人口和计划生育工作领导小组		下设办公室	前者办公室设在市公安局和综治办，后者办公室设在市人口计生委	城市基层社区组建社区综合服务队；镇、村成立出租房屋托管站
			宁波市	外来务工人员服务管理工作领导小组	政府一把手任组长	外来务工人员服务管理工作领导小组办公室	政府副秘书长专抓，各县市区配备专职副主任和专职干部，以公安局牵头	各县市区建立健全相应的工作机构
			大连市	外来人口管理工作领导小组	常务副市长任组长	下设办公室	办公室设在市公安局	形成市、区、街道、社区四级工作网络
大人口机构统筹型	包括管理者和执行者，涉及公安、计生和劳动保障等部门，由发改委或人口计生委牵头，侧重相关部门之间的协调	通过相关的法律法规来保障，但缺乏部门协调之间的规章制度	上海市	市人口综合调控领导小组	市长任组长	下设人口办	办公室设在发改委	区县、乡镇成立相应机构
			无锡市	人口管理服务委员会	市人口计生委主管	市人口计生委增设综合协调处和信息管理处	设在市人口计生委	街道成立"人口与社会事务办公室"
			深圳市	人口工作领导小组	市委常委、常务副市长任组长	下设人口工作领导小组办公室	办公室设在市发改局	区、街道领导小组办公室与出租屋综合管理机构合署办公
专业机构协调型	由统一的管理服务体系组成，涉及计生、公安、劳动、卫生、教育等部门	流动人口相关管理条例，并通过建立处理流动人口问题独立的管理和服务部门来实现	张家港市	暂住人口管理服务中心	市委、市政府直接领导的正局级建制单位	全市8镇1区成立了暂住人口管理服务分中心	实行集中办公	镇设暂住人口管理服务分中心，社区设暂住人口管理服务工作站
			嘉兴市	新居民事务局	市政府直属的监督管理类事业单位	内设综合处、监督协调处、登记管理处	市公安局、劳动保障局、人口计生委选派业务骨干派驻工作	各县、镇、村成立事务局、事务所和工作站

表 4 - 2 - 3　　　全国代表性省市流动人口服务管理工作机制分类和特征总结

工作机制类型	省市名称	流动人口管理工作机制	流动人口计划生育管理服务的重要经验	工作成效	工作难点
"以房管人"型工作机制	北京	以房管人、实有人口属地管理服务	①与户籍人口同管理、同考核、同服务；以现居住地管理为主实行双向管理；②统一领导、属地落实、重心下沉、专项管理、市民化服务	在"人的信息"管理上见长	①基层负担重、工作人员不足；②信息沟通不及时；③政策缺乏协调
	广东	以房管人	①统一管理、优质服务；②协管员队伍建设缓解了计生工作压力	在"人的信息"管理上见长	①基层负担重；②行政执法力不从心
	河南	以房管人	计生工作融入公安部门的治安管理之中，通过"旅栈式"管理实现人口信息计生部门共享	在"人的信息"管理上见长	
"多证合一"型工作机制	浙江	"一站式"办公、"一证式"服务（暂住证）	①"同宣传、同管理、用服务、同投入"市民化、属地化管理服务；②建立协商会议制度开展区域协作；③全省流动人口计生信息联网；④整合部门资源，信息共享；⑤两地交换变动信息。推行属地化管理，落实两地职责	在"人的资格审查"上见长	①部门职能交叉；②两地责任不能共担；③政策欠协调
	福建	"一站式"、"一证式"管理模式（暂住证）	①以税管房、以房管人，人房一致；②"一证式"改革和统一信息采集录入	在"人的资格审查"上见长	经费有待保证，队伍有待整合
	张家港	"政府主导、统筹管理、依法维权、公共服务"管理新模式：管理专业化、服务亲情化、待遇平等化的；完善登记制度，"一站式"办证服务（暂住证）	①三级联动管理服务体系；②两支队伍：协管员队伍、信息员队伍；③建立暂住人员管理服务信息平台，融婚育、治安劳动保障信息于一体；④部门联动：外来人员申报暂住登记或者申领《暂住证》，劳动保障部门核发《就业证》，必须查验《流动人口婚育证明》；⑤计生便民维权服务：各级暂管中心建立新市民信访制度，开通了新市民信箱；⑥外来人员与市民在提拔、使用、升迁、评优、计生服务等方面同等对待	在"人的资格审查"上见长	①现居住地与户籍地配合难；②区域协作难、考核难；③落实补救措施难；④征收社会抚养费难

续表

工作机制类型	省市名称	流动人口管理工作机制	流动人口计划生育管理服务的重要经验	工作成效	工作难点
"以证服务"型工作机制	无锡	"一证二合同三承诺"人口管理服务新机制（居住证）	①以房、业办证，以证服务，共担责任，落实强化基层计生工作；②市民化、属地化	在"人的相关公共服务"上见长	政策协调难度大
	嘉兴	对全市新居民全面实施居住证制度——根据新居民来嘉兴市工作时间长短、技术技能等具体情况和基本条件，实行《临时居住证》、《居住证》和《技术员工居住证》分类登记管理	①与户籍人口同宣传、同管理、同服务，享受优生优育、避孕节育、生殖健康等计生服务；②部门联动、综合治理；③规范了流动人口专职协管员队伍建设；④规范信息采集管理，推进信息资源共享。逐步实现国家信息交换平台、省流动人口信息平台、新居民信息管理平台的对接	在"人的相关公共服务"上见长	①生育控制难度大，两地沟通困难；②管理服务经费及工作压力大
"网格化管理"型工作机制	深圳	"网络式"分片包干、"捆绑式"服务管理的"以房管人"工作思路	①党政一把手负总责；②实行综合治理目标管理责任制、计生部门充分发挥协调、指导、考核、监督的作用，一票否决机制；③责任包干、动态管理；④明确职责、严格考核；⑤政府主导、部门联动	综合式管理	①信息采集不完整；②综合治理缺乏法律支持；③两地双向合作机制缺乏
	宁波	"三加一"网格化管理	①村干部、暂住人口协管员、流动人口计生管理员三方结合，加上属地单位一方的协作；②把基层计生服务管理于出租房屋服务管理之中；③对外来人员做到"就业有培训、劳动有合同、居住有改善、社保有拓展、维权有保障、治理有力度"的"六个有"工作目标；④建立完善流动人口计生利益导向机制	综合式管理	①部门合力明显不足；②信息化建设严重滞后；③违法生育难以有效控制
"区域联动"型工作机制	上海	①建立沪苏浙人口计生区域联动协作机制；②以居住证为载体，实施统筹协调、综合管理、各司其职、分层分责的属地化管理服务	①将办理和查验《流动人口婚育证明》作为办理《上海市居住证》的前置条件；②取得居住证的来沪人员享受保险、教育、计生等相关待遇，包括免费享受基本项目计生技术服务；③探索建立流动人口计生利益导向机制；④以房管人；⑤流动人口信息"一口采集，部门共享"	在跨地区"人的信息"工作上见长	①职能部门管理职责冲突；②信息共建共享有待提高

3. 小结

通过对以上我国流动人口管理体制、管理模式和工作机制的研究，我们能够得到以下三方面的重要启示：

第一，对待流动人口，流入地区应采取疏导的管理方式。通过制定相应的政策和定期发布劳务需求信息，吸引本地需要的技术人才和特定职业的劳动力，实现人口有序流动和管理。

第二，人口流入地与流出地需要开展实质性的协同管理。两地政府相关部门建立联系制度，就市场需求、就业状况、人口流动趋势、人才培训等方面进行交流，充分发挥政府在人口流动中的协调功能。流入地政府应及时就劳动力需求提供科学的估计和预测，流出地政府应有计划地组织输出劳动力的培训。

第三，保证迁入者享有基本的公共服务和社会保障。各地区可以根据本地的公共服务能力和流动人口情况，规定连续居住一段时期的流入人口可享有与当地居民相同的待遇。

第三章 人口有序管理的国际经验与反思

一 发达国家人口有序管理的特色与经验

一般而言，一个国家的人口发展是有规律可循的。因此，如何掌握并适应城市人口发展的特点及其规律性，明确城市常住人口管理的体制需求，进而推进常住人口的社会融合和服务管理，已经成为众多城市政策制定者的主要目标。

"它山之石，可以攻玉。"本章将以人口登记管理、流动和迁移人口的证件管理、流动人口社会融合以及人口信息管理等内容为重点，深入挖掘发达国家和地区人口管理的成功经验，以期为我国的人口有序管理提供重要的参考依据。总体而言，针对人口有序管理，主要发达国家是在确保公民自由迁移权的前提下，综合运用行政、法律、税收、规划、市场、福利、信息等各种手段，吸引居民主动接受管理，合理引导人口流量和流向，从而有效调控区域间的人口流动，保障区域内的社会融合。

1. "双核心"的人口信息系统

发达国家通常以生命事件和生活事件信息系统为双核支撑的人口信息系统，构建人口服务管理的工作平台，从而掌握人口迁移流动信息，实现人口的有序管理。

（1）美国

在美国，人口信息的获得与统计工作主要来源于两大系统的正常运转——生命登记制度（Vital Registration System）和社会安全号码（Social Security Card）制度。两套系统获得的信息相加，基本上能够获得从宏观人口统计数据到微观个体数据的综合资料。然而，这两套系统各有侧重，分工明确。生命登记制度侧重于记录人口重要生命事件发生时点的信息，如出生、死亡、婚姻等，而社会安全号码则记载着包括居住、纳税、迁移、驾照、补助金额等在内的多维信息，它是申请入学、贷款、信用卡、银行开户等重要事件的凭证。具体来讲，这两套系统的功能如下所述：

①生命登记制度。

生命登记制度主要负责记录人口重要生命事件的时点信息。生命事件信息采集方法源于行政记录。美国作为一个人口大国，公民可以自由迁移、移民。由于"户口登记"被认为侵犯人权，美国法律通不过，所以采用"生命登记制度"记录微观个体的人口生命事件信息，即美国政府负责对每个人的出生、死亡、婚姻、领养、胎儿死亡、流产等信息以及父母的基本情况、父母与子女的社会关系[①]等信息进行记录，从而形成较完整的登记册，但此制度较少涉及国内人口迁移和流动信息的记录和采集。

在宏观人口数据的收集方面，美国郡以上和郡以下采用了不同的数据收集方法。首先，郡及郡以上人口估计的基数来源于人口普查，更新数据的信息基于各种行政记录。人口国际迁移数来源于美国社区调查或其他调研数据。出生、死亡人口数、集体户数来源于各州、郡的生命登记和行政记录。生命登记资料与人口普查结合，可以为人口管理提供翔实的数据资料，但详尽而完备的生命事项登记需要耗费大量人力和物力，与国家的经济发展水平息息相关，美国的出生、死亡等事项的登记也未做到100%完善；郡以下的市和镇人口数是通过估计住房数量变化得到的，即用住房数估计居住的人口数。住房的基础数据来源于人口普查，新建住房数来源于房屋建筑审批部门的记录，未经审批的建筑房屋或拆迁房屋数，来源于年度的住房调查。通过估计的市镇住房数来推算年度的居住户，再用平均户规模，推算市、镇人口数[②]。

总体来说，行政记录、人口普查和年度住房调查三大类数据信息整合起来，最终服务于美国人口生命事件信息的获取，其中，行政记录主要包括生命事件的行政记录和房屋建筑审批部门的行政记录，而人口普查数据主要包括人口相关数据和住房的基础数据。

---

① John R. Weeks, Population: An Introduction to concepts and Issues, California: Wadsworth Publishing Company, 1999: 9 - 22.

② 胡英：《从美国社区调查看美国人口统计方法制度的改革》，《市场与人口分析》2004 年第 4 期。

生命事件信息采集体制归于卫生部、责于州和地方政府。从人口生命事件统计的管理体制上来看，主要由州和地方政府①来采集和登记。在美国，包括出生、死亡以及较大比例的结婚信息等生命事件记录主要由各州人口统计局保存，而各州主要通过公共卫生统计和信息系统协会（the Association for Public Health Statistics and Information Systems，APHSIS）来完成联邦政府所要求的生命登记工作。这个协会是专业组织，主要由人口统计行政主管以及各州登记处的雇员等组成；② 其他生命事件记录，诸如契约、抵押、姓名变更、离婚以及部分州不集中统计的结婚记录等信息，主要由所在郡的法院书记员保存③。

从美国全国来看，基于登记记录的全国人口统计汇总信息则依赖于联邦政府与各州之间的合作关系。1946 年，国家层面的人口统计职责由美国卫生福利部（the U. S. Pbulic Health Service）来完成，这个部门最初归美国人口统计局（the National Office of Vital Statistics）管理，1960 年以后归美国卫生统计中心（the National Center for Health Statistics，NCHS）管理。20 世纪 70 年代末，联邦政府与各州之间的合作关系通过"人口统计合作项目"（Vital Statistics Cooperative Program，VSCP）约定下来。在这个项目的指导下，联邦政府通过其代理机构——国家卫生统计中心（the National Center for Health Statistics，NCHS）与各州签订合同，承担部分的人口统计费用。国家卫生统计中心下属的人口统计部门主管人口统计合作项目的实施。1987 年，国家卫生统计中心成为美国疾病控制与预防中心（the Centers for Disease Control and Prevention，CDCP）的一部分，隶属于美国卫生部（the U. S. Department of Health and Human Services）④。

②社会安全号码制度。

社会安全号码制度（SSN）主要是负责记录日常生活中的人口综合信息。美国的社会安全号码（Social Security Number，SSN；也称"社会保障号码"）是发给公民、永久居民、临时（工作）居民的一组九位数字号

---

① 在美国，对州以下各级政府通称为"地方政府"。

② James A. Weed, Vital Statistics in the United States: Preparing for the Next Century, Population Index 61 （4）: 527 – 539. Winter 1995.

③ Ibid. .

④ Ibid. .

码①，这组数字由美国社会安全局（Social Security Administration）针对个人发行并由其负责管理，居民终身使用。历史上第一组社会安全号码是在1936年11月由社会安全局发行。最初，社会安全号码主要的目的是为了追踪个人的赋税资料和领取退休金，但是近年来其功能已被大大扩展，它记录着日常生活中的人口综合信息，包括工作、居住、纳税、迁移、申领驾照、银行开户、个人信誉、奖惩情况等多个方面。申请 SSN 的程序简单易行，新生儿可以通过出生医院办理，也可以在办理出生证的时候办理。申请 SSN 需要提供父母的社会保障号码，最后由生命登记办公室分配一个 SSN。

从社会保障卡片的种类来讲，社会安全卡片针对不同人群提供不同类型的卡片：最普遍的卡片发给美国公民和永久居民（绿卡持有者），注明了持卡人的姓名和号码；注明"NOT VALID FOR EMPLOYMENT"的卡片发给在美国有合法身份但不能在美国合法工作的外国人，它无法用于就业所需的证明；注明"VALID FOR WORK ONLY WITH DHS AUTHORIZATION"的卡片发给有美国国土安全部工作许可在美国可以临时短期工作的外国人。

在人口迁移和流动管理方面，公民享有充分的迁移和移居自由，凭借社会安全号码就可进行迁徙和工作，而各个地区、行业、部门都可以通过存储社会安全号码信息的计算机系统查询个人情况，这样，政府就实现了依靠社会安全号码对迁移和流动人口进行管理和信息的追踪。然而，与欧洲国家不同的，美国不实行迁移登记制度，而是由商务部人口普查局从财政部联邦税务局的个人税收记录单上获取65岁以下纳税人及其家属的当前住址，再通过社会安全号码反查当事人上一年度的住址，以此判断公民在这一年度内是否发生了国内迁移，而对于65岁及以上人口的迁移率则是通过老年人的医疗登记单来推算的②。可见，在美国，人口迁移流动信息与个人纳税记录、福利享有紧密相联。

① 依据《美国社会安全法案》（Social Security Act）第205条C2中关于社会安全号码的说明。

② 胡英：《从美国社区调查看美国人口统计方法制度的改革》，《市场与人口分析》2004年第4期。

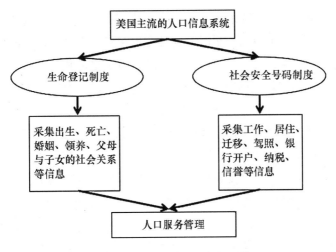

图 4 - 3 - 1　美国人口信息系统

（2）日本

在日本，采用的是以户籍簿与住民票为双核心的人口管理体制。这样的管理制度对于人口有序管理提供了重要的制度保障。

首先，户籍簿是以家庭为单位，记录个人信息和家庭成员关系。日本近代户籍法制定于昭和二十二年（1947 年）[1]，源于江户时代的"寺请制度"[2]。户籍簿以家庭为单位编制，填写时采取"依人编制"（记载个人的重要身份事项）和"家庭卡片"（记载个人与其他家庭成员间的社会关系）相结合的方式，相当于居民的"私人身份"。户籍簿登记内容的申报有着严格的法律规定，并且主要用来登记和证明下述关系：出生、婚姻、离婚、死亡、认知（私生子或者子随母嫁）、收养及其解除、失踪、改姓、指定继承人、分籍、国籍取得与丧失、姓名变更等。因此，户籍簿起到了登记身份和公证的作用，公民在办理出生、婚姻、死亡、遗产继承等事务时都需要以户口簿为凭证。自古以来，日本的户籍制度，对其范围都规定在以户主为首的金字塔式的家庭集团内。如今，原则上是以一对夫妻为单位来登记（包括该对夫妻婚前所生子女）。依据上述原则，孩子一旦结婚，

---

① 武冬立主编：《国外及我国港台地区人口登记户籍管理法律法规选编》，中国人民公安大学出版社 2005 年版。

② 接栋正：《发达国家人口管理办法对我国的启示与思考》，《人口与经济》2008 年第 4期。

就需要另立新户籍，即不存在三代同户籍的现象。根据日本的户籍制度，因结婚新立户而产生户籍变更时，这种变更在新旧户籍上要有记载。

其次，住民票是以个人为单位，记录住所变更等相关情况。昭和二十七年（1952 年），日本开始正式实施"住民登录法"，住民登录制度开始实行，并开始发行"住民票"。到了昭和四十二年（1967 年），根据"住民基本台账法"，与户籍关联的住民登录制定才正式开始。然而，日本法律明确指出，住民登录制度只是与户籍相关，而不等同于户籍。如果以中国国内发行的各种证件类比，户籍簿相当于中国国内使用的户籍卡，而住民票相当于中国国内使用的"暂住证"或"居住证"。从住民票的申请资格来看，住民票依据公民的居住地设立，公民只要满足了一定的居住年限并拥有固定职业均可申请登记住民票；从管理系统上来讲，住民基本台账系统负责住民票的管理，它是由税务系统、国民健康保险系统和选举系统以及住民服务系统组成。住民票是以个人为单位记载信息，除了姓名、出生年月和性别外，需要声明自己是否是户主、与户主的关系以及最近一次的住所变更情况等十余项；从证件功能来讲，住民票是公民确认日常住址、迁移、纳税、选举、接受义务教育乃至领取健康和年金保险、米谷配给等的根本依据①。也就是说，住民票是国家为每一个国民个体提供公共服务的依据。

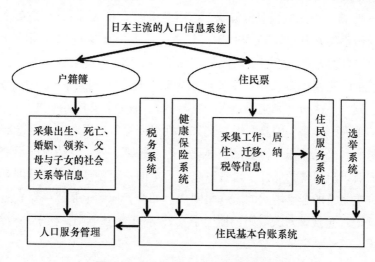

图 4-3-2　日本人口信息管理系统

---

① 王新华译：《日本户籍法》，中国人民公安大学出版社 2003 年版。

（3）欧洲

在欧洲，在人口信息登记方面，实行的是民事登记制度和事后迁移制度。长期以来，欧洲国家普遍实行民事登记制度，政府以居民的实际住所或常住地址为依据，对出生、婚姻、迁移、死亡等重要生命事件进行登记，并颁布法规将登记制度法制化。从管理体制看，各国的民事登记大多由民政部门、司法部门或统计部门负责，大致可以分成三类①。

第一类是集中型民事登记模式。即由中央一级的民事登记中心负责运作。中央民事登记中心下设地方民事登记处，并设立中央协调委员会指导、协调全国的民事登记。每个出生或作为移民加入民事登记体系的个人，都会由中央民事登记中心分配一个永久的个人识别码（PIN），用于个人随后的人口动态事件的登记。比利时、卢森堡、瑞典、丹麦、芬兰和挪威是其中的典型代表，但由于历史传统原因，后四个国家的人口登记和管理工作由教会和地方民事登记处共同负责②，其中，丹麦是最早实行"人号"管理的国家，人口登记制度既先进也较严格，登记内容包括公民的姓名、出生年月、性别、婚姻状况、纳税情况、监护人等③。

第二类是分散型民事登记模式。即国家不设中央登记中心，而是在民政区划一级建立地方登记处，进行地区民事信息的登记和管理工作；各地区与国家（政府）一起做出提供数据的安排，并由国家内务部或统计局来汇总全国的民事登记信息。这种登记系统多被实行联邦政治制度的国家所采用，比如：德国和波黑。

第三类是集中与分散相结合的民事登记模式，即民事登记由地方行政机构负责进行，中央登记中心不参与民事登记的具体操作，只负责将民事信息汇总，并提供给需要并有资格接受信息的机构。虽然个人识别码仍是民事管理的重要工具，但其使用范围相对有限，很多功能被社会保险号之类的专项号码所取代。法国和葡萄牙是这类系统的典型代表国家。

---

① 接栋正：《发达国家人口管理办法对我国的启示与思考》，《人口与经济》2008年第4期。

② Philip Redfern, Population Registers: Some Administrative and Statistical Pros and Cons, Journal of the Royal Statistical Society, 1989, 152 (1): 10–12.

③ 朱冬梅、陈樨圆：《发达国家人口管理办法及对我国的启示》，《西南民族大学学报》（人文社会科学版）2005年第7期。

欧洲国家的民事登记内容非常详细，不仅包括公民的个人信息，还涉及其配偶和父母的职业、收入、信仰等相关内容。特别是人口登记历史久远的北欧国家，已经完成了传统人口普查向基于民事登记的人口普查转变，人口普查已然演变成了针对主要经济议题或特殊人群的专项普查，而丹麦、芬兰的民事登记，更是完全取代了传统人口普查[1]。

就人口迁移而言，欧洲国家普遍实行"事后迁移登记"制度，各国对人口迁移登记大都本着迁徙自由的原则，并没有制度上的条件限制，只是要求迁移者到警署或内政部门登记备案即可，迁入地政府还将为迁入者提供社会保障等服务，因此迁移登记率也比较高[2]。

表 4 - 3 - 1　世界代表性国家人口管理政策、制度、手段汇总表[3]

	相关法规（Constitution）	身份证（ID Cards）	人口登记制度（Pop. Reg.）	个人公共服务号（Personal Public Service Number）
英国	×	×	×	×
丹麦	√	×	√	√
芬兰	√	√	√	√
法国	√	√		
德国	√	√		
爱尔兰	√	×	×	√
比利时	√	√	√	×
塞浦路斯	√	√		
捷克共和国	√	√	√	
奥地利	√	√		√
荷兰	√	√		√
保加利亚	√	√	√	
澳大利亚	√	×	×	
美国	√	×	×	√
俄罗斯	√	×		√

①　Carsten Bocker Pedersen, The Danish Civil Registration System, Danish Medical Bulletin, 2006, 53（4）：442.

②　接栋正：《发达国家人口管理办法对我国的启示与思考》，《人口与经济》2008 年第 4 期。

③　CIPPB（05）34, http：//www. ex - parrot. com/ ~ chris/tmp/20060422/cip - pdfs/CIPPB（05）34_ tcm95 - 26200. pdf.

续表

	相关法规 （Constitution）	身份证 （ID Cards）	人口登记制度 （Pop. Reg.）	个人公共服务号（Personal Public Service Number）
加拿大	√	×	×	
南非	√	√	×	
阿拉伯 联合酋长国	√	√		
日本	√	×	×	×
新加坡	√	√		
中国	√	√	√	×

注：空白处代表需要进一步考察后确认。

2. 福利引导人口主动登记

一方面，发达国家的福利供给是以履行公民义务为前置条件的。以美国为例，美国基本公共服务供给原则是义务和权利的对等，不管是流动人口还是本地居民，依法纳税是享受各种公共福利的前提条件。以美国教育为例，美国宪法没有把受教育权列为基本人权，但美国宪法隐含着迁徙权利为重要的基本权利，所以美国通过保护迁徙权利，来进一步保护迁徙和流动人口的受教育权，即迁徙权的核心问题是新移居该州的其他公民是否有权享有本州居民所享有的优惠与豁免权。美国是一个地方分权国家，没有统一的教育行政系统，教育责任多在州与地方政府，州又将中小学运行的管理权交给地方学区。教育经费由三级政府投入组成，大体上联邦政府占4%，州政府占88%，地方政府占8%。在州政府公共经费中，约30%用于义务教育，10%用于高等教育[1]。从各级政府的财政经费来源看，联邦政府开征除财产税以外的各种税种，主体税种是个人所得税，州政府开征除关税以外的各种税种，主体税种是消费税，而地方政府和学区则是以财产税作为主体税种，各级政府根据各自的税收所得分级负担教育的经费支出。此外，为了保证地方政府间财政均衡性，增强地方政府提供公共服务的能力，美国建立了联邦政府对州和地方政府比较全面的财政转移支付

---

[1]　重庆市教委德育考察团：《美国义务教育考察报告》，http://www.bjaoxiao.com/html/2009–04/278_1.html，2008年。

制度①。对于流动人口而言，美国义务教育和非义务教育阶段享受的政策并不相同，总的原则就是在分权财政体制下，讲求纳税人纳税义务和享受公共福利权的对等，每个家庭或者个人在居住地纳税的同时，接受居住地政府提供的教育服务。

在美国，处于义务教育阶段的孩子可以选择在公立学校、私立学校和家庭学校（Home Schooling）接受教育，其中，私立学校是交钱上学，是"择校"读书，其学生人数占全国学生总数的10%左右，家庭学校是少数具有独特想法的父母为其子女做出的选择，其所占比例很低，而公立学校则是美国孩子接受免费义务教育的重要场所，但是美国各州宪法在颁布免费义务教育条款之时，没有、也不可能穷尽一切可能地列举出所有免费的项目，因此，当家长和学生质疑地方学区（school district）收费的合理性而引发司法争议时，往往由州最高法院依据一定的标准，对"免费"一词作出相应解释，以确定"免费教育"的范围②。在美国公立学校中，从学前班到12年级，学生按照家庭住址就近免费上学。公立学校是完全按照居住地划分的，不管是租房和买房，学校要看的不是你的房产证，而是家庭近期的电话账单或水电账单③，以证明其居住信息的真实性。美国之所以能够对公立学校的义务教育实行免费，主要依托社区居民所缴纳的税款，这种纳税行为被记录在个人的社会安全号码之中。值得注意的是，义务教育免费、收费和减免费用的规定，其符合资格者为地方学区内处于义务教育阶段的居民、所谓"居民"，根据爱达荷州法令规定是指目前居住在该学区，而在其他任何学区没有确定住所，并且符合下列条件之一的儿童和青少年：第一，在本学区的目的是为了安家而非仅仅为了上学；第二，无家可归；住在看护中心、青少年管教所或者其他青少年居住机构等。对于学区内的非居民（短期居住在学区内的外国交换学生除外），除非法律规定不收取学费或减除学费，否则需要向他们收取最高等级学费④。此外，为增强地方政府提供公共服务的能力，联邦政府对州和地方政府建立了比较全面的财政转移支付制度，以解决各地区间的财政不均

---

① 高如封：《农村义务教育财政体制比较：美国模式与日本模式》，《教育研究》2003年第5期。

② 蔡金花：《美国义务教育免费的法律规定性》，《比较教育研究》2006年第12期。

③ 《美国义务教育不收课本费》，http://xian.qq.com/a/20080901/000135.htm，2008年。

④ 蔡金花：《美国义务教育免费的法律规定性》，《比较教育研究》2006年第12期。

衡，实现基本公共服务的均等化。

另一方面，个人利益和公共福利又与证件登记、人口信息管理相关联，这是发达国家成功实施人口有序管理的有效手段。在美国，社会安全号码已经成为了国民"身份证"，是个人享有公共福利的重要证明。在没有户口和个人档案制度的美国，它已成为一种有效的社会管理工具：第一，社会安全号码与领取工资紧密相连。通常，雇主要向国税局报告给予受薪者的全部收入，而在税务领域，社会安全号码则是唯一的个人识别号码，是纳税记录的重要载体；第二，社会安全号码与个人信用消费紧密相连，记录着个人信用消费的全过程。如果一个人的记录良好，信用度高，还可以在许多方面得到优惠，例如教育、贷款等。反之，有关部门将出面予以法律制裁等；第三，社会安全号码与政府提供公共福利和社会救助紧密相连。例如，在医疗方面，只要向有关机构提供儿童的社会安全号码以及父母的有效收入证明，有些州就能向儿童提供免费的医疗保险；在教育方面，社会安全号码中具有本学区纳税记录的居民能够享受免费的义务教育，但跨学区及学区内的非居民则不能享受优惠；在高等教育阶段，要根据社会安全号码所提供的居住地点和居住时间等信息，综合判定州内的居民能否享受本州的教育优惠。因此，美国居民会向政府部门主动提供人口的真实居住信息，以确保享受各项优惠政策。由于社会安全号码既承载着个人税收、福利、信用等信息，也承载着人口迁移流动的信息，因此，通过"福利引导、责权统一"的原则，引导流动人口主动接受管理成为可能；第四，社会安全号码也被有关机构用于记录个人有关行为（例如犯罪或违规）、发放有关证件（例如，车船执照、驾驶证）等。实际上，SSN已经成为了国民"身份证"[①]。总之，在没有户口和个人档案制度的美国，它已成为一种有效的社会管理和人口管理的工具[②]。

在日本，住民票是反映人口迁移和流动的重要依据。日本法律明确指出，住民登记制度只是与户籍相关，而不等同于户籍。日本国民在哪里居住和工作由自己选择，办理完迁入手续后就享受迁入地的所有福利，

① Kouri，Jim "Social Security Cards：De Facto National Identification"，American Chronicle，March 9，2005，http：//www. americanchronicle. com/articles/viewArticle. asp？articleID=3911.

② 薄晓光：《美国的社会保障制度》，《中外企业文化》2004年第6期。

并按照当地的相关政策和数额交缴纳保险和税金等，即在日本，保险、纳税以及福利都与现住地的地址相关。但是，公民在迁出之前先要到当地政府办理住民票迁出证明，注明迁出原因和计划前往地址，迁入新址后 14 天内到新住地政府办理迁入登记。随着"电子政府"计划的实施，日本新近出台了《住民基本情况网络登记制度》，公民凭借个人登录号就可以在网上方便地完成迁移登记，政府也可以根据电子记录掌握公民的行踪。迁移人口如果逾期尚未办理迁入登记，那么会影响到个人的国民健康保险和驾照，不过，在法律上一般不会承担什么责任。总的来说，在日本，迁入居民主动办理住民票的原动力包括两个方面：一个是与住民票捆绑在一起的政府福利；另一个是住民票不变更会给迁入者个人的医疗保险和车辆驾驶等带来重要影响。因此，日本国民愿意将个人的迁移流动行为通知迁入地政府，从而享有迁入地的公共福利，为实现人口有序管理提供了便利。

3. 成本杠杆调节人口准入

在美国，公民自由迁徙同样需要符合一些准入条件。例如，美国公民从一个州到另一州的迁移虽然在地理意义上是自由的，但完全进入迁入地社会权利体系是有条件的。在高等教育阶段，美国联邦政府也没有制定全国统一的流动人口教育政策，这一政策也是主要留给州政府来制定。原则上讲，保护流动和迁徙人口的受教育权是保护迁徙自由权的重要内容，其宪法依据是"优惠与豁免条款"和"平等保护条款"。美国《联邦宪法》第四章第二节规定："每个州的公民均享有诸州公民所有优惠和豁免权。"《联邦宪法》第十四修正案规定："所有在合众国出生或者入籍、并受制于其管辖权的人，都是合众国和其居住州的公民。任何州不得制订或者实施任何法律，来剥夺合众国公民的优惠和豁免权利。"这就是"优惠和豁免条款"。平等保护条款规定："各州不得……在其管辖区域内，对任何人拒绝提供法律的平等保护。"根据这两个条款，流动人口有权享受流入地政府提供的教育服务，而且新迁入的居民（包括非法移民的孩子）与本州居民享受同等待遇，保障新迁入本地居民的教育权利是流入地政府的责任。但是，各个州往往对流入人口在本州获取高等教育利益设置一定的限制条件，限制其他州的居民单纯为了从本州获取教育利益而迁入，以保护本州常住居民的利益。概括来说，这些条件大致可归为三种①：

第一，"等待期要求"（Durational Residency Requirements）。实行"等待期要求"政策的州区别对待新进入本州的居民和原居住居民，新进入该州的居民必须居住满一年后，才能获得本州长期居民的待遇。居住不满一年的大学生，需要支付较高的高等教育学费。在"斯塔恩诉马克勒逊案"的判决中，最高法院判决支持了明尼苏达州的一项法律，大学生在本州居住满一年后才有资格获得奖学金。

第二，"固定时点居住要求"（Fixed-point Residency Requirements）。固定时点居住要求即要求在人生的某一特殊时期是该州的居民，例如出生时或者在某一年龄之前（一般为18岁）等。但联邦最高法院认为这种规定不合宪法要求，违反了平等保护条款，侵害了公民迁徙权。在"瓦兰第斯诉科莱因案（Vlandis V. Kline）"中，最高法院宣布康涅狄格州的一项法律无效，因为这项法律永久地禁止非居民学生为了州立高等教育系统较低学费的原因成为州的居民。最高法院把这种法律规定概括为非居民的一项永久的、不可驳回的推定，因为这些分类是永久的，使得学生在大学就读期间没有任何办法改变他的居民身份。

第三，"真诚居住要求"（bona fide Residency Requirements）。所谓"真诚居住"就是现在实际居住，并且打算无限期地居住下去。这与"等待期要求"和"固定时点居住要求"不同，"等待期要求"和"固定时点居住要求"根据开始在本州居住的情况区分居民，"真诚居住要求"则在本州居民和非本州居民之间做出区分，一旦某个人被确认为本州的真诚居住者，这个人就可以立即享受本州居民的待遇，获得本州居民的教育福利，免费进入基础教育公立学校读书，在高等教育中可以获得学费优惠。这种要求并不限制公民在合理的流动和迁移中获取受教育方面的利益，也不鼓励或处罚人的迁移。"真诚居住要求"的判断比较困难，因为调查每一个新居民的主观目的是不可行的。但可以通过客观物质因素来识别。例如在"马丁内兹诉白纳姆案"中，得克萨斯州的法规规定，如果一个孩子不和父母或者其他法定监护人住在一起，孩子迁移的首要目的仅仅是为了进入这个学区的学校就读，则学区有权拒绝这个孩子免费进入公立学校

---

① 曹淑江、张辉：《美国流动和迁徙人口的教育法律与政策及其对中国的启示》，《外国教育研究》2007年第1期。

接受教育，最高法院判决支持州的法律。

此外，美国还通过社会安全号码的不同类型实现对人口的分类管理，提高就业门槛。从社会安全卡片的种类来讲，社会保障局针对不同人群提供不同类型的社会安全号码卡片，并通过不同卡片的种类来限制就业机会和就业行为：最普遍的卡片发给美国公民和永久居民（绿卡持有者），注明了持卡人的姓名和号码，此卡拥有者就业相对自由；注明"NOT VALID FOR EMPLOYMENT"的卡片发给在美国有合法身份但不能在美国合法工作的外国人，它无法用于就业所需的证明；注明"VALID FOR WORK ONLY WITH DHS AUTHORIZATION"的卡片发给有美国国土安全部工作许可在美国可以临时短期工作的外国人。

一些发达国家还通过税收和法律的手段来限制人口的流入或过度聚集。例如，法国巴黎在市区比郊区征收更多的"建筑用地税"；巴黎还曾经规定流动人口要获得居住权需要先缴纳 10 年赋税；韩国首尔通过对大型建筑物的建筑商征收"人口过密税"，来缓解中心城区人口压力；美国纽约州出台了《1901 年出租房屋法案》，该法律针对纽约市制定了比先前法案更为严格的强制条款，包括对电灯、卫生、通风设备和使用期的要求，还对新住房及其维修标准以及对建造不合格房屋进行了定罪；英国也运用法律规定了最低的人均居住面积，政府只需要通过控制房屋建筑总面积就能达到控制人口规模的目的。

4. 政府规划和市场机制共同疏解人口压力

在城市总体规划方面，发达国家主要做了多项工作促进人口在区域间的合理流动和有序分布：第一，建设大都市圈，统筹规划城市人口。例如，美国在以芝加哥为中心的 480 公里范围内建立了芝加哥都市圈，集中了全国近 20% 的人口；第二，加强城市功能分区的规划。例如，法国巴黎在郊区建设了汽车、航空、基础化学、制药等一系列新的工业区，在近郊建设了相对发达的金融、保险、商业性服务业和运输业等，有效缓解了城市中心区的人口压力；第三，建设新城和卫星城，疏导城市中心区人口。例如，英国在 20 世纪 70 年代中期先后建立了 33 个新城，其中 11 个分散在伦敦外围 129 公里周长范围内；第四，加强城市基础设施建设，引导城市中心区教育、医疗、生活保障资源和基础设施向城市发展新区转移，吸引大量人口迁移。

此外，国外大城市十分重视利用市场的力量，往往通过建立健全积极的市场导向机制来调控人口。第一，以产业结构升级、产业布局调整为导向，优化人口分布和结构。例如，英国分别于 1945 年、1947 年制定了工业重新安置法和城市农村计划法，对愿意搬迁的工厂给予鼓励和资金补助，并且发给职工雇佣奖励金、职业训练补助费作为奖励；第二，调动个人、企业、行业协会等各类市场主体投入城市建设，加速城市建设和人口空间重塑的步伐；第三，完善劳动力市场管理制度，提供丰富的就业信息。例如，美国劳动力统计局每月对非农业公共和私人部门企业的总工作量、招聘职位数、已雇佣数、辞职数、下岗人数、解雇人数和其他一些市场招聘职位与劳动力供给状况进行调查，通过劳动力市场信息的官方供给，实现人口在区域间的理性流动。

5. 移民整合指数监测社会融合状况

截至 2009 年 1 月，欧盟共有 27 个成员国，如英国、法国、德国、意大利、荷兰、比利时、卢森堡、丹麦、葡萄牙、西班牙、奥地利、瑞典、芬兰、波兰等。到目前为止，欧盟成员国在移民问题上高度重视，并实行全面的社会融合政策，值得我们参考和借鉴。

（1）政策目标：实行全面的社会融合政策

欧盟移民社会融合政策的核心原则就是反对歧视，要求成员国给予移民国民待遇，实现全面彻底的社会融合政策。根据《欧洲联盟条约》，欧盟成员国的人口在欧盟区域内享有比较全面的权利：

① 拥有自由流动权和自由居住权。移民只需出示规定证件即可获得居住证，居住证的办理不以找到工作为前提，而且居住证的发放和更换均是免费的；居住证应当至少五年有效，并可以自动延长期限，而对于已达退休年龄人员或其他丧失工作能力的人员，可以在任何成员国获得永久居住权。

② 拥有平等就业权。在对待各成员国国民时，欧盟成员国应当遵循"禁止歧视"的原则，禁止在人员自由流动的时候设定包括国籍在内的任何形式的歧视性限制。

③ 移民及其子女可以在欧盟成员国内享有受教育权。不仅劳动者可以享受职业培训，而且劳动者子女有权在居住国接受基础教育、学徒学习和职业培训的课程，即便作为劳动者的父母已经返回了本国，而孩子们由

于教育系统的不相容性被迫停留在移入国并且在那里完成学业，他们接受教育援助（助学金和类似的扶助措施）的权利依照该规定也应得到保护。此外，任何欧盟成员国公民都可以在东道成员国与其本国国民同等的条件下接受普通教育，而不需要证明该教育中包含职业因素。

④ 享受社会保障权利。一个成员国的劳动者到另一个成员国工作，即享有该成员国劳动者拥有的全部社会保障待遇，他们在一个成员国累积的就业保险和退休金，在另一个成员国可以继续累加和拥有；累加计算按受益人曾工作过的全部就业时间（无论受益人居住在哪个成员国），受益人所在的成员国都应向其支付法律规定的福利金。

⑤ 具有各种政治权利。欧洲公民可以在所居住的成员国内投票和作为候选人参与地方性选举和欧洲议会选举，和该成员国的公民在同等条件下享有选举权和被选举权；在没有本国外交代表的第三国领土内，可以得到其他任何成员国的外交或领事有关方面的保护；可以就在欧盟共同体行动领域内的事务或直接影响其自身的事务向欧洲议会提出个别或联合其他公民的申述，可以向欧洲议会所任命、调查官员舞弊情况的调查官提出申述。

⑥ 享受家庭团聚权。在欧盟，劳动者的家庭直接成员享有在东道成员国内定居以及该国对其国民所提供的一切待遇，即使他们不是劳动者，也不是欧盟的公民。

由此可见，欧盟移民融合政策涉及移民的政治、经济、就业、教育和家庭团聚以及社会保障等方方面面，是相当全面而且彻底的融合政策。

（2）政策手段：采取有效的融合政策管理和协调机制

为了实现全面彻底的移民融合政策，欧盟采取了有效的融合政策管理和协调机制来确保政策目标的实现。由于欧盟成员国彼此之间经济结构不同，经济、社会发展不平衡，劳动生产率不一，就业机会、生活水平等方面存在很大差距，在客观上为欧盟移民的社会融合带来了困难。然而，面对如此复杂、艰难、矛盾的局面，欧盟在反歧视原则下，通过开放式协调方案，采取循序渐进、逐步推进的策略，有效地解决了移民的社会融合中遇到的各种问题，促进了欧盟人员的自由流动和经济发展，加快了欧洲的一体化进程。

2000 年里斯本峰会后，欧盟就开始采取开放式协调方案（the Open Method of Coordination）来推动整个欧盟的一体化进程。开放式协调方案是除了欧盟委员会、欧盟理事会、欧洲议会、欧洲法院四大机构之外，欧盟政策协调和执行的重要法宝，包括五个方面的内容：①制订共同目标。欧共体或欧盟分别于 1999 年和 2004 年提出了坦佩尔方案（1999—2004 年）和海牙方案（2004—2009 年）来推动移民的社会融合进程；②开发一套共同的测量指标来监控成员国工作。欧盟于 2004 年提出了欧洲公民资格和融合指数（European Civic Citizenship and Inclusion Index）用来监测流动人口社会融合状况。该指数包含劳动力市场融合、长期居住、家庭团聚、入籍和反歧视五个方面共 99 个指标①，2007 年被修改为移民整合指数（Migrant Integration Policy Index），不仅将政治参与纳入了移民整合指数，并将移民整合指标增加到 140 个，而且政策考察范围扩大到欧盟的 25 个成员国②；③成员国需要定时向欧盟汇报全国性行动战略报告；④欧盟每年发布成员国的政策执行情况的联合报告，给出欧盟平均指标，并提供成员国比较出色的实践；⑤在欧盟层面成立专项工作协调委员会。2004 年 10 月欧盟成立欧盟外部边界协调管理机构，专门对欧盟人口流动以及移民进行管理。

　　总而言之，欧盟为了促进移民的社会融合，不仅制定了全面彻底的移民融合政策，而且还采取了有效的政策管理和协调机制，因此在移民的社会融合上取得了显著效果，既促进了欧盟经济的增长，又加强了欧洲公民的认同感。在 系列理性管理和人性关怀政策的综合影响下，欧盟各国迁移流动人口的社会融合度不断提高，人口有序流动格局平稳推进。

表 4 - 3 - 2　　　　　　　　欧盟移民融合政策指数（2007 年）

主线	维度	意义
劳动力市场准入	资格	移民是否被排斥获得工作？
	劳动力市场整合措施	国家采取哪些措施帮助移民适应劳动力市场的需要？
	就业安全	移民是否会被轻易地丧失工作许可？
	有关权利	移民作为工人有哪些权利？

---

　　① British Council et al. , European Civic Citizenship and Inclusion Index, www. britishcouncil. org/brussels-europe-inclusion-index. htm, 2005.

　　② British Council et al. , Migrant Integration Policy Index, www. integrationindex. eu. 2007.

续表

主线	维 度	意 义
家庭团聚	资格	哪些移民能带来亲戚？带来哪些亲戚？
	获得的条件	移民与家庭团聚的权利是否根据需要、测试或课程来获得？
	身份的安全	国家是否保护移民与家庭团聚的权利？
	有关权利	家庭成员是否享受同样的权利？
长期居住	资格	移民多长时间可以获得长期居住权？
	获得的条件	获得长期居住身份是否需要限制性条件？
	身份的安全	移民是否可以轻易丧失长期居住身份？
	有关权利	获得长期居住身份的移民在生活的诸多领域是否和国民有平等的权利？
政治参与	选举权	非欧盟成员国移民是否有选举和被选举权？
	政治自由	移民能否自由参加政党或者组建他们自己的政治团体？
	咨询团体	政府是否有系统性的咨询移民选出来的代表？
	政策执行	政府是否积极地告诉移民他们所享有的政治权利？是否给予移民协会资金支持？
入籍	资格	移民多长时间可以入籍？他们的孩子是否一出生就可以入籍？
	获得条件	入籍是否需要限制性条件？
	身份的安全	入籍后的移民是否会轻易丧失国籍？哪些人可以享受终身入籍？
	多国国籍	入籍的移民及其孩子是否享受多国国籍？
反歧视	定义和概念	基于宗教信仰、种族和国籍的歧视是否受到惩罚？
	适用领域	反歧视法适用于生活的哪些领域？
	实施	受害者是否可以提起诉讼？
	平等政策	平等机构和国家充当什么角色？

资料来源：British Council et al.，2007，Migrant Integration Policy Index，www. integrationindex. eu.

6. 小结

（1）美国经验的启示

从美国人口管理的体制来看，我们得到以下几点发现和结论：

第一，美国人口管理主要涉及两套信息系统，一套是生命登记系统，主要记录个人生命事件信息，例如，出生、死亡、婚姻等方面；另一套系统是社会安全号码，主要记录个人日常生活的各种信息，包括迁移、居住等方面。关于美国人口迁移和流动的信息主要来自于社会安全号码系统，它是基于个人税收和医疗登记而取得。

第二，美国每个学区内的居民能够享受免费的义务教育，但是跨学区以及学区内的非居民则不能享受优惠；在高等教育阶段，州内的居民能否享受本州的教育优惠，要根据社会安全号码所提供的居住地点和居住时间等信息来综合评定。在美国的一些州，没有达到一定居住时限的居民，无法享受得到本州大学的各项优惠政策。

第三，美国基本公共服务供给原则是义务和权利的对等，不管是流动人口还是本地居民，依法纳税是享受各种公共福利的前提条件。在此基础之上，联邦政府还通过建立地方学区征收财产税的分税制，来确保本学区义务教育的经费支出，因此，财产税的征收成为连接常住人口与地方政府的重要纽带，相关信息也被记录在社会安全号码之中。此外，为了增强地方政府提供公共服务的能力，联邦政府对州和地方政府建立了比较全面的财政转移支付制度，以期解决各地区间的财政不均衡。

（2）日本经验的启示

从日本人口管理的体制来看，我们得到以下几点发现：

第一，日本采用的是以户籍簿和住民票为核心的人口管理体制，其中，户籍簿以家庭为单位，反映个人身份及其家庭成员关系，在记录出生、死亡、婚姻以及继承遗产时使用，类似于中国的"户籍卡"，而住民票以个人为单位，反映个人居所变动、迁移、纳税等信息，它是政府为个人提供公共服务的凭证，类似于中国的"暂住证"或"居住证"。

第二，在日本，居民迁徙是自由的，住民票是反映人口迁移和流动的重要依据。迁入居民主动办理住民票的原动力包括两个方面：一个是与住民票捆绑在一起的政府福利；另一个是住民票不变更会给迁入者个人的医疗保险和车辆驾驶等带来重要影响，不过，在法律上一般不会承担什么责任。

（3）欧洲经验的启示

从欧盟人口管理体制和社会融合机制来看，我们得到以下几点发现和结论：

第一，在人口登记方面，欧洲多数国家采取民事登记法制化、个人识别码动态跟踪的手段掌握人口初始信息和动态信息。

第二，欧洲各国大都允许人口自由迁徙，没有制度上的条件限制，只是要求迁移者到警署或内政部门登记备案即可，迁入地政府还将为迁入者提供社会保障等服务，因此，迁移登记率也比较高。国外对公民的迁移和移居多采取的是市场加法治的管理手段，因为这样可以保持整个社会的稳定。

第三，在社会融合方面，欧盟成员国的人口在欧盟区域内享有比较全面的权利，包括自由流动和自由居住权、平等就业权、受教育权、社会保障权、政治权、家庭团聚权，并运用移民整合指数，监测并推动欧盟成员国的社会融合进程。

二　部分发展中国家人口管理的特点与教训

亚洲以泰国为例。该国专门颁布了"户口登记条例"，分外侨、国内公民两部分。其"户籍注册"（相当于我国的户口登记）十分严格，条例规定必须"注册"公民的三部分内容，即收入状况、纳税情况、简历（包括犯罪记录）。简历涉及公民的个人隐私，国家有严格的法律保密制度，有关部门不得随意向社会公布，并且户籍注册还需要让被注册者本人捺手印，十分严格。这些都是法律明文规定的。泰国对居民迁移和移居情况有详细规定。泰国实行的是事后迁移政策条例规定，对符合居住条件及居住期超过6个月的居民，其居住地有关部门可为其办理户籍登记，承认其居住地户籍。泰国的户籍管理采用的市场经济和法律效力共同作用的原则，让不能在某城市（特别是大城市）生存（包括经济收入、住房等）的公民，按市场法则去选择适合自己经济水平的城市居住。这种方法往往较行政手段更有效[①]。

南美以阿根廷为例。阿根廷实行的是"三项大登记"制度，即出生、婚姻、死亡登记，与我国的户口登记几乎相似。国家设有"人口登记局"，实施身份证制度。该国实施的也是事后迁移制度。

非洲如摩洛哥王国也实行"户籍法"，公民依法进行出生申报、死亡注销登记。

然而，从发展中国家而言，人口管理的最大问题是大城市人口的急剧

---

① http://zhidao.baidu.com/question/171717586.html.

增加，大城市的发展速度高于中小城市，使大城市在城镇体系中的地位过于突出①。与此同时，发展中国家城市内部结构往往表现为市中心人口密度极高，市中心与其边远地区人口密度相差悬殊，大城市的发展是在市区范围跟不上人口增长的情况下进行的②。从发展中国家人口城市化的种类来看，大致可以分成两种类型：过度城市化和滞后城市化。可见，在发展中国家中，人口城市化引发的各种问题与人口管理制度的关系相对有限，而与所在国的产业发展、城镇体系的构建、城市和农村人口的快速增长、土地占有制度、城市的社会融合政策等因素密切相关。因此，在部分的发展中国家里，要实现人口的合理流动，不仅要加强人口管理体制和管理水平，更要促进区域的均衡发展，城市体系的合理构建，最终在均衡发展中解决城市人口过度集中或人口分布的问题。

---

①　胡焕庸、张普余：《世界人口地理》，华东师范大学出版社 1982 年版。
②　朱宇：《发达国家与发展中国家人口城市化的若干对比及其启示》，《人口研究》1991 年第 5 期。

第五篇　改革进行时

第一章 基本原则

在"以人为本"的流动人口服务管理理念指导下，循序渐进地推进人口管理领域的系列改革，优先解决流动人口的民生问题，这是新形势下推进我国人口有序管理的客观要求。在此过程中，我们认为需要遵循以下三点基本原则。

一 尊重规律，把握全局

美国学者瑞恩依罗曼在"城市化过程逻辑斯蒂曲线理论"中指出，城市人口增长大致沿着一个逻辑斯蒂曲线的方向发展：当城市人口比重达到30%后，人口城市化水平迅速发展，直至增至60%—70%的水平，城市人口比重增速才会逐步放缓。事实证明，世界上很多国家和地区在现代化进程中都经历了这样一个发展过程，人口的大规模迁移流动随着经济社会的发展呈现出"S"形的规律性特征。目前，我国作为一个发展中国家，正处于工业化、信息化、城镇化、市场化、国际化的加速发展阶段，强调以工促农、以城带乡、鼓励农业转移人口市民化，已经成为推进新型城镇化战略任务的重要途径。因此，大量农村人口向城市聚集是我国现阶段人口迁移的基本特征。我们应正视这样一个人口流动浪潮的发展规律，在改革中逐步解决人口服务管理所面临的新问题和新挑战。

在这样一个发展阶段中，我们需要审时度势，把握全局。流动浪潮下的人口有序管理问题既是一个重要的经济问题，也是一个重大的社会问题。一方面，人口流动是经济保持活力和快速发展的重要因素，也是市场经济条件下合理配置劳动力资源的重要途径。以农民工为主体的流动人口是推动我国经济社会发展的重要力量，他们为我国的城市建设贡献了巨大力量；另一方面，人口有序管理还是一个重大的社会问题。我国正处于工业化的加速发展阶段，需要用几十年的时间走完发达国家百年的工业化发展道路。按照这样一个速度，西方国家在经济转轨、社会转型的漫长过程中逐步面临的各种经济问题和社会矛盾，很有可能将在未来几十年内的中国集中出现。如果处理不当，那么我国重大战略部署的推进以及社会稳定的维护都将受到一定程度的影响。因此，正确看待人口有序管理问题，既要从经济社会全面协调发展以及可持续发展的战略高度去认识，更要从维护社会长期稳定的政治高度去把握。

二　以人为本，民生为先

所有改革的最终目标就是要提高每一个人的幸福感，一切为了人，一切服务于人。人口有序管理的系列改革也不例外，其改革的核心理念就是要让全体社会成员享有平等权利，共享改革发展成果，确保以人为本、民生为先。

人口流动是我国当前社会表现出的重大特征。市场经济条件下人口流动所带来的生产、生活方式的历史性变迁，不仅影响到上亿流动人口的就业、就学、社保、医疗等实际利益和现实问题，而且还涉及我国整个人口服务管理理念、体制以及方式的转变，我们需要足够重视并实现有序的引导。随着经济的快速发展，我国社会结构正发生着深刻变革，各种社会利益群体相通共存，各种社会问题相互交织，人口流动问题的复杂性、综合性和敏感性不断增强。目前，我国城市中的流动人口"不流动"现象凸显，很多流动人口已经成为事实上的城市人口，他们渴望融入城市生活，参与城市建设，共享城市发展成果，但因制度性的障碍，服务管理工作的缺失，政策法规的壁垒，迫使流动人口融入城市进程困难重重。因此，在构建和谐社会的过程中，我们需要统筹考虑各个群体的利益，促进流动人口与城市常住居民之间的相互认同、相互融合和相互尊重，需要解决好流动人口最关心、最直接、最现实的利益问题，特别是要以流动人口的需求为导向，优先解决流动人口的子女教育、就业、医疗等基础性民生问题，这样才能更好地促进社会公平正义，形成充满活力、安定有序的社会局面。

三　统筹协调,稳步推进

社会治理是一个多维、复杂、开放的管理系统,而人口有序管理则是社会治理中最基础、最核心的内容。推动人口有序管理的系列改革,需要树立统筹协调和稳步推进的基本原则,注意把握以下两个方面:

第一,促进人口有序管理四要素的统筹协调。人口有序管理由管理精细、服务可及、合作高效、流动有序四要素组成。未来一系列的财税、绩效、信息采集、社会融合等若干制度的改革,都需要紧密围绕促进四要素有机运转为核心进行设计。否则,这四要素的功能就会失序,人口发展的风险就会加剧。

第二,促进人口有序管理与社会宏观运行的统筹协调。随着形势的变化,我国的执政理念已经由管制型向服务型转变。在这样的发展格局下,人口有序管理也应该发挥其在新形势下的社会功能,嵌套进整个社会治理体系之中,以促进整个社会的良性运转。未来,人口有序管理需要更加紧密地与社会秩序、社会保障、治安管理、社会生活服务、社会文化管理以及经济社会发展规划等多方面内容统筹起来,需要根据现阶段的发展特点,从社会治理与社会服务、可持续发展以及确保城市正常运行的整体上来考虑,放到更大的社会宏观背景下来研究。因此,对于学界和政府部门而言,在未来的一段时期内,迫切需要将促进人口有序管理、提高城市人口管理水平这一问题摆在经济社会发展全局性改革的突出位置,放在检验执政能力的战略高度去统筹考虑、科学谋划。当然,所有的改革需要立足于我们的现实国情,需要分阶段、有步骤、有重点地稳步推进、循序渐进,最终实现以有序管理"保"优质服务,以优质服务"促"流动人口城市融合的良性互动和治理格局。

第二章　改革路径

通过本书以上若干篇的论述，我国人口有序管理的系列改革能够从中得到很多启示：既要注重管理理念，又要注重管理政策；既要注重规模调控，又要注重结构优化；既要注重依法行政，又要注重配套服务。在未来的改革中，我们需要从措施层着手，培育出机制层所需要的社会氛围，最终实现目标层的各项要求。

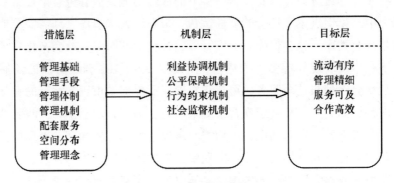

图 5-2-1　人口有序管理的改革路径

一　管理基础：构建两轮驱动的"双核心"人口管理信息系统

在本书第四篇经验借鉴部分中，美国生命登记制度与社会安全号码制度的分离、日本户籍簿与住民票的分立都给我们一个重要启示：建立以生命事件和生活事件为双核心的人口信息系统是实现人口有序管理的重要手段，也是掌握人口迁移流动信息的重要途径。总结起来，美国和日本人口信息系统的主要特点能够概括成四个方面：动静相宜、服务相依、社会监督、倡导诚信。

在美国，生命登记制度主要负责人口生命事件的微观信息，如出生、死亡、婚姻、父母与子女的社会关系等，而社会安全号码制度则侧重于记录公民身份及其日常生活信息，记载着包括迁移、居住、纳税、驾照、补助金额等在内的多维信息，它是申请入学、贷款、信用卡、银行开户等重要事件的凭证。这两套数据库一套相对静止，而另一套则极其活跃，两者相互补充、相得益彰。在人口流动领域，一方面，社会安全号码信息能够推导出个人迁移流动的变动情况，并与福利享有紧密相连；另一方面，社会安全号码也与个人就业、纳税、贷款等信息相关联，所以在很大程度上约束着企业以及个人的诚信行为，起到了很好的社会监督作用。

在日本，人口信息管理有两大特点：一是建立了以户籍簿与住民票为双核心的人口管理体制，其中，户籍簿以家庭为单位，记录出生、死亡、婚姻及遗产继承等信息，起到登记身份和公证的作用，类似于中国的"户籍卡"；而住民票以个人为单位，依据公民的居住地发行，是公民确认日常住址、迁移、纳税、选举、接受义务教育乃至领取健康和年金保险、米谷配给等的根本依据，具有人口统计功能，类似于中国的"暂住证"或"居住证"；二是将住民票管理系统放在一个住民基本台账系统内进行管理，与台账内的其他系统互通有无。该台账系统包括税务信息、国民健康保险情况、选举情况以及住民服务等内容，这一管理平台将个人迁移流动信息与个人纳税义务、福利享有整合于一体，为实现人口有序管理提供了有力保障。

基于美国和日本的经验以及我国的实际情况，未来，我国可以尝试建立两权分立的两套人口信息系统，其中，一套信息系统反映个人的生命事件信息，与户口相关，体现人口登记的职能；另一套信息系统反映个人的生活事件信息，体现公共福利供给、诚信约束的职能，引导人口有序流动。这类信息的载体可以是居住证，可以是身份证，也可以是身份证和居住证的结合。未来，中国人口信息采集登记制度的改革目标很明确：还原"户口"的人口登记职能，将各种公共福利与户口逐步脱钩；通过抓住流动人口的公共福利需求，实现政府"被动管理"到对象"主动登记"的转变；通过人口流动过程中的诚信约束信息，实现政府对个人行为和企业行为的有效约束。

二　管理手段：建立以居住证制度为核心的
　　渐进式福利供给体系

目前，中国尚未实现人口有序管理的一个重要原因就是有效管理手段的缺失。近些年，暂住证因其行政化特征明显而逐步退出历史舞台，以福利引导为特征的居住证制度改革有望成为提升人口管理手段有效性的重要载体。从本书第四篇国际经验来看，美国和日本在人口信息与福利供给这一领域主要采取的是权利与义务对等的原则，其中，信息登记是义务，行为合法合规是义务，但信息登记、行为诚信之后的福利享有是其权利。发达国家主要通过两个方面做到这一点：一是人口信息的主动登记；二是明确的福利引导以及违法违规后的利益损失。可见，个人利益、公共福利与证件登记、管理相关联，这是发达国家成功实施人口有序管理的有效手段。

在美国，社会安全号码是个人享有公共福利的重要证明。例如，在医疗方面，只要向有关机构提供儿童的社会安全号码以及父母的有效收入证明，有些州就能向儿童提供免费的医疗保险；在教育方面，社会安全号码中具有本学区纳税记录的居民能够享受免费的义务教育，但跨学区及学区内的非居民则不能享受优惠；在高等教育阶段，要根据社会安全号码所提供的居住地点和居住时间等信息，综合判定州内的居民能否享受本州的教育优惠。因此，美国居民会向政府部门主动提供人口的真实居住信息，以确保享受各项优惠政策。由于社会安全号码既承载着个人税收、福利、信用等信息，也承载着人口迁移流动的信息，因此，通过"福利引导、责权统一"的原则，引导流动人口主动接受管理成为可能。

在日本，住民票是反映人口迁移和流动和福利供给的重要依据。日本国民在哪里居住和工作由自己选择，办理完迁入手续后就享受迁入地的所有福利，并按照当地的相关政策和数额缴纳保险和税金。但是，公民在迁出之前先要到当地政府办理住民票迁出证明，注明迁出原因和计划前往地址，迁入新址后 14 天内到新住地政府办理迁入登记。迁移人口如果逾期尚未办理迁入登记，那么会影响到个人的国民健康保险和驾照。总的来说，在日本，迁入居民主动办理住民票的原动力包括两个方面：一个是与住民票捆绑在一起的政府福利；另一个是住民票不变更会给迁入者个人的医疗保险和车辆驾驶等带来重要影响。因此，日本国民愿意将个人的迁移流动行为通知迁入地政府，从而享有迁入地的公共福利，为实现人口有序管理提供了便利。

结合美国和日本的经验，以及我国区域发展不平衡的现实情况，在未来的居住证制度改革中，我国应该将各种公共福利，包括教育、医疗、养老等从户口上剥离下来，并运用居住证的形式，将这些福利分阶段、渐进式地给予流动人口。

总的说来，我国在进行居住证制度改革时要特别注意以下六个问题：

第一，要抓住需求的关键环节。尝试在财政允许的前提条件下，把流动人口的需求进行分解，然后使之与不同阶段的居住证相挂钩。对于关系国计民生、最基础性的需求，在居住证的初期就给予，而关于福利性的需求，如户籍等，都可以在居住证的最高阶段再给予。这样，通过居住证制度的改革，抓住流动人口的需求要害，准确掌握流动人口信息，整合部门之间的人口服务管理职能，从而逐步实现政府"被动管理"到对象的"主动登记"的转变，在政府决策和规划之时真正做到"情况明、数据准"。

第二，充分考虑政策供给的优先序问题，逐步解决流动人口的民生性需求。依据对欧盟社会融合措施的介绍，欧盟成员国的人口在欧盟区域内享有比较全面的权利，这为我国实现彻底的社会融合提出了更高的要求。然而在现阶段，我国的经济发展程度还不高，距离发达国家的经济发展水平还有一段不小的差距，因此，我们需要结合我国的实际情况，冷静地思考一下流动人口政策供给的优先序问题。从全国各地的调查情况来看，子女教育、就业、住房、养老和医疗都是流动人口最为关心的民生需求，但结合我国现阶段的国情国力，我们觉得在政策供给的优先序上，务必注意以下三大问题：一是在这一系列的民生性需求中，"基础教育的需求"以及某项或某几项"基本医疗服务的需求"应该得到优先性的保证。把握住这两大需求，一方面抓住了流动人口需求的要害，有利于准确采集流动人口的信息；另一方面流动人口及其第二代的科学文化素质、身体素质需求得以满足，能够从总体上更好地保证我国未来人力资本存量和增量的稳定与提高，有利于不断增强我国在未来国际市场上的竞争力。二是由于人口流动以就业和收入为中心，因此，政府部门应在国家宏观经济发展战略布局的指导下，积极构建全国统一性的劳动力市场，强化政府部门在劳动力信息市场上的指挥棒功能，为流动人口提供准确、可靠的劳动力需求信息，弥补多年来政府部门在引导人口流动上的功能缺位，从而满足流动人口的就业需求，促进流动人口在区域之间的合理分布，让流动人口共享改革开放的发展成果。三是在做好以上两件政策供给的"大事"之后，国家可以逐步完善流动人口的社会保障制度，优先建立健全农民工的工伤保险、基本医疗保险和养老保险制度，并完善全国社会保险关系的转续制度，逐步消除人口流动障碍。

第三，要实行居住证的分类管理。针对不同类型的人群发放不同阶段的居住证，以达到渐进式给予公共福利的目的。美国社会安全号码对于人群的分类就比较清晰，既规范了劳动力市场，也不阻碍人群的福利享有。从美国社会安全卡片的种类来讲，社会保障局针对不同人群提供不同类型的社会安全号码卡片，并通过不同卡片的种类来限制就业机会和就业行为：最普遍的卡片发给美国公民和永久居民（绿卡持有者），注明了持卡人的姓名和号码，此卡拥有者就业相对自由；注明"NOT VALID FOR EMPLOYMENT"的卡片发给在美国有合法身份但不能在美国合法工作的外国人，它无法用于就业所需的证明；注明"VALID FOR WORK ONLY WITH DHS AUTHORIZATION"的卡片发给有美国国土安全部工作许可在美国可以临时短期工作的外国人。在我国的嘉兴等城市，根据居住时间推出了临时居住证、居住证和技术员工居住证，并将不同的福利梯度供给到三类居住证中。实践证明，这一改革举措实现了人口有序管理的客观效果。

第四，要重点区分"真诚居住"和"福利旅游"的两类人群。要通过居住时间、纳税记录等多项指标，综合判断流动人口是否仅仅只是为了享受特大城市较优的公共福利或优惠而迁移流动。在美国，公民自由迁徙同样必须符合一些准入条件。例如，美国公民从一个州到另一州的迁移虽然在地理意义上是自由的，但完全进入迁入地社会权利体系是有条件的。最为常见的限制条件是：①特定的居住期限。例如，有些州规定居住不满一年的大学生，需要支付较高的高等教育学费；②在迁入州内具有固定居所；③真诚居住的要求，即现在实际居住，且打算无限期地居住下去。一旦被确认为某州的真诚居住者，即可享受本州居民待遇。不过，"真诚居住"的判定比较困难，可以通过客观物质因素等来识别，例如，孩子是否与父母或者其他法定监护人一起居住在学区内等。

第五，凸显居住证的综合管理职能。要将居住、纳税、子女义务教育、医疗保险、驾照、贷款等多项记录于此证，使之成为流动人口，甚至人户分离人口必须使用的身份证件，从而达到政府部门掌握人口流动信息的目的。

第六，通过居住证，建立流动人口的诚信系统。通过居住证的各项记录，建立人口信用指标体系，提高违规成本，形成良好的社会导向，如遵纪守法、实行计划生育等。

三　管理体制：打造专业化、社会化、网络化、高效化的新型人口服务管理体制

流动人口管理体制是在一定行政区域内对流动人口进行服务与管理的组织制度。在本书第四篇国内经验部分，本书对我国的管理体制进行了总结和提炼，即在我国流动人口管理工作的具体实践过程中，按照对流动人口进行管理和服务的组织形式，形成了"治安拓展型"、"大人口机构统筹型"及"专门机构协调型"三种管理体制。

从"治安拓展型"管理体制来说，前面已经指出，这是一种由综治委牵头、主要办事机构设在政法委或公安局的管理模式，主要是从社会治安的需要来管理流动人口。从机构设置方式就可以看出，"防范型"管理体制对于流动人口的基本态度，在某种程度上是"排斥"的，而没有把人口作为经济社会发展的要素来看待，其结果必然是强调管理而轻视服务。如果根据目前国家倡导的和谐理念来判断，这种"治安拓展型"管理体制由于在职能上重管理、轻服务，基本不会统筹考虑城市人口发展规划和政府对人口流动的调控意图，因而很难与主体功能区划衔接。如果从基本公共服务均等化标准来评价，这种管理体制把流动人口纳入当地社区管理，有利于为他们提供公共服务。但是，这种以防范为核心的管理体制对流动人口相关统计，如流动人口教育程度、就业、收入等基本情况资料不够，不便于有关部门确定提供公共服务的对象和标准。不仅如此，这种管理体制在职能上侧重于管理，与相关部门的职责存在交叉，缺乏必要整合，工作效能降低，不利于行政管理体制改革。另外，由于"治安拓展型"管理体制强调治安管理，计生部门未参与相关管理机构，因此，对流动人口计生管理和服务来说是不利，表现在流动人口超生问题难以控

制，但这种管理体制为计生部门提供管理服务所必需的基础信息这一点不可忽视。

从"大人口机构统筹型"管理体制来看，这种管理体制有一高层次的协调会议或领导小组统筹，由此方便各部门流动人口服务与管理工作的协调和沟通。与"治安拓展型"管理体制相比，"大人口机构统筹型"不再仅仅偏重管理，同时更是加强了服务，是政府力图建立"服务型"政府的充分体现。如果从是否与主体功能区相协调的标准来看，因为"大人口机构统筹型"管理体制有高层次的协调机构对人口发展进行统筹规划，因此对于与主体功能区划衔接来说，是非常有利的。不仅如此，更为重要的是，该种管理体制从根本上改变了对流动人口的"抵制防范"态度，从而有利于人口信息的采集，有利于全面掌握人口信息，也有利于确定提供给本公共服务的对象和标准，进而有利于基本公共服务均等化。同时，"大人口机构统筹型"管理体制是一种与相关部门统筹协调的机制，这样方便了各部门根据自身职能提供适当水平的公共服务。如果从行政管理体制改革角度考虑，"大人口机构统筹型"管理体制在职能上强调管理和服务并重，在更高的层次对相关部门的流动人口管理服务职责进行了统筹协调，这样理顺了工作关系，结构优化。而且这种管理体制整合了职能，从而减少了部门的扯皮，有利于提高工作效能。另外，"大人口机构统筹型"管理体制是一种以计生部门为主对流动人口进行统筹管理服务的体制，因此，能够将流动人口信息和管理服务职能整合在一起，方便了计生服务与管理。由于强调服务，也有利于建立和谐的计生关系。但这种管理体制也存在缺陷和不足，因为偏重服务，流动人口计划生育管理中缺乏有力、有效的制约手段，流动人口超生问题管理难度由此加大，不利于人口控制的总目标。总体而言，"大人口机构统筹型"管理体制是在现有体制下的一种创新性尝试，但由于各部门之间有着各部门利益，因此，要达到"统筹型"管理体制的预期目标在具体实践中还存在一定的难度。

再来看"专门机构协调型"管理体制在实践中的适应情况，这种管理体制成立专门的组织机构对流动人口进行服务管理，其主要统筹协调和搭建信息平台。从主体功能区划分的衔接标准来考虑，这种管理体制虽然建立专门部门对流动人口进行服务管理，有利于执行当地政府的人口发展政策，但是在与主体功能区划衔接方面明显缺乏高层次的统筹协调。另外，这种管理体制把与流动人口管理服务有关的政府职能整合到一个专门机构对公共服务均等化作用效果明显，一方面有利于全面掌握人口信息；另一方面有利于管理部门准确定位管理服务的对象，从而有利于相关职能部门及时确定基本公共服务的标准，为努力实现公共服务均等化奠定基础。此外，"专门机构协调型"管理体制在职能上同样侧重于服务，对相关部门的职责进行了一定程度的整合，可以进一步理顺工作关系，优化管理结构。而且这种管理体制强化了专门机构的统筹协调，加强了部门间的沟通协作，不但可以更大限度地提高工作效能，而且节省改革成本，有利于改革路径的缩短。如果从是否方便计生服务与管理工作来评价，如果把计生部门作为流动人口专门机构的组成部门，能够比较及时地获得计生服务与管理所必需的信息，方便了流动人口的计生服务与管理，有利于营造出和谐的计生关系，但不可忽视的是，虽然建立专门部门，但由于增加了机构之间的信息传递过程，工作效率会受到一定影响。

以上是我国人口管理体制的主流探索模式。有改革成功之处，但也有需要进一步改进和完善的地方。本研究通过运用"成员—规则—机制"的框架，在分析新中国成立 60 年来流动人口管理体制的特点后发现：长期以来，我国大体都是在实行以公安、政法委牵头的传统人口管理模式，而这些部门具有明确的执法权是这种模式得以存在的根基。然而，无锡模式中通过人口计生委统筹人口服务管理，嘉兴模式中通过新居民事务局协调人口相关事务，同样也取得了成效，而且这两种模式更能体现以人为本、突出服务的新理念，符合建设服务型政府、推进基本公共服务均等化的根本要求。

因此，无锡和嘉兴模式的改革探索再次告诉我们：面对当前人口服务管理的新形势，政府部门需要树立"大人口观"，以改革创新为动力，改革传统的人口管理体制，创建出一个与经济社会发展、城市转型要求相适应的专业化、社会化、网络化、高效化的新型人口服务管理体制，这样才能真正实现由人口管理向人口服务管理的转变，统筹解决人口服务管理与经济发展转型的问题。

此外，从本书对我国几千年人口管理历史演变的梳理来看，我们还发现有两个特点与人口管理体制密切相关：第一，中国历史上中国皇权不下乡，人口登记、管理事宜各朝各代大多由基层乡绅料理；第二，历史上人口登记大多为民事管理，近代才引入公安、治安管理，并延续至今。因此，从人口管理体制的改革方向来看，一是人口登记、迁移流动登记统一到基层乡镇、街道可成为未来的改革方向；二是改变"治安型"人口登记、管理模式可成为未来的方向。

四　管理机制：健全以还原成本、分级分类为理念的人口管理协作机制

运用市场的手段，借助成本的杠杆，引导人口在不同城市之间的流动与分布，这是世界上较为通用且有效的办法。例如，一些发达国家还通过税收和法律的手段来限制人口的流入或过度聚集。例如，法国巴黎在市区比郊区征收更多的"建筑用地税"；巴黎还曾经规定流动人口要获得居住权需要先缴纳 10 年赋税；韩国首尔通过对大型建筑物的建筑商征收"人口过密税"，来缓解中心城区人口压力；美国纽约州出台了《1901 年出租房屋法案》，该法律针对纽约市制定了比先前法案更为严格的强制条款，包括对电灯、卫生、通风设备和使用期的要求，还对新住房及其维修标准以及对建造不合格房屋进行了定罪；英国也运用法律规定了最低的人均居住面积，政府只需要通过控制房屋建筑总面积就能达到控制人口规模的目的。

基于这些国际经验，我国的特大城市、超大城市需要树立"成本杠杆"的理念，加强政府部门的服务管理职能，形成部门合力，强化精细化管理，还原流动人口正常的就业成本和生活成本，从而还原由市场决定人口去留的基本原则。例如，在就业成本方面，要着力严惩违法用工单位。既强化劳动执法力量，维护流动人口合法的劳动权益，又要重点查处流动人口聚居区内的个体工商户、六小七黑等存在事实劳动关系的单位；在居住成本方面，各个部门要统筹协作，积极做好以下三项工作：一是积极建立并完善出租房屋综合执法长效机制，尽快出台违法出租的处罚性法律法规；二是建立出租房主和流动人口的自律机制；三是建立居（村）委会的自治机制。

另外，政府部门还需要强化人口管理顶层设计，建立分级分类的人口有序管理长效机制。统筹解决人口问题不仅需要顶层设计，还需要建立制度化的"部门联动"。尽早建立以人口有序管理为导向的政策统筹协调机制和会商制度，降低因政策冲突导致区域流动人口过度聚集的政策成本，减少政府对市场的干预行为；强化以流动人口服务管理为导向的部门统筹

机制，降低因政策设计和执行漏洞导致人口流动成本费用不实的问题；综合运用行政、法律、税收、规划、市场、福利、信息等各种手段，吸引人口主动接受管理，实现人口有序管理。

在顶层设计的同时，还要对不同人群采取分类分级的管理措施，明确重点管理的对象和区域。对于流动人口，要寓管理于服务中，加快实施居住证制度并推进流动人口聚集区的拆迁改造；对于城市内部人户分离人口，可考虑给予一定补贴，鼓励实现人户一致，重点解决人户分离带来的社会管理问题。此外，还应逐步明确各级政府在人口管理中的职责和绩效考核标准，把经济增长指标同人口资源环境和社会发展指标有机结合起来，以实现人口规模的适度发展和人口分布、结构的优化。

五　配套服务：促进以财税和绩效制度改革为动力的公共福利均衡供给

从美国社会安全号码以及日本住民票的管理经验我们可以发现：实现人口合理流迁、有效管理的根源在于地区间公共福利相对无差异供给，而在其背后是以有效的财政税收制度和绩效考核制度作为支撑。因此，未来人口有序管理的改革应以财政和绩效改革为动力，增强地方政府吸纳人口的根本动力，修复"财税环节"和"绩效环节"的断裂。

第一，要深化分税制改革。在国际经验部分，本书提到美国财税体系中最大的特点就是财力和事权的对等。例如，以美国教育为例，教育经费由三级政府投入组成，大体上联邦政府占4%，州政府占88%，地方政府占8%；从经费来源看，联邦政府主体税种是个人所得税，州政府主体税种是消费税，而地方政府和学区主体税种则是财产税。财产税主要负责两类事权：义务教育和治安。这样，美国联邦政府通过建立地方学区征收财产税的分税制，确保了本学区义务教育的经费支出。

未来，我国需要在保证中央财政收入大体稳定的情况下，完善地方财政，特别是基层财政税种，或者进一步改善中央政府和地方政府之间财力以及事权的分配比例，确保地方政府财力与事权的匹配。这样，人口流动能够增加地方政府的财政收入，而不会加重其财政支出的额外负担，从而实现人口自由流动、地方政府良好服务的双赢局面。

第二，强化中央转移支付制度，建立资源价格形成机制。必要时可以建立某项公共服务的专项资金，支持地方财政。通过这项制度，改变国内城乡差异、地区差异的现状，实现公共服务的均衡供给，促进人口有序流动和合理分布，避免人口过度向大城市、特大城市聚集；把人口流向作为确定财政转移支付方向以及征税的重要依据，确保人口流入地获得足够的财税资金，改善当地的基础设施和公共服务水平，增强产业集聚和吸纳人口的能力；改革资源价格形成机制，形成环境补偿机制，确保人口流出地通过财政、价格、就业机会等方面的方法得到补偿，形成促进人口转移的内在动力。

第三，以民生性服务为导向，建立绩效考核新坐标。依据缪尔达尔的循环积累因果关系理论，我国"就业环节"上的断裂源于政府绩效考核导向的单一性。因此，为了修复此断裂，需要着力改革产业引导的绩效考核体系，人口流入地应增加吸纳人口就业和服务的考核指标，强调政府部门在经济增长之外的社会责任，而人口流出地则应增加鼓励人口输出的考核指标，强调政府部门在对流动人口职业技能培训上的义务。

六　空间布局：完善以城市功能定位为导向的公共资源合理配置机制

针对我国人口无序向特大城市聚集的现实困境，我国大型城市需要力争提高公共资源，特别是土地资源的配置效率，在区域功能定位的指导下，更大程度地发挥土地资源在疏解人口与产业分布方面的重要功能。土地供给和使用应该符合城市空间结构的调整方向，统筹考虑中心城与新城的协调发展，兼顾不同区域的城市发展现状。例如，规划建设的保障性住房不宜以大块聚集的方式建设，而应该与城市功能定位、城市形态塑造、城市基础设施承受能力相匹配，应该统筹考虑保障性住房的区域分布，结合每个区县的城市功能定位，合理分配保障性住房的建设指标和任务，从而避免低端人口聚集区的形成；在产业调整方面，着重淘汰调整低端产业，控制低级次产业吸纳流动人口的规模。逐步建立起产业退出机制和产业准入制度。结合土地市场专项整顿，强化土地资源的集约利用，着重提高农村集体建设用地开发效益，在我国主要特大城市坚决停止审批经济和社会效益低下的市场、仓储、简单加工等低效项目。

七　管理理念：实现以多种权利为核心的城市社会融合

从国际经验来看，在社会融合方面，我们在本书经验篇中可以看到，欧盟移民社会融合政策的核心原则就是反对歧视，要求成员国给予移民国民待遇，实现全面彻底的社会融合政策。欧盟成员国的人口在欧盟区域内享有比较全面的权利，包括自由流动和自由居住权、平等就业权、受教育权、社会保障权、政治权、家庭团聚权。为了实现全面彻底的移民融合政策，欧盟还采取了有效的融合政策管理和协调机制，通过开放式协调方案来确保政策目标的实现，其中，最重要的一项举措就是开发一套欧盟成员国共用的测量指标来监控社会融合进程。欧盟于 2004 年提出了"欧洲公民资格和融合指数"，该指数包含劳动力市场融合、长期居住、家庭团聚、入籍和反歧视五个方面共 99 个指标，其中，"家庭团聚"是人性关怀的重要体现。2007 年，该指数进一步被修改为"移民整合指数"，不仅将"政治参与"纳入了移民整合指数，并将移民整合指标增加到 142 个政策指标，而且政策考察范围扩大到欧盟的 25 个成员国。移民整合指数的构建既能反映出一个国家的移民融合程度，也有利于成员国之间的比较和监督。因此，在　系列理性管理和人性关怀政策的综合影响下，欧盟各国迁移流动人口的社会融合度不断提高，人口有序流动格局平稳推进。

从国内经验来看，我国在几千年的社会治理过程中，大多数历史时期人口管理都是以"家户"为基本单元，而不是直接针对个人，这是我国几千年的文化特色和治理特色。因此，在当前人口流动的浪潮下，人口有序管理若干制度的改革应该更加关注家庭团聚，政策基本单元应逐步地由以个人为中心向以家庭为中心转变。例如，对于人口的征税制度，我国亟待解决目前过于强调以个人收入为税基，而忽视以家庭整体收入作为税基进行征税的问题。如，2011 年 9 月 1 日起，修改后的《中华人民共和国个人所得税法》全面实施。新个税法实施后，月收入低于 3500 元（扣除"三险一金"后）的工薪族不再缴纳个税，然而，目前我国纳税政策缺乏家庭的视角，这其实造成了社会的不公平。假设 A 和 B 两个孩子来自两个不同的家庭，同住在某小区，同样是 5 口之家。A 孩子的爷爷、奶奶、爸爸、妈妈均有工作，且人均工资 4500 元（"三险一金"扣除之前），家庭总收入为 18000 元，基本不缴纳个税；而 B 孩子家里只有爸爸一人工作，月工资为 18000 元，每月缴纳个税 1920.53 元。可见，两个家庭人口相同、总收入相同，但缴纳个税却相差近 2000 元。产生这个问题的根源就在于我国按个人而不是按家庭征税①。在国外，很多政策都是按家庭为基本单元进行设计，足以说明家庭视角对于人口管理和社会治理的重要性。

基于以上国内、国际经验，在人口有序管理的同时，我国需要强化社会融合的理念。对于"非事实移民"式的流动人口，可以尝试利用市场的手段进行调控，而对于"事实移民"式的流动人口，需要逐步树立社会融合的理念并建立社会融合的机制，即在一定的财力和监管机制等客观约束下，流迁人口应该能够有机会逐步获得包括政治选举权、平等就业权、家庭团聚权等在内的多项权利。因此，促进流动人口的城市社会融合应该成为我国未来人口服务管理工作所要达到的最终目标。建议加强流动人口融合政策立法，出台促进流动人口社会融合的全国性管理办法；赋予并充分发挥某一个人口管理部门对于流动人口社会融合政策制定、协调、执行和评估的职能，建立衡量流动人口社会融合状况的综合指数，并将该指数作为考核地方领导业绩的重要依据。此外，通过对我国国情的深入分析，我们应该注意到，大、中、小城市在人口管理，特别是迁移人口管理模式上不能强行统一，但其中共性的问题，如国家强制的社会保障待遇方面，需要由国家层面统筹，从而为人口迁移流动、社会融合提供制度保障。

总之，在全面建设小康社会的新时期，完善人口有序管理工作应该坚持以人为本的管理理念，保持与时俱进的时代精神，改革创新流动人口管理体制，消除人口流动障碍，着力提高流动人口融合水平，实现人口、资源、环境与经济和社会协调发展，为我国经济和社会发展创造良好的人口环境。

---

① 再以美国为例说明这一问题。美国 2010 年一个家庭的平均年收入为 5 万美元左右。如果一对夫妇没有孩子（无被供养人），其中一人收入 3 万美元，另一人收入 2 万美元，那么他们一年需要纳税 3835 美元；如果这对夫妇有两个未成年的孩子，那么他们一年的纳税额就变成 2766 美元；如果这两个孩子都不足 16 岁，那么抚养他们的父母（监护人）还可以获得儿童抵税金额，每个儿童最高可达 1000 美元。此外，按照奥巴马实行的给参加工作人员免税的新政策，2010 年这对夫妇还能免税 800 美元。可见，美国纳税以家庭为单位。

参考文献

1. British Council et al., European Civic Citizenship and Inclusion Index, www. britishcouncil. org/brussels-europe-inclusion-index. htm, 2005.

2. British Council et al., Migrant Integration Policy Index, www. integrationin-dex. eu. 2007.

3. Gunnar Myrdal, Asian Drama: An Inquiry into the Poverty of Nations, New York, Pantheon Books, 1968.

4. James A. Weed, Vital Statistics in the United States: Preparing for the Next Century, Population Index 61 (4), Winter 1995.

5. John R. Weeks, Population: An Introduction to concepts and Issues, California: Wadsworth Publishing Company, 1999.

6. Kouri, Jim, Social Security Cards: De Facto National Identification, American Chronicle. March 9, 2005, http: //www. americanchronicle. com/articles/viewArticle. asp? articleID = 3911.

7. 《北京市流动人口问题研究》编委会：《北京市流动人口问题研究》（内部资料），2011 年。

8. 北京市人民政府印发《关于加快本市绿化隔离地区建设暂行办法的通知》（京政发〔2000〕20 号）。

9. 北京市人民政府：《北京城市总体规划（2004—2020 年)》，2005 年 1 月。

10. 卞铭：《县级人口信息资源共享平台建设与研究》，中国海洋大学硕士学位论文，2012 年 12 月。

11. 薄晓光：《美国的社会保障制度》，《中外企业文化》2004 年第 6 期。

12. 曹淑江、张辉：《美国流动和迁徙人口的教育法律与政策及其对中国的启示》，《外国教育研究》2007 年第 1 期。

13. 朝阳区人民政府：《北京市朝阳区土地利用总体规划（2002—2010年)》，2004 年 6 月。

14. 陈波：《中国人口分布与地区自然条件、经济发展的关系研究》，《经济研究导报》2011 年第 22 期。

15. 陈学安：《建立我国财政支出绩效评价体系》，《财政研究》2004 年第 8 期。

16. 程遥等：《多重控制目标下的用地分类体系构建的国际经验与启示》，《国际城市规划》2012 年第 6 期。

17. 楚德江：《我国地方政府绩效评估指标体系研究现状与前瞻》，《学术界》2008 年第 1 期。

18. 陈延涛：《论迁徙自由权》，中国政法大学硕士学位论文，2007 年 3 月。

19. 陈忠昊：《实有人口管理系统的开发与应用》，贵州大学硕士学位论文，2009 年 12 月。

20. 重庆市教委德育考察团：《美国义务教育考察报告》，http：//www.bjaoxiao.com/html/2009 - 04/278_ 1. html，2008 年 12 月 23 日。

21. 段成荣、吕利丹、邹湘江：《当前我国流动人口面临的主要问题与对策》，《人口研究》2013 年第 2 期。

22. 段成荣、杨舸：《改革开放 30 年来流动人口的就业状况变动研究》，《中国青年研究》2009 年第 4 期。

23. 段成荣、朱富言：《以房管人：流动人口管理的基础》，《城市问题》2009 年第 4 期。

24. 房巧玲、刘长翠等：《环境保护支出绩效评价指标体系构建研究》，《审计研究》2010 年第 3 期。

25. 费孝通：《乡土中国》，上海人民出版社 2007 年版。

26. 冯鸿雁：《财政支出绩效评价体系构建及其应用研究》，天津大学博士学位论文，2004 年。

27. 冯晓英：《北京地区流动人口的演变及其特征》，《北京党史》1999 年第 1 期。

28. 傅崇辉：《流动人口管理模式的回顾与思考——以深圳市为例》，《中国人口科学》2008 年第 5 期。

29. ［法］福柯：《治理术》，赵晓力译，《社会理论论坛》1998 年总第

4 期。

30. 高洪：《地区发展差距拉动：我国人口流动的成因分析》，《上海经济研究》2003 年第 2 期。

31. 高如封：《农村义务教育财政体制比较：美国模式与日本模式》，《教育研究》2003 年第 5 期。

32. 葛剑雄：《中国人口史》（第一卷），复旦大学出版社 2002 年版。

33. 公安部户政管理局编：《清末至中华民国户籍管理法规》，"民政部编订户籍法奏折"，群众出版社 1996 年版。

34. 顾颖：《上海城市流动人口整体性治理策略研究》，上海师范大学硕士学位论文，2012 年 4 月。

35. 国家人口和计划生育委员会流动人口司编：《中国流动人口发展报告（2013）》，中国人口出版社 2013 年版。

36. 郭秀云：《大城市外来流动人口管理模式探析——以上海为例》，《人口学刊》2009 年第 5 期。

37. 何炳棣：《1365—1953 中国人口研究》，上海古籍出版社 1989 年版。

38. 华玉武、史亚军、李巧兰等：《北京城乡一体化发展研究》，中国农业出版社 2011 年版。

39. 侯海玉、李淑荣、邹晶：《城乡接合部土地利用存在的问题与对策分析》，《才智》2011 年第 25 期。

40. 侯亚非、尹德挺：《北京市流动人口变动特征——2005 年北京市 1%人口抽样调查数据分析》，《北京社会发展报告（2007—2008）》，社会科学文献出版社 2008 年版。

41. 胡英：《从美国社区调查看美国人口统计方法制度的改革》，《市场与人口分析》2004 年第 4 期。

42. 黄荣清、段成荣、陆杰华等：《北京人口规模控制》，《人口与经济》2011 年第 3 期。

43. 黄忠怀、吴晓聪：《建国以来土地制度变迁与农村地域人口流动》，《农村经济》2012 年第 1 期。

44. 《吉林省政府绩效评估指标体系研究》课题组：《国内外关于政府绩效评估指标体系的研究综述》，《吉林政报》2009 年理论专刊。

45. 蒋正华、张羚广：《人口信息系统的建设与发展研究》，《中国人口科学》2003 年 10 月。

46. 焦培民：《先秦人口研究》，郑州大学博士学位论文，2007 年。

47. 接栋正：《发达国家人口管理办法对我国的启示与思考》，《人口与经济》2008 年第 4 期。

48. 接栋正：《国外民事登记制度及其对我国户籍制度改革的启示》，华东师范大学博士学位论文，2009 年 6 月。

49. 金耀基：《从传统到现代》，中国人民大学出版社 1999 年版。

50.《旧唐书》，中华书局 2007 年版。

51. 黎世蘅：《历代户口通论》，上海世界书局 1922 年版。

52. 梁漱溟：《中国文化要义》，上海人民出版社 2011 年版。

53. 刘铮主编：《人口理论教程》，中国人民大学出版社 1985 年版。

54. 陆杰华：《新时期流动人口管理和服务面临的突出问题及政策建议》，《理论视野》2007 年第 9 期。

55. 陆明华：《对公安机关建立"服务型"外来人口管理工作机制的思考》，《上海公安高等专科学校学报》2004 年 6 月。

56. 陆学艺：《当代中国社会流动》，社会科学文献出版社 2004 年版。

57. 吕思勉：《中国制度史》，上海教育出版社 2005 年版。

58. 南章凡：《人口管理体制改革的思考》，《人口研究》1993 年第 6 期。

59.《清末筹备立宪档案资料》（下册），中华书局 1979 年版。

60. 瞿同祖：《清代地方政府：修订译本》，范忠信、何鹏、晏锋译，法律出版社 2011 年版。

61. 任远：《城市流动人口的社会融合：文献述评》，《人口研究》2006 年第 5 期。

62. 宋昌斌：《中国古代户籍制度研究史稿》，三秦出版社 1991 年版。

63. 宋国恺：《外来人口与城市化发展道路——以福建晋江为例》，《甘肃社会科学》2008 年第 6 期。

64. 孙洪敏：《地方政府绩效评估指标体系的民生解读》，《行政论坛》2011 年第 3 期。

65.（清）孙诒让：《周礼正义》，中华书局 1987 年点校版。

66.《唐律疏议》，刘俊文点校，法律出版社 1999 年版。

67. 汪国华：《常态化与正规化：社会转型期流动人口管理的新构想》，《西北人口》2007 年第 1 期。

68. 王克强、刘红梅等：《财政支出绩效评价研究综述》，《开发研究》

2006 年第 5 期。

69. 王列军：《进一步推进户籍制度改革的思路与建议》，载于《中国城市发展报告》，社会科学文献出版社 2013 年版。

70. 王琴：《派出所在流动人口管理中的问题与对策研究》，中央民族大学硕士学位论文，2011 年 4 月。

71. 王太元：《一体化人口管理体制初探》，《人口学刊》1990 年第 5 期。

72. 王新华译：《日本户籍法》，中国人民公安大学出版社 2003 年版。

73. 王秀银等著：《现代人口管理学》，山东人民出版社 2001 年版。

74. 王雁：《公共财政支出绩效评价体系的构建》《西北师范大学学报》2011 年第 7 期。

75. 王志刚：《我国地方政府财政支出绩效管理的制度研究》，财政部财科所博士学位论文，2014 年。

76. 韦有日：《中国地方政府绩效研究》，辽宁大学博士学位论文，2014 年。

77. 武力：《1978—2000 年中国城市化进程研究》，《中国经济史研究》2002 年第 3 期。

78. 肖周燕、郭开军、尹德挺：《我国流动人口管理体制改革的决定机制及路径选择》，《人口研究》2009 年第 6 期。

79. 肖周燕、苏扬：《人口承载力视野的政策应用与调控区间》，《公共管理》2010 年第 11 期。

80. 谢宝富：《"以房管人"、"以业控人"、"以证管人"——城乡接合部流动人口管理的三大政策工具》，《河北学刊》2011 年第 2 期。

81. 徐颖：《我国土地审批制度改革研究》，苏州大学硕士学位论文，2007 年。

82. 徐勇：《中国家户制传统与农村发展道路——以俄国、印度的村社传统为参照》，《中国社会科学》2013 年第 8 期。

83. 杨黎源：《试论公民的自由迁徙权》，《四川行政学院学报》2006 年 2 月。

84. 杨子慧、萧振禹：《流动人口与城市化》，《人口与经济》1996 年第 5 期。

85. 姚妮、谢宝富：《北京市城乡接合部流动人口属地化管理服务问题研究》，《中国软科学》2009 年增刊。

86. 姚秀兰：《户籍、身份与社会变迁——中国户籍法律史研究》，法律出版社 2004 年版。

87. 叶璇：《整体性治理国内外研究综述》，《当代经济》2012 年 3 月。

88. 叶连松、靳新彬：《新型工业化与城镇化》，中国经济出版社 2009 年版。

89. 尹德挺：《人口有序管理的国际经验与中国实践——基于流动人口服务管理的视角》，《人口与经济》2002 年第 2 期。

90. 尹德挺：《北京流动人口有序管理的应对策略》，《中国人口报》2014 年 6 月 23 日。

91. 尹德挺、侯亚非：《北京市常住人口现状及特征分析——2005 年北京市 1% 人口抽样调查数据分析》，载于《北京社会发展报告（2007—2008）》，社会科学文献出版社 2008 年版。

92. 尹德挺、苏扬：《建国六十年流动人口演进轨迹与若干政策建议》，《改革》2009 年第 9 期。

93. 于建嵘：《岳村政治：转型期中国乡村政治结构的变迁》，商务印书馆 2001 年版。

94. 俞庆仁：《论流动人口的成因、影响及管理对策》，《浙江社会科学》1995 年第 4 期。

95. 曾凡军：《府际协调低效率与整体性治理策略研究》，《学术论坛》2010 年 2 月。

96. 曾凡军：《整体性治理分析框架下的政府组织人际信任研究》，《社会经纬（理论月刊）》2013 年第 1 期。

97. 曾凡军：《整体性治理——服务型政府的治理逻辑》，《广东行政学院学报》2010 年 2 月。

98. 翟振武、杨凡：《世界城市人口调控的政策措施及启示》，"北京社会建设论坛（2010）"会议论文，主办方：中国人民大学，2010 年。

99. 张先兵：《北京市流动人口调控管理的现状和对策》，《生产力研究》2013 年第 2 期。

100. 赵秀玲：《中国乡里制度》，社会科学文献出版社 1998 年版。

101. 中共北京市委组织部：《把握城市功能定位 促进首都持续健康发展》，北京出版社 2014 年版。

102. 周学馨：《从流动人口管理走向流动人口治理：我国政府流动人口管

理中行政范式转型的制度设计》,《中国社会学会 2010 年年会——"社
会稳定与社会管理机制研究"论坛论文集》2010 年。

103. 朱冬梅、陈榫圆:《发达国家人口管理办法及对我国的启示》,《西南
民族大学学报》2006 年 4 月。

104.《美国义务教育连课本费都不收》,《基础教育》2006 年第 8 期。

后　记

　　本书是北京市社科基金重大课题"北京人口规模调控决策研究"的前期阶段性成果，也是我本人近些年以来跟踪研究、逐步聚焦的领域。撰写本书的初衷是竭尽所能地呼吁相关制度的改革，推动我国尽快走上人口有序管理的轨道，贡献一名人口学研究人员的绵薄之力。人口有序管理这一问题比较复杂，既需要学科交叉的视野，也需要改革实践的探索；既需要明确现实中的问题导向，又需要不失理论思维的宏观指导，所以在整个研究过程中，因能力所限，每往前走一步都确感不易。

　　在写作过程中，非常感谢我所在单位对于此书给予的出版资助；感谢导师陆杰华教授、童玉芬教授的多年指点；感谢我所在单位袁吉富教授、侯亚非教授、洪小良教授等同人的悉心指导；感谢中国社会科学出版社田文编审的细致策划；感谢我们部门硕士生张子谏、冯文童、原晓晓、张小玉、喻珍珍、高亚惠、王慧、周志桓、郝妩阳、耿月红、马文君等同学在资料收集方面所做出的巨大努力。同时，更需要感谢我的爱人陈可、儿子科科以及我们双方父母给予的理解和支持。

　　2008年，我出版了第一本个人专著。这本专著是由我的博士论文修改而成，涉及的研究领域是老年人口健康及其干预，研究方法更多运用的是多水平统计模型及其他的量化方法。2015年，我出版了第二本个人专著，也就是大家现在看到的这本。这本专著是我自2006年参加工作以后，因工作需要而所做的研究领域的转向，聚焦于政府部门比较关注的人口管理问题，研究方法更多运用的是定性的政策研究。在未来的后续研究中，我更希望能尽快在某一选题上将定量的数据支撑和定性的政策研究充分结合起来，以便于更加深入地开展系列研究。

以此自勉！

尹德挺

2015 年 8 月　于北京万科城市花园